ABITUR

Prüfungsaufgaben mit Lösungen

2001

Mathematik

Grundkurs
3. und 4. Prüfungsfach
Berufliches Gymnasium
Baden-Württemberg
1994–2000

STARK

Die Jahrgänge ab 1998 wurden nach den Regeln der neuen Rechtschreibung abgefasst.

ISBN: 3-89449-272-4

5. ergänzte Auflage 2000

Inhalt

Fortsetzung nächste Seite

Abiturprüfungsaufgaben 1996

Abiturprüfungsaufgaben 1997

Abiturprüfungsaufgaben 1998

Abiturprüfungsaufgaben 1999

Abiturprüfungsaufgaben 2000

Gruppe I Analysis

Gruppe II Matrizenrechnung

Autoren:

Jürgen Reister und Dr. Bernhard Schmitt

Vorwort

In Baden-Württemberg muss jede Abiturientin/jeder Abiturient an einer Prüfung in Mathematik teilnehmen; das Ergebnis dieser Prüfung geht in die Gesamtqualifikation ein. An den Beruflichen Gymnasien vom Typ AG, EG, SG oder WG (Agrar-, Ernährungs-, Sozial- oder Wirtschaftswissenschaftliches Gymnasium) kann der Schüler/die Schülerin entweder Mathematik als Leistungskurs (dann ist Mathematik 1. Prüfungsfach) oder als Grundkurs wählen (dann ist Mathematik entweder 3. oder 4. Prüfungsfach). Eine schriftliche Prüfung (1. oder 3. Prüfungsfach) kann durch eine zusätzliche mündliche Prüfung ergänzt werden; wenn Mathematik als 4. Prüfungsfach gewählt wurde, findet nur eine mündliche Prüfung statt.

Das vorliegende Buch wendet sich an alle GK-Mathematiker, die Mathematik entweder als 3. Prüfungsfach (schriftlich, eventuell zusätzlich mündlich) oder als 4. Prüfungsfach (nur mündlich) gewählt haben[1].

Die Aufgaben zur Vorbereitung auf die schriftliche Prüfung wurden aus den letzten sieben Jahrgängen des schriftlichen Abiturs im GK Mathematik wortgetreu übernommen. Hierzu einige Bemerkungen:

1. Die Aufgaben sind in zwei Gruppen gegliedert:
   Gruppe I: Analysis
   Gruppe II: Matrizenrechnung oder Wahrscheinlichkeitsrechnung
   In jeder Gruppe wählt am Prüfungstag der Fachlehrer aus drei Aufgaben (ab Jahrgang 96 nur aus zwei Aufgaben) jeweils eine Aufgabe aus, die dem Prüfling vorgelegt werden. Beide Aufgaben sind innerhalb von 180 Minuten zu bearbeiten.
2. Matrizenrechnung:
   - Die Schreibweise in der Matrizenrechnung wurde an die modernere, international übliche Schreibweise dadurch angepasst, dass bei Matrizen/Vektoren die Sütterlinschrift (deutsche Schrift) durch fette, lateinische Buchstaben ersetzt wurde.
   - Matrizenumformungen werden am (i. a. rechten) Rand durch entsprechende Pfeile angedeutet. Vgl. hierzu die „Hinweise zur Matrizenrechnung" weiter unten.
   - Aufgaben aus dem Bereich Kostenrechnung, Materialfluss u.ä. sind bei Schülern nicht sehr beliebt. Der Grund liegt wohl darin, dass man sich – speziell unter Prüfungsstress – nicht zutraut, die richtigen Rechenoperationen anzuwenden. Es gibt jedoch einige erprobte Tricks, mit denen auch solche Aufgaben einfach werden. Vgl. hierzu die „Hinweise zur Matrizenrechnung".
3. Wahrscheinlichkeitsrechnung:
   Da eine schriftliche Prüfung mit Aufgaben aus der Wahrscheinlichkeitsrechnung nur unter selten zutreffenden Bedingungen zustande kommt, wurde auf die Wiedergabe der Aufgaben aus der Wahrscheinlichkeitsrechnung verzichtet.

Die Aufgaben zur mündlichen Prüfung im GK Mathematik werden auf Seite 1 – 30 vorgestellt.

[1] Für die LK-Mathematiker ist im Stark Verlag ein Aufgaben- und Lösungsbuch erschienen; Bestell-Nr. 82500.

Generell gilt: Dieses Lösungsbuch ist kein Lesebuch, sondern erst das selbstständige Durchrechnen der Aufgaben mit Papier und Bleistift bringt letztendlich die gewünschte Sicherheit. Erst wenn Sie trotz aller Sucherei und Quälerei nicht weiterkommen, sollten Sie die angebotenen Lösungswege benutzen. Wenn Sie eine Aufgabe ganz durchgerechnet haben, vergleichen Sie Ihren Lösungsgang mit dem von uns vorgegebenen; vielleicht entdecken Sie doch noch einen Fehler, vielleicht lernen Sie einen anderen, kürzeren Rechenweg kennen. Das Buch hat seinen Zweck erfüllt, wenn Sie es auf die Prüfung hin nicht mehr brauchen.

Für Leser/Löser vor allem außerhalb Baden-Württembergs seien noch einige Modalitäten der schriftlichen Prüfung im GK Mathematik am Beruflichen Gymnasium erwähnt:

Die beiden, vom Fachlehrer ausgewählten, zentral gestellten Aufgaben sind innerhalb von 180 Minuten zu bearbeiten. Erlaubte Hilfsmittel sind eine mathematische Formelsammlung sowie ein Taschenrechner (programmierbar, nur „lineare“ Programme erlaubt).

Die Erstkorrektur wird vom Fachlehrer des betreffenden Grundkurses vorgenommen, die Zweitkorrektur von einem anderen, nur dem Oberschulamt bekannten Fachlehrer. Ein Drittkorrektor legt die Endnote unter Zuhilfenahme der Erst- und Zweitkorrektur fest. Pro Aufgabe sind jeweils 30 Korrekturpunkte erreichbar, insgesamt also 60 Korrekturpunkte. Diese werden nach der folgenden Tabelle in Notenpunkte bzw. Noten umgerechnet (bei halben Korrekturpunkten darf aufgerundet werden):

Korrektur-punkte	**Noten-punkte**	**Note**	**Korrektur-punkte**	**Noten-punkte**	**Note**
60 – 57	15	sehr gut	30 – 28	06	ausreichend
56 – 53	14		27 – 25	05	
52 – 49	13		24 – 22	04	
48 – 46	12	gut	21 – 19	03	mangelhaft
45 – 43	11		18 – 15	02	
42 – 40	10		14 – 11	01	
39 – 37	09	befriedigend	10 – 0	00	ungenügend
36 – 34	08				
33 – 31	07				

Wir wünschen allen, die sich mithilfe dieses Lösungsbuches auf die Prüfung im Grundkurs Mathematik vorbereiten, viel Erfolg.

Jürgen Reister und Dr. Bernhard Schmitt

Stichwortverzeichnis

Das Stichwortverzeichnis ist entsprechend der zwei Aufgabengruppen in zwei Themenbereiche gegliedert:

An Analysis
Mr Matrizenrechnung

Hinter dem Stichwort steht, an welcher Stelle der Aufgaben/Lösungen man Hinweise zum Stichwort findet.

Beispiele:

1. Extremwertaufgabe (mit Nebenbedingungen) 94 An 2c
   bedeutet, dass man in der Aufgabenstellung oder in der Lösung des Jahrganges 1994, Analysis, Aufgabe 2, Teil c eine Extremwertaufgabe (evtl. mit Nebenbedingungen) findet.
2. Matrizengleichung 94 Mr 2c
   bedeutet, dass man in der Aufgabenstellung oder in der Lösung des Jahrganges 1994, Matrizenrechnung, Aufgabe 2, Teil c eine Aufgabe mit einer Matrizengleichung findet.

Analysis

Matrizenrechnung

Hinweise zur Matrizenrechnung

1. Lösen eines LGS mithilfe des Gaußverfahrens

Bekanntlich ändern die sog. Elementarumformungen einer (erweiterten) Matrix nicht den Rang bzw. die Lösungsmenge. Die Elementarumformungen sind

a) Vertauschen zweier Zeilen,
b) Multiplikation einer Zeile mit einem Faktor $a \neq 0$,
c) Addition des Vielfachen einer Zeile zu einer anderen Zeile.

Die Elementarumformungen werden wie folgt grafisch dargestellt:

a) Vertauschen durch einen Doppelpfeil ⮑⮑

b) Multiplikation einer Zeile durch einen senkrechten Strich und den Faktor a $\quad |\cdot a$

c) Vielfaches einer Zeile zu einer anderen Zeile addieren. Der Pfeil bedeutet **stets** Addition. $\quad |\cdot a$ ⮐ $|\leftarrow$

Beispiel:

Gegeben sind die Matrix **A** und der Vektor **b** mit

$$\mathbf{A} = \begin{pmatrix} 3 & 4 & 2 \\ 2 & -3 & 1 \\ 1 & 2 & 3 \end{pmatrix} \quad \mathbf{b} = \begin{pmatrix} 9 \\ 0 \\ 6 \end{pmatrix}$$

Gesucht ist die Lösungsmenge des LGS $\mathbf{A} \cdot \mathbf{x} = \mathbf{b}$

Lösung:

Vertauschen von 1. Zeile mit 3. Zeile

$$\left(\begin{array}{ccc|c} 3 & 4 & 2 & 9 \\ 2 & -3 & 1 & 0 \\ 1 & 2 & 3 & 6 \end{array}\right) \begin{array}{l} \leftarrow \text{(1. Zeile ↔ 3. Zeile)} \\ \\ \leftarrow \end{array}$$

Vielfaches der 1. Zeile zur 2. und 3. addieren

$$\left(\begin{array}{ccc|c} 1 & 2 & 3 & 6 \\ 2 & -3 & 1 & 0 \\ 3 & 4 & 2 & 9 \end{array}\right) \begin{array}{l} |\cdot(-2) \quad |\cdot(-3) \\ \leftarrow \\ \leftarrow \end{array}$$

Multiplikation von 2. Zeile mit –2 und 3. Zeile mit 7

$$\left(\begin{array}{ccc|c} 1 & 2 & 3 & 6 \\ 0 & -7 & -5 & -12 \\ 0 & -2 & -7 & -9 \end{array}\right) \begin{array}{l} \\ |\cdot(-2) \\ |\cdot 7 \end{array}$$

$$\left(\begin{array}{ccc|c} 1 & 2 & 3 & 6 \\ 0 & 14 & 10 & 24 \\ 0 & -14 & -49 & -63 \end{array}\right)$$

Die weitere Vorgehensweise ist klar; es gilt übrigens

$$\mathbf{x} = (1\,;1\,;1)^T$$

Die einzelnen Schritte bei einer Lösung (Lösbarkeit des LGS vorausgesetzt) verlaufen stets nach demselben Schema:

1. Schritt: Unterhalb der Hauptdiagonalen Nullen erzeugen
2. Schritt: Oberhalb der Hauptdiagonalen Nullen erzeugen
3. Schritt: Auf der Hauptdiagonalen Einsen erzeugen

Beispiel für ein LGS mit 4 Unbekannten:

Aus dem LGS

$$\left(\begin{array}{cccc|c} x & x & x & x & x \\ x & x & x & x & x \\ x & x & x & x & x \\ x & x & x & x & x \end{array}\right)$$

wird im 1. Schritt links vom senkrechten Strich eine obere Dreiecksmatrix,

$$\left(\begin{array}{cccc|c} x & x & x & x & x \\ 0 & x & x & x & x \\ 0 & 0 & x & x & x \\ 0 & 0 & 0 & x & x \end{array}\right)$$

im 2. Schritt (links vom senkrechten Strich) eine Diagonalmatrix,

$$\left(\begin{array}{cccc|c} x & 0 & 0 & 0 & x \\ 0 & x & 0 & 0 & x \\ 0 & 0 & x & 0 & x \\ 0 & 0 & 0 & x & x \end{array}\right)$$

und im 3. Schritt (links vom senkrechten Strich) die Einheitsmatrix **E**.

$$\left(\begin{array}{cccc|c} 1 & 0 & 0 & 0 & x \\ 0 & 1 & 0 & 0 & x \\ 0 & 0 & 1 & 0 & x \\ 0 & 0 & 0 & 1 & x \end{array}\right)$$

2. Hinweise zur Lösung von Aufgaben aus dem Bereich „Kostenrechnung, Materialfluss, …“ :

Ein Problem bei solchen Aufgaben liegt in der verwirrenden Fülle von Angaben: Rohstoff-Zwischenprodukt-Matrix, Zwischenprodukt-Endprodukt-Matrix, Rohstoff-Endprodukt-Matrix, Kostenvektoren für Rohstoffe, für die Herstellung von Zwischenprodukten, für die Montage von Endprodukten usw.

Durch eine geschickte Wahl der Variablennamen – gekoppelt mit einer passenden Indizierung – lässt sich dieses Problem aber vereinfachen.

Beispiel:

Die folgenden Tabellen geben an, wie viele Rohstoffe je Zwischenprodukt bzw. Zwischenprodukte je Endprodukt verarbeitet werden:

	Z_1	Z_2	Z_3
R_1	11	16	12
R_2	8	14	13
R_3	7	12	14

	E_1	E_2	E_3
Z_1	1	2	3
Z_2	2	3	1
Z_3	3	4	2

a) An Kosten (in Geldeinheiten) entstehen:
   Kosten pro Rohstoff: 3 pro R_1, 2 pro R_2, 4 pro R_3
   Berechnen Sie die Kosten je Zwischenprodukt.
b) Bestimmen Sie die Matrix, die den Bedarf an Rohstoffen je Endprodukt angibt.

Lösung:

zu a) 1. Schritt

Wählen Sie für die auftretenden Matrizen und Vektoren ‚sprechende' Variablennamen mit geeignet gewählten Indizes.

NICHT $\mathbf{A} = \begin{pmatrix} 11 & 16 & 12 \\ 8 & 14 & 13 \\ 7 & 12 & 14 \end{pmatrix} \quad \mathbf{B} = \begin{pmatrix} 1 & 2 & 3 \\ 2 & 3 & 1 \\ 3 & 4 & 2 \end{pmatrix}$

$\mathbf{x} = (3\ ;\ 2\ ;\ 4)^T$

SONDERN $\mathbf{A}_{RZ} = \begin{pmatrix} 11 & 16 & 12 \\ 8 & 14 & 13 \\ 7 & 12 & 14 \end{pmatrix} \quad \mathbf{A}_{ZE} = \begin{pmatrix} 1 & 2 & 3 \\ 2 & 3 & 1 \\ 3 & 4 & 2 \end{pmatrix}$

$\mathbf{k}_R = (3\ ;\ 2\ ;\ 4)^T$

Achten Sie darauf, dass bei Matrizen der 1. Index die Zeilen und der 2. Index die Spalten beschreibt.

2. Schritt

Multiplizieren Sie Vektoren und Matrizen so miteinander, dass gleiche Indizes nebeneinander stehen; das Ergebnis ist ein Vektor, der mit dem übrig bleibenden Index versehen ist:

NICHT $\mathbf{A}_{RZ} \cdot \mathbf{k}_R = ???$

SONDERN $\mathbf{k}_R^T \cdot \mathbf{A}_{RZ} = \mathbf{k}_Z^T$

übriger Index
derselbe Index

Das Transponieren ist notwendig, weil sonst die Multiplikation nicht definiert wäre (Stichwort: „Zeile-mal-Spalte"; Ergebnis ist $\mathbf{k}_Z = (77\ ;\ 124\ ;\ 118)^T$).

zu b) NICHT $\mathbf{A}_{ZE} \cdot \mathbf{A}_{RZ}$

(gleiche Indizes stehen nicht nebeneinander)

übriger Index

SONDERN $\mathbf{A}_{RZ} \cdot \mathbf{A}_{ZE} = \mathbf{A}_{RE}$

übriger Index
derselbe Index

Hinweise zur Vorbereitung auf eine mündliche Prüfung

In Baden-Württemberg gibt es mehrere Möglichkeiten, sich als Grundkursmathematiker in Mathematik mündlich prüfen zu lassen:

1. Man hat Mathematik als 4., mündliches Prüfungsfach gewählt.
2. Man hat sich im schriftlich geprüften 3. Prüfungsfach Mathematik zusätzlich, freiwillig zu einer mündlichen Prüfung gemeldet, weil man:
   a) das schriftliche Ergebnis verbessern möchte oder
   b) die 100-Punkte-Regel noch nicht erfüllt oder
   c) die 25-Punkte-Regel noch nicht erfüllt.
3. Der Prüfungsvorsitzende hat zusätzlich zur schriftlichen Prüfung eine mündliche Prüfung in Mathematik angeordnet.

Welcher von den o. a. Fällen auch immer zutreffen mag: Eine mündliche Prüfung ist in ihrem Ablauf und damit auch in ihrem Ergebnis weniger vorhersagbar als eine schriftliche. Während eine schriftliche Prüfung – und hier insbesondere in Mathematik – großenteils trainierbar ist, hängt der Erfolg, aber auch der Misserfolg einer mündlichen Prüfung davon ab, wie gut man sich im Lehrstoff der vergangenen Klassen bzw. Jahrgangsstufen 11, 12 und 13 auskennt, wie gut man sich vorbereitet hat, aber besonders auch davon, wie das Prüfungsgespräch verläuft und wie gut sich der Kandidat „verkaufen“ kann.

Um trotz dieser Unwägbarkeiten die mündliche Prüfung kalkulierbarer zu machen, werden dem Kandidaten zwei bis drei nicht zu umfangreiche, schriftlich vorformulierte Fragen vorgelegt, die in einer 20-minütigen Vorbereitungszeit zu bearbeiten und deren Antworten anschließend während der eigentlichen Prüfung vorzutragen sind. Als Grundsatz gilt hierbei: die mündliche Prüfung darf keine Wiederholung einer schriftlichen Prüfung sein.

Im Folgenden werden Aufgaben für die mündliche Prüfung vorgelegt, die versuchen, dieser Bedingung zu genügen: Eine eventuelle Rechnung wird auf das Mindestmaß reduziert (z. B. keine komplette Kurvendiskussion, nur ein Umformungsschritt bei der Lösung eines LGS); wenn eine Aufgabe zu lang erscheint: sie ist jederzeit durch Weglassungen kürzbar. Für den umgekehrten Fall, dass eine Aufgabe zu kurz erscheint, gilt: die Zusatzfragen sind Bestandteil des in seinem Ablauf nur bedingt vorhersagbaren Prüfungsgespräches. Manche Fragen erscheinen auf den ersten Blick leicht zu beantworten. Solche Fragen sind als „Einstiegsfragen“ gedacht; der weitere Prüfungsablauf ergibt sich aus dem Zusammenspiel zwischen Prüfling und Prüfer.

Die Fragen sind unterteilt in „Fragen zur Analysis“ und „Fragen zur Linearen Algebra“; sie sind nicht nach Schwierigkeitsgrad gegliedert. Es ist empfehlenswert, sich zunächst eine Frage vorzunehmen und zu versuchen, sie anhand der eigenen Aufzeichnungen aus dem Unterricht sowie mithilfe der Lehrbücher zu beantworten. Notieren Sie sich Ihre Antworten stichwortartig. Erst danach sollten Sie Ihre Aufzeichnungen mit dem angegebenen Erwartungshorizont vergleichen. Sehr hilfreich kann auch sein, dass sich zwei oder mehr Kandidaten durch gegenseitiges Abhören auf eine mündliche Prüfung vorbereiten: Der eine stellt die Frage und vergleicht die Antwort(en) mit dem angegebenen Erwartungshorizont.

Und noch ein wichtiger Tip: Sprechen Sie mit Ihrem Fachlehrer über seine Vorstellungen von einer mündlichen Prüfung. Er kann sich vielleicht mit dem gegebenen Fragenkatalog anfreunden, aber eventuell hat er auch noch andere Fragen in Kopf und legt auf einen bestimmten Teil seines Unterrichtes besonderen Wert, den er dann gerne in der mündlichen Prüfung abgefragt hätte.

Viel Erfolg bei der Prüfung wünschen die Autoren

Jürgen Reister und Dr. Bernhard Schmitt

Die mündliche Prüfung

Themenbereich Analysis

Aufgabe 1

Skizzieren Sie die Schaubilder der drei Funktionen

$$f(x) = (x - 4)(x + 1)$$
$$g(x) = (x - 4)(x + 1)^2$$
$$h(x) = (x - 4)(x + 1)^3$$

Was sagt die Vielfachheit der Nullstellen über den Kurvenverlauf aus? Begründung!

Erwartet wird:

Einfache Nullstelle, also $(x + 1)^{①}$, bedeutet:
Die Kurve schneidet die x-Achse mit einer Steigung $\neq 0$ ($f'(-1) \neq 0$)

Doppelte Nullstelle, also $(x + 1)^{②}$, bedeutet:
Die Kurve hat einen Berührpunkt mit der x-Achse, also Tief- oder Hochpunkt ($f'(-1) = 0 \wedge f''(-1) \neq 0$)

Dreifache Nullstelle, also $(x + 1)^{③}$, bedeutet:
Die Kurve hat an dieser Stelle einen Wendepunkt mit waagrechter Tangente (Sattelpunkt) ($f'(-1) = 0 \wedge f''(-1) = 0 \wedge f'''(-1) \neq 0$)

$\Rightarrow$ Schaubild von f:
nach oben geöffnete Parabel, da Koeffizient vor x^2 positiv ist.

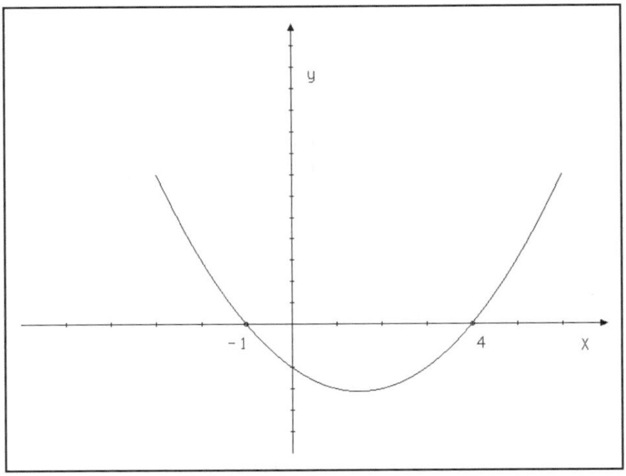

$\Rightarrow$ Schaubild von g:
Parabel 3. Ordnung:
$x \rightarrow +\infty \Rightarrow y \rightarrow +\infty$
$x \rightarrow -\infty \Rightarrow y \rightarrow -\infty$

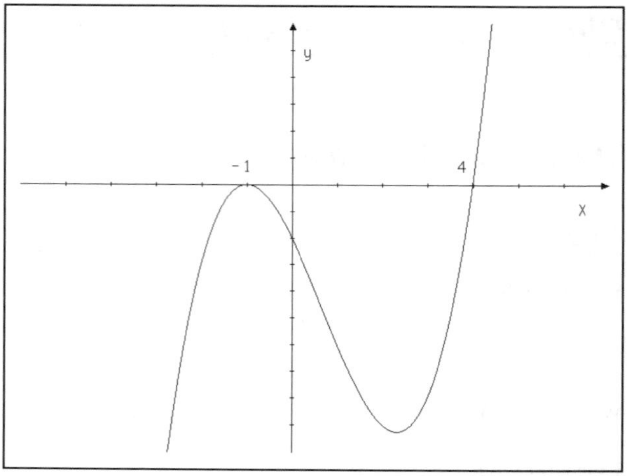

$\Rightarrow$ Schaubild von h:
Parabel 4. Ordnung:
$x \rightarrow \pm\infty \Rightarrow y \rightarrow \infty$

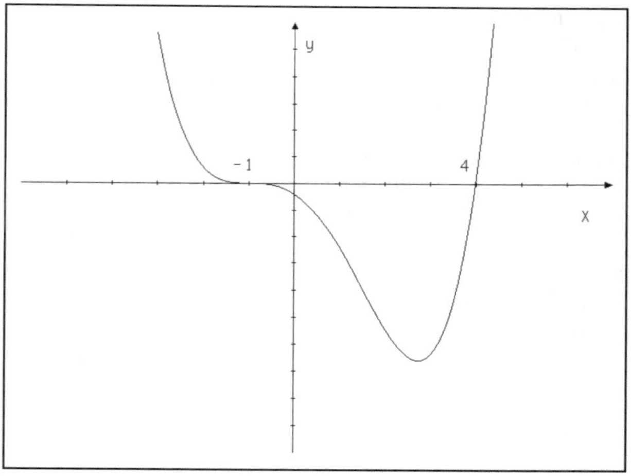

Begründung des Kurvenverlaufs:

z. B.: $h(x) = (x-4)(x+1)^3$

$h'(x) = (x-4)(3(x+1)^2) + (x+1)^3$ (nach Produktregel)

$= \underline{\underline{(x+1)}}^{②}(4x-11)$

Beim Ableiten bleibt der Faktor (x + 1) zweimal erhalten .

$h''(x) = (x+1)^2 \cdot 4 + 2(x+1)^1(4x-11)$

$= \underline{\underline{(x+1)}}^{①} \cdot (12x-18)$

$h'''(x) = (x+1) \cdot 12 + (12x-18)$

$= 6(4x-1)$

Bei der 2. Ableitung ist der Faktor (x + 1) noch einmal vorhanden, bei der 3. Ableitung ist er verschwunden.

$\Rightarrow$ an der Stelle $x = -1$ hat die Funktion h eine Nullstelle ($h(-1) = 0$).

$h'(-1) = 0$ bedeutet waagrechte Tangente bei $x = -1$

$h''(-1) = 0$ und $h'''(-1) \neq 0$ bedeuten Wendepunkt.

Zusammengefaßt: Der Punkt W(–1 | 0) ist ein Wendepunkt mit waagrechter Tangente.

Gleiche Überlegungen lassen sich bei doppelter und einfacher Nullstelle durchführen.

Aufgabe 2

a) Wie ist die Steigung einer Geraden definiert?

b) Wie ist die Steigung einer Kurve definiert?

c) Zeigen Sie mit Hilfe einer Skizze, wie man aus dem Differenzenquotienten den Differentialquotienten erhält.

d) Wenden Sie das Verfahren an auf die Funktion

$$f:\quad f(x) = \frac{2}{x-1} \qquad ;\ x \neq 1$$

im Kurvenpunkt P(x | y).

Erwartet wird:

a) Gerade zeichnen, Steigungsdreieck

$$m = \frac{\Delta y}{\Delta x} = \tan\alpha$$

(Steigungswinkel α)

Die Steigung ist überall gleich.

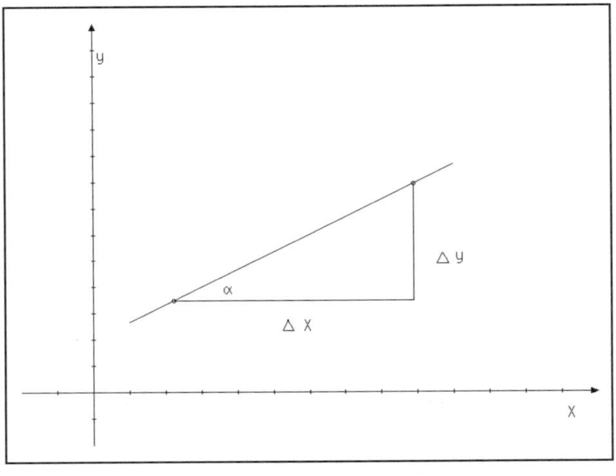

b) Kurve zeichnen, Punkt P auswählen, existiert dort eine Tangente? (siehe auch c)

b1) Tangente existiert

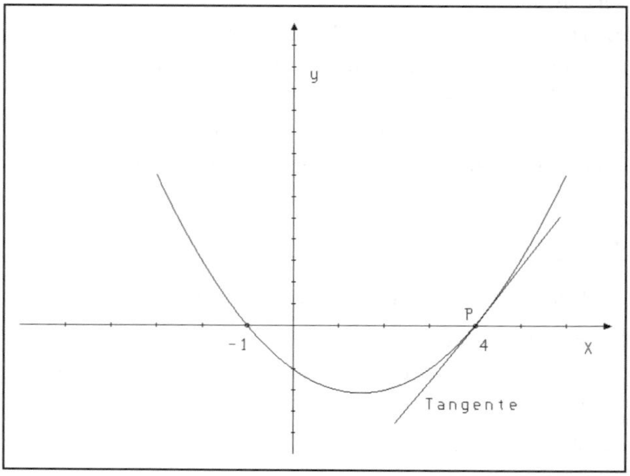

b2) Tangente existiert nicht

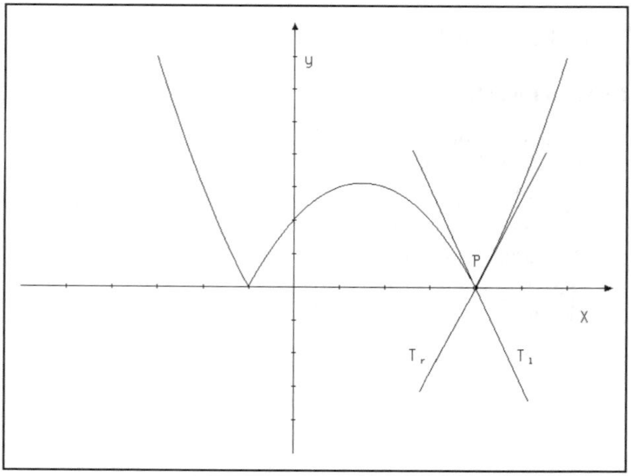

Dazu wählt man einen zweiten Punkt Q rechts von P, zeichnet das Steigungsdreieck zwischen P und Q, dies ergibt die Steigung der Sekante (Verbindungslinie zwischen P und Q). Jetzt läßt man Q gegen P gehen, daraus ergibt sich eine Grenzlage der Sekanten, genannt rechtsseitige Tangente.
Das selbe macht man mit einem Punkt R links von P, dies ergibt ebenfalls eine Grenzlage der Sekanten, genannt linksseitige Tangente.
Ist die linksseitige Tangente gleich der rechtsseitigen Tangente, nennt man diese gemeinsame Gerade Tangente. (Bei Skizze b2 gibt es keine gemeinsame Tangente.)
Die Steigung der Kurve in P ist definiert als Steigung der Tangente in P (sofern existent).

c)

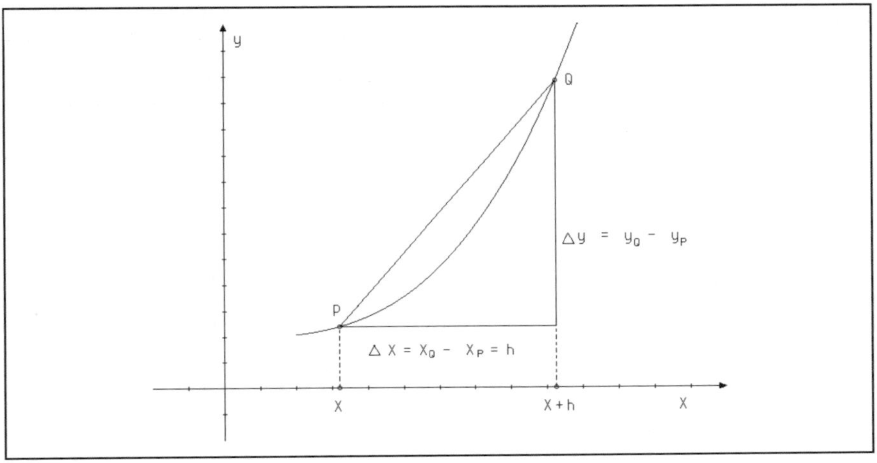

$$m = \frac{\Delta y}{\Delta x} = \frac{f(x+h)-f(x)}{h} \quad \text{(Differenzquotient)}$$

$$y' = f'(x) = \lim_{h \to 0} \frac{f(x+h)-f(x)}{h} \quad \text{(Differentialquotient)}$$

d) $f(x) = \dfrac{2}{x-1}$

$$m = \frac{\frac{2}{x+h-1} - \frac{2}{x-1}}{h} = \frac{\frac{2(x-1)-2(x+h-1)}{(x+h-1)(x-1)}}{h}$$

$$= \frac{2x-2-2x-2h+2}{(x+h-1)(x-1)\cdot h} = \frac{-2h}{(x+h-1)(x-1)\cdot h}$$

$$= \frac{-2}{(x+h-1)(x-1)} \text{ (wegen } h \neq 0)$$

$$f'(x) = \lim_{h \to 0} \frac{-2}{(x+h-1)(x-1)} = \frac{-2}{(x-1)^2}$$

Aufgabe 3

Gegeben sei folgendes Schaubild einer ganzrationalen Funktion f vom Grad 3:

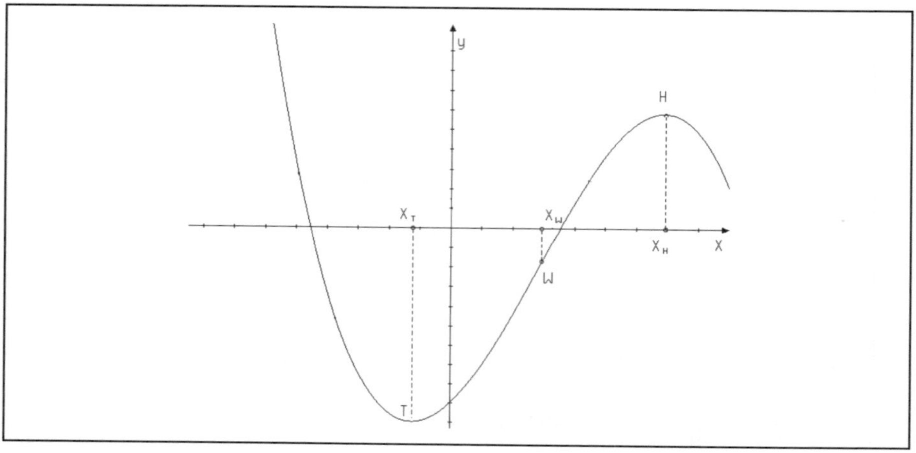

Skizzieren Sie dazu die Schaubilder von f' und f''.
Erläutern Sie die Begriffe Hochpunkt, Tiefpunkt, Wendepunkt.

Erwartet wird:

Hochpunkt:
Es gilt: $f'(x_H) = 0$
links von x_H ist $f'(x) > 0$,
rechts von x_H ist $f'(x) < 0$,
d. h. die Steigung $f'(x)$ wechselt beim Übergang über x_H ihr Vorzeichen von + nach –.
Also ist die Steigung von f', nämlich f'', negativ (Rechtskurve).

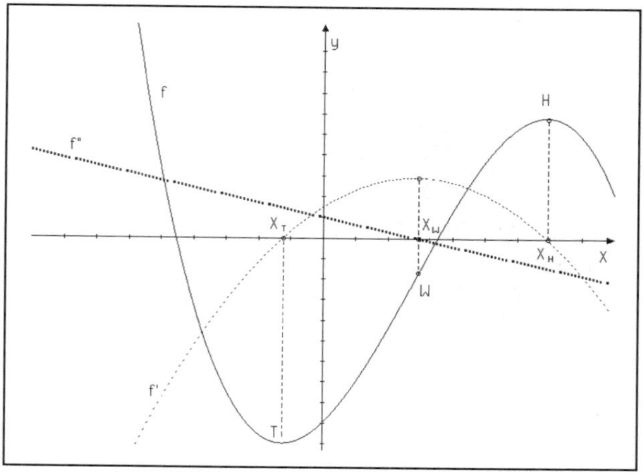

Tiefpunkt:
Es gilt: $f'(x_T) = 0$
links von x_T ist $f'(x) < 0$,
rechts von x_T ist $f'(x) > 0$
d. h. die Steigung $f'(x)$ wechselt beim Übergang über x_T ihr Vorzeichen von – nach +.
Also ist die Steigung von f', nämlich f'', positiv (Linkskurve).

Wendepunkt:
Bei der vorliegenden Zeichnung gilt:
Die Steigung von f nimmt links von x_w zu, rechts von x_w ab, sie hat also im Wendepunkt ihren maximalen Wert, d. h. es liegt bei x_w ein Hochpunkt von f' vor:

$$\left[f'(x_w)\right]' = f''(x_w) = 0 .$$

Das Schaubild von f geht von einer Linkskurve (siehe Tiefpunkt, $f''(x) > 0$) in eine Rechtskurve (siehe Hochpunkt, $f''(x) < 0$) über, also ist wegen der Stetigkeit von f'' am Wendepunkt $f''(x_w) = 0$.

Kurz: f'' wechselt an der Stelle x_w des Wendepunkts sein Vorzeichen. Dies ist sicher dann der Fall, wenn die Steigung von f'', also f''', ungleich Null ist.

Aufgabe 4

Gegeben ist das Schaubild der Funktion f.

Gesucht ist das Schaubild einer Stammfunktion F von f.

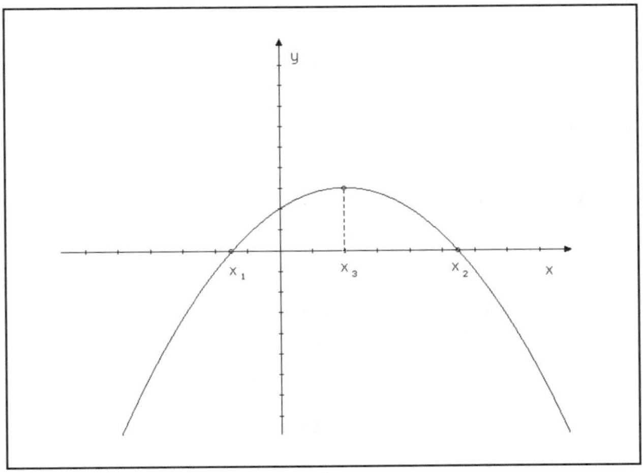

Erwartet wird:

$y = f(x) = F'(x)$

gesucht: Stammfunktion F.
Es gilt: $F'(x) = f(x)$
oder: $\int f(x)\,dx = F(x) + c$ (Hauptsatz der Differential- und Integralrechnung),
d. h. es gibt unendlich viele Stammfunktionen.
Stelle x_1: $F'(x_1) = 0 \Rightarrow$ waagrechte Tangente von F.
Stelle x_2: $F'(x_2) = 0 \Rightarrow$ waagrechte Tangente von F.
Stelle x_3: Bei der vorliegenden Zeichnung hat F' bei x_3 ein Maximum, d. h. das Schaubild von F hat an dieser Stelle einen Wendepunkt (Begründung: F', die Steigung von F, nimmt bis x_3 zu, dann wieder ab, also geht die Linkskurve in eine Rechtskurve über).

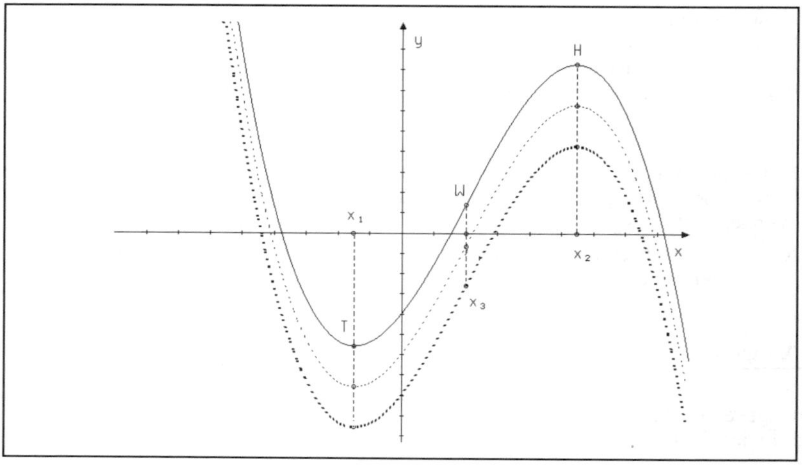

Aufgabe 5

a) Skizzieren Sie das Schaubild der Funktion

$$h: \quad h(x) = \frac{2x-3}{x+1} \quad ; \; x \neq ?$$

mit Hilfe der Schnittpunkte mit den Koordinatenachsen sowie ihrer Asymptoten in ein geeignetes Koordinatensystem.
Wodurch unterscheidet sich das Schaubild von

$$g: \quad g(x) = \frac{(2x-3)(x-1)}{x^2-1} \quad ; \; x \neq ?$$

von dem Schaubild der Funktion h?

b) Beantworten Sie für eine gebrochen-rationale Funktion

$$f: \quad f(x) = \frac{Z(x)}{N(x)} \quad ; \; x \in \mathbb{D}$$

folgende Fragen:

α) Welche Bedingung(en) muß der Funktionsterm erfüllen, damit es keine senkrechten Asymptoten gibt?

β) Wie kann man erkennen, daß f hebbare Lücken besitzt? Wie kann man das Verhalten von f an einer hebbaren Lücke feststellen?

γ) Wann besitzt f Polstellen mit bzw. ohne Vorzeichenwechsel und wie wirkt sich dies auf das Schaubild von f aus?

δ) Unter welcher Voraussetzung besitzt das Schaubild von f für $|x| \to \infty$ eine Asymptote, wann eine asymptotische Kurve?

Erwartet wird:

a) h: $h(x) = \frac{2x-3}{x+1}$; $x \neq -1$

Schnittpunkt mit der x-Achse: $N\left(\frac{3}{2} \mid 0\right)$

Schnittpunkt mit der y-Achse: $S_y(0 \mid -3)$

senkrechte Asymptote, Pol mit VZW: $x = -1$

Asymptote für $|x| \to \infty$: $y = 2$

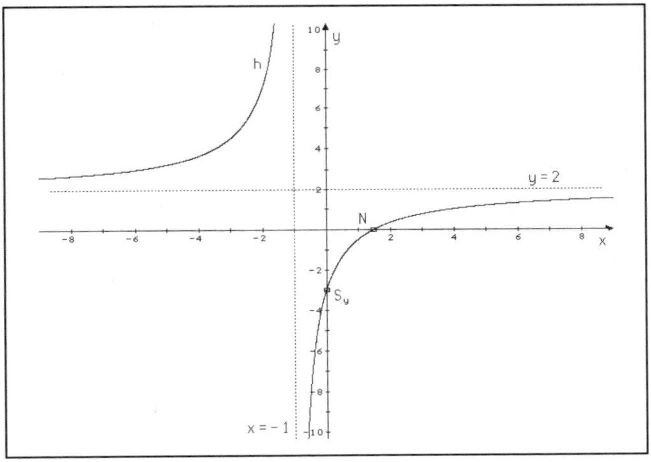

g: $g(x) = \frac{(2x-3)(x-1)}{(x+1)(x-1)}$; $x \neq -1; +1$

$= \frac{2x-3}{x+1}$; $x \neq -1; +1$

besitzt bei x = 1 im Unterschied zu h eine hebbare Lücke; es ist $\lim_{x \to 1} g(x) = -\frac{1}{2} = h(1)$

b) Es wird vereinbart, daß $\frac{Z(x)}{N(x)}$ soweit wie möglich gekürzt ist.

α) Es gibt keine senkrechten Asymptoten, wenn im gekürzten Zustand gilt: Nenner $\neq 0$

β) Eine hebbare Lücke x_L liegt dann vor, wenn an dieser Stelle x_L nach dem Kürzen der Nenner $\neq 0$ ist; das Verhalten von f erhält man mittels des Grenzwertes $\lim_{x \to x_L} f(x)$.

γ) Es gibt eine Polstelle x_P mit Vorzeichenwechsel (VZW), wenn gilt:
Nach dem Kürzen ist x_P ein-, drei-, fünf-, …fache Nullstelle des Nenners; f(x) ändert dabei bei Übergang über die Stelle x_P sein Vorzeichen.

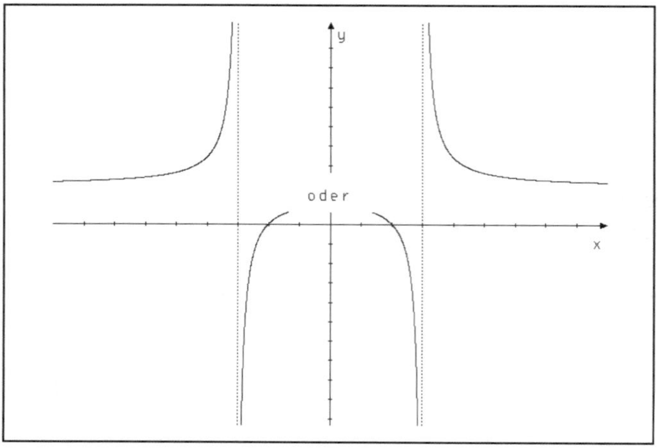

Es gibt eine Polstelle x_P ohne VZW, wenn gilt:
Nach dem Kürzen ist x_P eine zwei-, vier-, sechs-, …fache Nullstelle des Nenners; f(x) ändert dabei bei Übergang über die Stelle x_P sein Vorzeichen nicht.

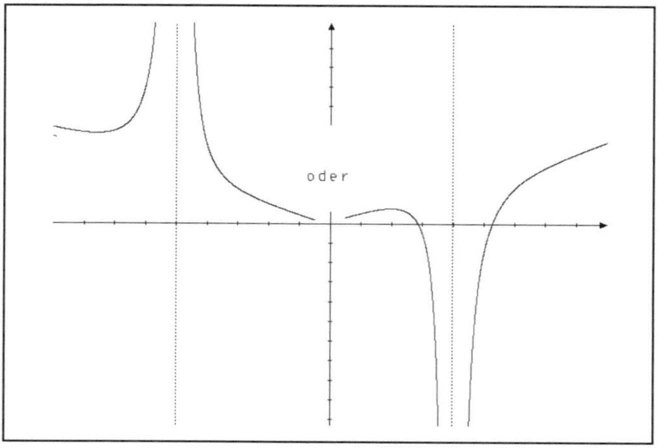

δ) Asymptotisches Verhalten für $|x| \to \infty$:

grad(Z) < grad(N): Asymptote ist die x-Achse (y = 0)

<u>Bsp.</u>: $f(x) = \dfrac{1}{x+1}$; Asymptote y = 0

grad(Z) = grad(N): Asymptote ist die waagerechte Gerade y = b mit $\lim\limits_{|x| \to \infty} f(x) = b$.

<u>Bsp.</u>: $f(x) = \dfrac{3x-1}{2x+3}$; Asymptote $y = \dfrac{3}{2}$

grad(Z) = grad(N) + 1: Asymptote ist die Gerade y = mx + b, die sich z. B. mit Polynomdivision berechnen läßt

Bsp.: $f(x) = \frac{x^2 + 4x + 1}{2x + 4} = \frac{1}{2}x + 1 - \frac{3}{2x + 4}$; $x \neq -2$;

Asymptote $y = \frac{1}{2}x + 1$

Begründung: $\lim\limits_{|x| \to \infty} \left\{ f(x) - \left(\frac{1}{2}x + 1 \right) \right\}$

$= \lim\limits_{|x| \to \infty} \left(-\frac{3}{2x + 4} \right) = 0$

grad(Z) > grad(N) + 1: Die Gleichung der asymptotischen Kurve läßt sich z. B. mittels Polynomdivision berechnen:

Bsp.: $f(x) = \frac{x^3 - 1}{x + 1}$; $x \neq -1$

$= x^2 - x + 1 - \frac{2}{x + 1}$

Asymptotische Parabel $y = x^2 - x + 1$

Aufgabe 6

Welche gebrochen rationale Funktion der Form

$$f(x) = \frac{x^n + a}{bx + c} \quad ; \; x \in \mathbb{D} \; ; \; a, b, c \in \mathbb{R} \; ; \; n \in \mathbb{N}$$

besitzt $x_0 = -1$ als einfache Nullstelle, $x_P = +3$ als Polstelle mit Vorzeichenwechsel sowie die Gerade $y = 2$ als Asymptote für $|x| \to \infty$?

Bestimmen Sie a, b, c sowie n; skizzieren Sie das Schaubild.

Erwartet wird:

1. Bedingung Polstelle $x_P = 3$:
   $b \cdot 3 + c = 0$
2. Bedingung Asymptote $y = 2$:
   Eine waagerechte Asymptote erhält man, wenn

   α) Zählergrad $\stackrel{!}{=}$ Nennergrad, d. h. $n = 1$

   β) $\lim\limits_{|x| \to \infty} \frac{x^n + a}{bx + c} = \lim\limits_{|x| \to \infty} \frac{x + a}{bx + c} \cdot \frac{\frac{1}{x}}{\frac{1}{x}} = \lim\limits_{|x| \to \infty} \frac{1 + \frac{a}{x}}{b + \frac{c}{x}} = \frac{1}{b} = 2 \quad \Rightarrow \quad b = \frac{1}{2}$

   $(\Rightarrow \quad c = -\frac{3}{2}$; vgl. 1.)

3. Bedingung Nullstelle $x_0 = -1$ (einfach):

   $x_0^n + a = (-1)^1 + a = -1 + a \stackrel{!}{=} 0 \qquad \Rightarrow \; a = 1$

Zusammenfassung: $f(x)=\dfrac{x+1}{\frac{1}{2}x-\frac{3}{2}} \quad \left(=2\cdot\dfrac{x+1}{x-3}\right)$

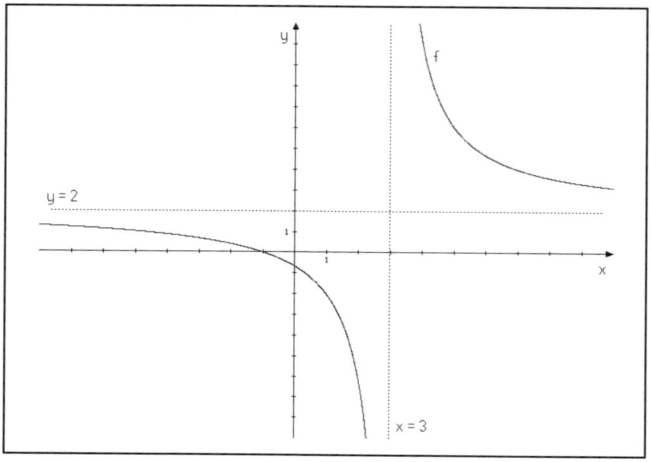

Aufgabe 7

a) Skizzieren Sie das Schaubild der Funktion

$$f:\quad f(x)=\frac{1}{x}+1 \quad ;\ x>0\,.$$

b) Welches Monotonieverhalten zeigt f?
Wie ist die strenge Monotonie einer beliebigen Funktion f definiert?
Geben Sie ein hinreichendes Kriterium für die strenge Monotonie einer Funktion f an.
Bestätigen Sie Ihre Monotonieaussage über f aus Aufgabenteil a) mit Hilfe des Kriteriums.

c) Untersuchen Sie

$$g:\quad g(x)=x^3 \quad ;\ x\in \mathbb{R}_+^*$$

auf Monotonie.
Begründen Sie, daß sich f und g in genau einem Punkt schneiden, ohne den Punkt selbst zu berechnen.

Erwartet wird:

a)

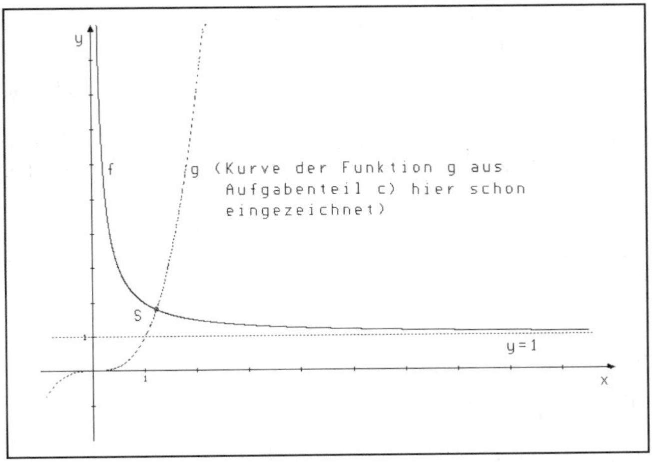

b) • f ist für $x > 0$ streng monoton fallend.

• Definition

f heißt im Intervall [a ; b] streng monoton $\begin{cases}\text{wachsend}\\ \text{fallend}\end{cases}$,

wenn aus $x_1 < x_2$ folgt $\begin{cases} f(x_1) < f(x_2) \\ f(x_1) > f(x_2) \end{cases}$ für alle $x_1, x_2 \in [a ; b]$.

• Kriterium für streng monoton wachsend (fallend analog):
In Worten: Wenn die Steigung $f'(x)$ positiv ist in [a ; b], dann ist f streng monoton wachsend.
In Formeln: $f'(x) > 0$ für $x \in [a ; b]$ $\Rightarrow$ f ist streng monoton wachsend in [a ; b].
(Beweis: Mit dem Mittelwertsatz der Differentialrechnung)

• f: $f(x) = \frac{1}{x} + 1$

$f'(x) = -\frac{1}{x^2} < 0$ $\Rightarrow$ f ist streng monoton fallend.

c) g: $g(x) = x^3$; $x \in \mathbb{R}_+^*$

$g'(x) = 3x^2 > 0$ $\Rightarrow$ g ist streng monoton wachsend

Man wählt (z. B.)

$x_1 = 1 \Rightarrow$ $\left.\begin{array}{l} f(x_2) = f(2) = \frac{1}{2} + 1 = \frac{3}{2} \\ g(x_2) = g(2) = 2^3 = 8 \end{array}\right\} g(2) > f(2)$

$$x_2 = 2 \quad \Rightarrow \quad \left. \begin{array}{l} f(x_1) = f(1) = \frac{1}{1} + 1 = 2 \\ g(x_1) = g(1) = 1^3 = 1 \end{array} \right\} g(1) < f(1)$$

Da f streng monoton fällt und g streng monoton wächst, können sich f und g nur in einem Punkt S schneiden.

(Hinweis: Für S erhält man mit einem Näherungsverfahren $S \approx (1{,}2207 \mid 1{,}8191)$; die Berechnung der Näherungswerte ist aber nicht Bestandteil der Aufgabe.)

Aufgabe 8

Gegeben ist

$$f:\quad f(x) = x \cdot e^{-2x} \qquad ;\ x \in \mathbb{R}.$$

Eine Stammfunktion F hierzu lautet

$$F:\quad F(x) = -\frac{1}{4} \cdot (2x+1) \cdot e^{-2x} \qquad ;\ x \in \mathbb{R}.$$

- Wie kann man beweisen, daß F Stammfunktion von f ist?
- Wie könnte man F berechnen, wenn man F noch nicht kennt?
- Wie kann man die Fläche A zwischen f und der x-Achse im Intervall [0 ; 1] berechnen? Wieso kann man hierzu die Stammfunktion F verwenden?
- Berechnen Sie

$$A(c) = \int_0^c f(x) \cdot dx \quad \text{und hiermit} \quad \lim_{c \to \infty} A(c).$$

Erwartet wird:

a) Definition

F heißt Stammfunktion zu f, wenn F'(x) = f(x)

Demnach genügt es, die Gleichung $F'(x) \stackrel{?}{=} f(x)$ durch Ableiten von F(x) nachzuprüfen.

b) Berechnung von F(x) mit Hilfe der Produktintegration und Integration durch Substitution

1. Schritt (Integration durch Substitution)

$$\int e^{-2x}\, dx = ? \qquad \text{Subst.: } -2x = z$$

$$= -\frac{1}{2}\int e^z\, dz \qquad dx = -\frac{1}{2}dz$$

$$= -\frac{1}{2}e^z$$

$$= -\frac{1}{2}e^{-2x}$$

2. Schritt (Produktintegration)

$$\int \underset{u}{x} \cdot \underbrace{e^{-2x}}_{v'} \, dx = x \cdot \left(-\frac{1}{2} \cdot e^{-2x} \right) - \int 1 \cdot \left(-\frac{1}{2} \cdot e^{-2x} \right) dx$$

$$= -\frac{1}{2} x \cdot e^{-2x} - \frac{1}{4} e^{-2x} + c$$

$$= -\frac{1}{4} \cdot (2x+1) \cdot e^{-2x} + c$$

Hinweis: Beide Integrationsmethoden sind Folgerungen aus dem Hauptsatz der Differential- und Integralrechnung.

c) $A = \int_0^1 f(x)\,dx = [F(x)]_0^1 = F(1) - F(0)$

Die Stammfunktion F kann wegen des Hauptsatzes der Differential- und Integralrechnung verwendet werden.

(Der – nicht verlangte – Zahlenwert ist $A = \frac{1}{4}\left(1 - \frac{3}{e^2}\right) \approx 0{,}1485$ FE .)

d) $A(c) = \int_0^c f(x)\,dx = [F(x)]_0^c = F(c) - F(0) = \frac{1}{4}\left(1 - \frac{2c+1}{e^{2c}}\right)$

$$\lim_{c \to \infty} A(c) = \lim_{c \to \infty} \frac{1}{4}\left(1 - \frac{2c+1}{e^{2c}}\right) = \frac{1}{4}$$

Aufgabe 9

Berechnen Sie folgende Integrale und erläutern Sie die verwendeten Regeln:

a) $\int \frac{2x}{x^2+1}\,dx$

b) $\int x \cdot e^{3x}\,dx$

c) $\int x \cdot \ln(x^2+2)\,dx$

Erwartet wird:

a) $\int \frac{2x}{x^2+1}\,dx$ Man erkennt: im Zähler steht die Ableitung des Nenners (Spezialfall der Substitution),

es gilt also die Regel

$$\int \frac{u'}{u}\,dx = \ln|u| + c$$

$$\Rightarrow \int \frac{2x}{x^2+1}\,dx = \ln|\,x^2+1\,| + c$$

$$= \ln(x^2+1) + c$$

(Betragstriche nicht notwendig, da $x^2 + 1$ immer positiv.)

Erklärung der obigen Regel durch Ableiten:

$$\ln|u| = \begin{cases} \ln u, u > 0 \\ \ln(-u), u < 0 \end{cases}$$

1) $(\ln u)' = \frac{1}{u} \cdot u' = \frac{u'}{u}$

2) $(\ln(-u))' = \frac{1}{-u} \cdot (-u') = \frac{u'}{u}$

Durch Umkehrung ergibt sich obige Regel (Integration).

b) $\int x \cdot e^{3x}\, dx$

Produktintegration (oder partielle Integration)

Regel: $\int u \cdot v'\, dx = uv - \int u'v\, dx$

Wähle $u = x \quad , \quad v' = e^{3x}$

$\Rightarrow \quad u' = 1 \quad , \quad v = \frac{1}{3}e^{3x}$ (nachrechnen durch Ableiten!)

$$\Rightarrow \quad \int x\, e^{3x}\, dx = \frac{1}{3}x\, e^{3x} - \int \frac{1}{3}e^{3x}\, dx$$

$$= \frac{1}{3}x\, e^{3x} - \frac{1}{9}e^{3x} + c$$

$$= \frac{1}{9}e^{3x}(3x-1) + c$$

Erklärung der Regel:

$y = f(x) = u \cdot v \quad (u = g(x) \quad , \quad v = h(x))$

$y' = (u \cdot v)' = u'v + uv'$ (Produktregel der Ableitung)

Durch Integration folgt:

$$\int (u \cdot v)'\, dx = \int u'v\, dx + \int uv'\, dx$$

$$u \cdot v = \int u'v\, dx + \int uv'\, dx$$

$$\Rightarrow \quad \int uv'\, dx = u \cdot v - \int u'v\, dx$$

c) $\int x \cdot \ln(x^2 + 2)\, dx$

Integration durch Substitution:

Wähle $u = x^2 + 2$

$\Rightarrow \quad \frac{du}{dx} = u' = 2x$

$\Rightarrow \quad dx = \frac{du}{2x}$

$$\Rightarrow \quad \int x \ln(x^2+2)\,dx = \int x \cdot \ln u \cdot \frac{du}{2x} = \int \frac{\ln u}{2}\,du$$
$$= \frac{1}{2}(u \ln u - u) + c \quad (*)$$
$$= \frac{1}{2}\left[(x^2+2)\cdot \ln(x^2+2) - (x^2+2)\right] + c$$

(*): Es wurde verwendet: $\int \ln u\,du = u \cdot \ln u - u$

Zusatzaufgabe: Berechnen Sie $\int 1 \cdot \ln u \cdot du$ durch Produktintegration.

Erläuterung:
Ziel der Integration durch Substitution ist die Vereinfachung des zu integrierenden Terms. Dies wird durch geschickte Wahl von u erreicht (hier: $u = x^2 + 2$).

Aufgabe 10

Von einer Funktion

$$f: \quad y = f(x) \quad ; \; x \in \mathbb{R}$$

weiß man, daß sie genau eine einfache Nullstelle $x_0 \in \mathbb{R}$ besitzt. Erläutern Sie, wie man einen Näherungswert für x_0 mit Hilfe des Newtonverfahrens*) berechnen kann.

Erwartet wird:

a) Newtonverfahren (N. V., auch Tangentenverfahren genannt)

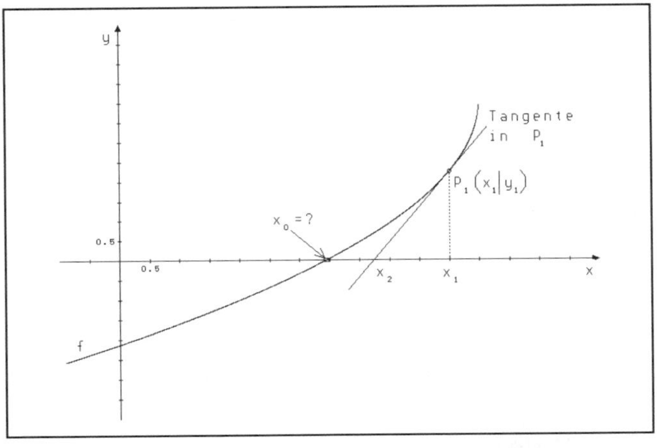

Man bestimmt für die (schwierig zu ermittelnde) Nullstellen x_0 einen möglichst guten Näherungswert x_1 (z. B. aus einer Zeichnung):

$$x_1 \approx x_0$$

und berechnet im Kurvenpunkt $P_1(x_1 \mid y_1)$ mit $y_1 = f(x_1)$ und $f'(x_1) \neq 0$ die Tangente

$$t: \quad y = f'(x_1) \cdot (x - x_1) + y_1$$

*) In Abhängigkeit von dem im Unterricht behandelten Näherungsverfahren ist das Stichwort „Newtonverfahren“ zu ersetzen durch „Halbierungsverfahren“, „Sekantenverfahren“, „Regula Falsi“, ...)

Die Nullstelle x_2 der Tangente:

$$0 = f'(x_1)\cdot(x_2 - x_1) + y_1 \quad \Rightarrow \quad x_2 = x_1 - \frac{f(x_1)}{f'(x_1)}$$

stellt einen weiteren, hoffentlich besseren Näherungswert für x_0 dar.
Fortsetzung des N. V. mit x_2 statt x_1.

b) Sekantenverfahren (S. V.)

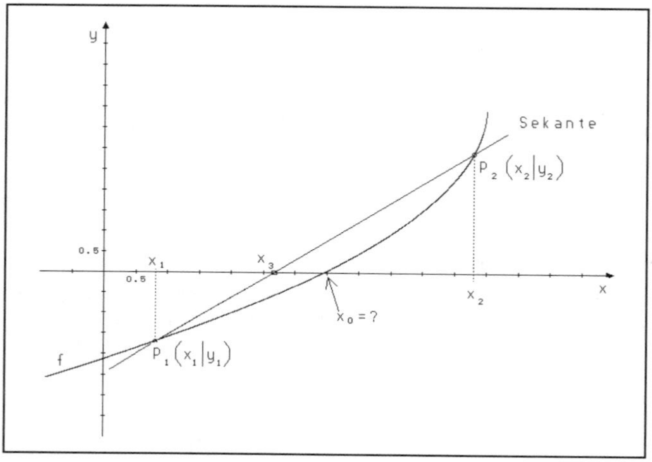

Man wählt zwei möglichst gute, verschiedene Näherungswerte für x_0 (z. B. aus einer Zeichnung):

$x_1 \approx x_0$ und hiermit $P_1(x_1 \mid y_1)$; $y_1 = f(x_1)$

$x_2 \approx x_0$ und hiermit $P_2(x_2 \mid y_2)$; $y_2 = f(x_2)$

Die Sekante $s = P_1P_2$ besitzt die Gleichung

$y = m_s \cdot x + b_s$ mit $m_s = \dfrac{\Delta y}{\Delta x} = \dfrac{y_2 - y_1}{x_2 - x_1}$ und $b_s = y_1 - m_s \cdot x_1$.

Die Nullstelle x_3 der Sekante:

$$0 = m_s \cdot x_3 + b_s \quad \Rightarrow \quad x_3 = \frac{x_1 \cdot y_2 - x_2 \cdot y_1}{y_2 - y_1} \quad ; \; y_1 \neq y_2$$

stellt einen weiteren, hoffentlich besseren Näherungswert für x_0 dar.
Fortsetzung des S. V. mit x_2 statt x_1 und x_3 statt x_2.

c) Regula Falsi (R. F., lat.: Regel des Falschen)
Die R. F. ist eine Variante des Sekantenverfahrens mit der Zusatzbedingung $y_1 \cdot y_2 < 0$:

$$x_3 = \frac{x_1 \cdot y_2 - x_2 \cdot y_1}{y_2 - y_1} \quad \text{und} \quad y_1 \cdot y_2 < 0$$

(Die Zusatzbedingung $y_1 \cdot y_2 < 0$ bedeutet: x_1 und x_2 sind so zu wählen, daß $y_1 = f(x_1)$ und $y_2 = f(x_2)$ unterschiedliches Vorzeichen besitzen. Aufgrund dieser Zusatzbedingung erhält man i. a. eine langsamere Konvergenz gegen x_0 als bei dem vergleichbaren Sekantenverfahren; das S. V. ist also der R. F. vorzuziehen.)

Fortsetzung des R. F.:
Wenn $y_1 \cdot y_3 < 0$, dann $P_2(x_2 \mid y_2)$ ersetzen durch $P_3(x_3 \mid y_3)$.
Wenn $y_3 \cdot y_2 < 0$, dann $P_1(x_1 \mid y_1)$ ersetzen durch $P_3(x_3 \mid y_3)$.

c) Halbierungsverfahren (H. V.)

Schritt	zu tun	
1	Wähle zwei Näherungswerte $x_1 \approx x_0$ und $x_2 \approx x_0$ mit $x_0 \in [x_1 ; x_2]$ und $y_1 \cdot y_2 < 0$ $(y_1 = f(x_1)$; $y_2 = f(x_2))$	
2	Berechne $x_3 := \frac{x_1 + x_2}{2}$ und hiermit $y_3 := f(x_3)$	
3	Falls $y_3 = 0$:	dann fertig $(x_0 = x_3)$
	falls $y_1 \cdot y_3 < 0$:	setze $x_2 := x_3$; $y_2 := y_3$ weiter mit Schritt 2
	sonst:	setze $x_1 := x_3$; $y_1 := y_3$ weiter mit Schritt 2

Bemerkungen:

1. Wegen der Bedingung $y_1 \cdot y_2 < 0$ vgl. c) Regula Falsi.
2. In der Praxis ersetzt man den (nur schwer zu erreichenden)
   Fall „Falls $y_3 = 0$; dann fertig $(x_0 = x_3)$"
   durch z. B. „Falls $|y_3| < 0{,}0001$, dann fertig $(x_0 \approx x_3)$"
   oder z. B. „Falls x_3 auf 4 Stellen nach dem Komma genau, dann fertig $(x_0 \approx x_3)$".
   Auch andere Abbrechkriterien sind denkbar.
3. Das H. V. ist theoretisch interessant, weil es für x_0 eine Intervallschachtelung erzeugt.
   In der Praxis ist das H. V. wegen seiner äußerst langsamen Konvergenz unbrauchbar.

Aufgabe 11

Gegeben ist eine beliebige Funktion

$$f: \quad y = f(x) \qquad ; \; x \in \mathbb{D}$$

sowie reelle Zahlen $a, b, c \in \mathbb{R}_+^*$.

Erläutern Sie den Einfluß dieser Zahlen auf das Schaubild von f, wenn gilt

$$g_1: \quad y = a \cdot f(x) \qquad ; \; x \in \mathbb{D}$$

$$g_2: \quad y = f(x) + b \qquad ; \; x \in \mathbb{D}$$

$$g_3: \quad y = f\left(\frac{x}{c}\right) \qquad ; \; x \in \mathbb{D}$$

Zeigen Sie den Einfluß der Parameter a, b, c am Beispiel

$$f: \quad y = e^{-x^2} \qquad ; \; x \in \mathbb{R}$$

$$h: \quad y = 4 \cdot e^{-(\frac{1}{2}x)^2} - 1 \qquad ; \; x \in \mathbb{R}.$$

Skizzieren Sie hierzu die Schaubilder von f und h in dasselbe Koordinatensystem.

Erwartet wird:

Funktion	Bedingung	Wirkung	Fixpunkte
g_1: $y = a \cdot f(x)$	$0 < a < 1$	Stauchung von f in y-Richtung	Nullstellen von f
	$1 < a$	Streckung von f in y-Richtung	Nullstellen von f
g_2: $y = f(x) + b$	$0 < b$	Verschiebung von f in y-Richtung nach oben	keine
g_3: $y = f\left(\frac{x}{c}\right)$	$0 < c < 1$	Stauchung von f in x-Richtung	Schnittpunkt mit der y-Achse
	$1 < c$	Streckung von f in x-Richtung	Schnittpunkt mit der y-Achse

Zusatzfrage: Was erhält man, wenn man für a, b, c auch negative Werte zuläßt?

Schaubilder von f sowie h:

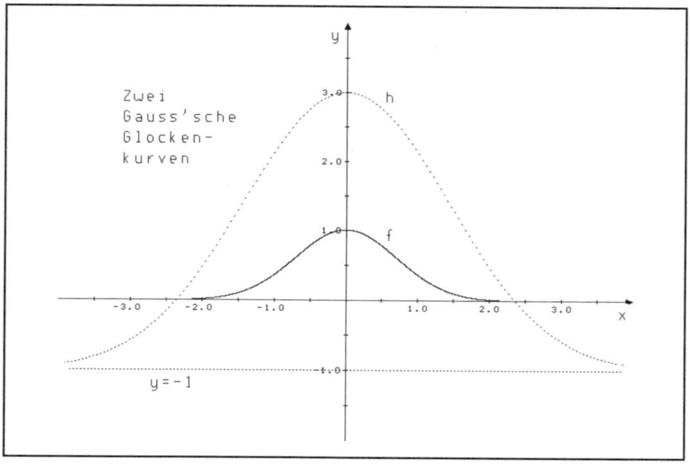

Zusatzfrage:
Wie hängen die Schaubilder von

$$f: \quad y = e^{-x^2} \qquad ; \; x \in \mathbb{R}$$

$$\varphi: \quad y = 4 \cdot e^{-(x-3)^2} \qquad ; \; x \in \mathbb{R}.$$

zusammen?

Schaubilder von f sowie φ:

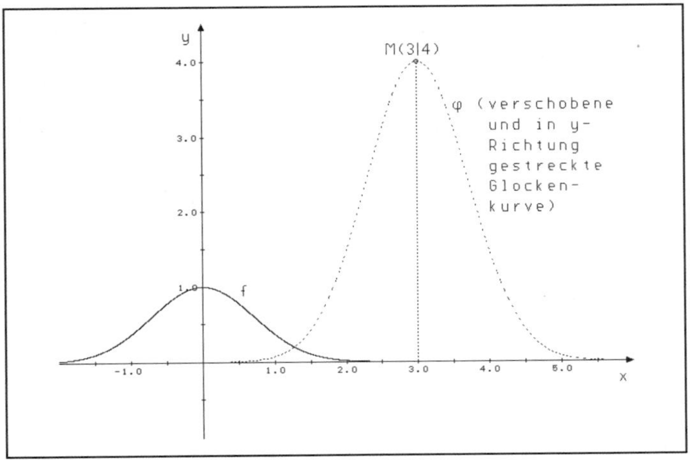

Hinweis:
Auf dem 10-DM-Schein ist auf der Vorderseite neben dem Bild von Gauß auch die „GAUSS'-SCHE GLOCKENKURVE"

$$\varphi(x) = \frac{1}{\sigma \cdot \sqrt{2\pi}} e^{-\frac{(x-\mu)^2}{2\sigma^2}}$$

abgebildet. Schauen Sie nach!

Themenbereich Lineare Algebra

Aufgabe 1

a) Was versteht man unter dem Quadrat einer Matrix?

b) Berechnen Sie $\mathbf{A}^2 - 5 \cdot \mathbf{E}$ für $\mathbf{A} = \begin{pmatrix} -1 & 2 \\ 2 & 1 \end{pmatrix}$.

c) Gilt für beliebige Matrizen **A**, **B** die Gleichung

$$(\mathbf{A}+\mathbf{B})^2 = \mathbf{A}^2 + 2\mathbf{AB} + \mathbf{B}^2 \text{ ?}$$

d) Für welche Matrizen **A**, **B** gilt $(\mathbf{A}+\mathbf{B})\cdot(\mathbf{A}-\mathbf{B}) = \mathbf{A}^2 - \mathbf{B}^2$?

e) Gegeben sind die beiden Matrizen $\mathbf{A} = \begin{pmatrix} 1 & 2 \\ 1 & 2 \end{pmatrix}$, $\mathbf{B} = \begin{pmatrix} a & -2 \\ 1 & b \end{pmatrix}$.

Bilden Sie $\mathbf{A} \cdot \mathbf{B}$ und bestimmen Sie a, b $\in \mathbb{R}$ so, daß $\mathbf{A} \cdot \mathbf{B} = \mathbf{0}$ ist.

Erwartet wird:

a) $\mathbf{A}^2 = \mathbf{A} \cdot \mathbf{A}$ für quadratische Matrizen

b) $\mathbf{A}^2 - 5\mathbf{E} = \begin{pmatrix} -1 & 2 \\ 2 & 1 \end{pmatrix} \cdot \begin{pmatrix} -1 & 2 \\ 2 & 1 \end{pmatrix} - 5\begin{pmatrix} 1 & 0 \\ 0 & 1 \end{pmatrix} = \ldots = \begin{pmatrix} 0 & 0 \\ 0 & 0 \end{pmatrix} = \mathbf{0}$

c) Es ist
$$\begin{aligned}(\mathbf{A}+\mathbf{B})^2 &= (\mathbf{A}+\mathbf{B})\cdot(\mathbf{A}+\mathbf{B}) \\ &= \mathbf{A}^2 + \mathbf{A}\cdot\mathbf{B} + \mathbf{B}\cdot\mathbf{A} + \mathbf{B}^2 \\ &= \mathbf{A}^2 + 2\mathbf{AB} + \mathbf{B}^2\end{aligned}$$
falls für quadratische Matrizen **A**, **B** gilt: $\mathbf{A} \cdot \mathbf{B} = \mathbf{B} \cdot \mathbf{A}$. Da i. a. das Matrizenprodukt nicht kommutativ ist, gilt die Gleichung nicht allgemein.

d) $(\mathbf{A}+\mathbf{B})\cdot(\mathbf{A}-\mathbf{B}) = \mathbf{A}^2 - \mathbf{A}\cdot\mathbf{B} + \mathbf{B}\cdot\mathbf{A} - \mathbf{B}^2 = \mathbf{A}^2 - \mathbf{B}^2$

Dies ist erfüllt für quadratische Matrizen deren Produkt kommutativ ist (vgl. c), z. B. für $\mathbf{B} = \mathbf{O}$ oder $\mathbf{B} = \mathbf{E}$ oder $\mathbf{B} = \mathbf{A}$ oder $\mathbf{B} = \mathbf{A}^2$ oder …

e) $\mathbf{A}\cdot\mathbf{B} = \begin{pmatrix} 1 & 2 \\ 1 & 2 \end{pmatrix} \cdot \begin{pmatrix} a & -2 \\ 1 & b \end{pmatrix} = \begin{pmatrix} a+2 & -2+2b \\ a+2 & -2+2b \end{pmatrix} \stackrel{!}{=} \begin{pmatrix} 0 & 0 \\ 0 & 0 \end{pmatrix} = \mathbf{O}$

Erfüllt ist dies für a = –2 und b = 1 .
(Hinweis: $\text{rg}(\mathbf{A}) = 1$ und $\text{rg}(\mathbf{B}) = 1$.)

Aufgabe 2

Gegeben ist für $t \in \mathbb{R}$ das LGS $\mathbf{A} \cdot \mathbf{x} = \mathbf{b}$ mit

$$\mathbf{A} = \begin{pmatrix} 1 & 1 & 1 \\ 0 & t & t+1 \\ 0 & 6t & t^2+7t \end{pmatrix}, \quad \mathbf{b} = \begin{pmatrix} 2 \\ 3 \\ t+16 \end{pmatrix}.$$

a) Untersuchen Sie mit Hilfe des Rangkriteriums die Lösbarkeit des gegebenen LGS.

b) Welche Lösungsmöglichkeiten gibt es theoretisch für ein beliebiges LGS $\mathbf{A} \cdot \mathbf{x} = \mathbf{b}$? Erläutern Sie anhand einer Übersicht die Lösbarkeitsverhältnisse; unterscheiden Sie dabei zwischen homogenen und inhomogenen LGSen.

Erwartet wird:

a)

$$\left(\begin{array}{ccc|c} 1 & 1 & 1 & 2 \\ 0 & t & t+1 & 3 \\ 0 & 6t & t^2+7t & t+16 \end{array}\right) \begin{array}{l} \\ |\cdot(-6) \\ \leftarrow \end{array}$$

$$\sim \left(\begin{array}{ccc|c} 1 & 1 & 1 & 2 \\ 0 & t & t+1 & 3 \\ 0 & 0 & t^2+t-2 & t-2 \end{array}\right)$$

$$\sim \left(\begin{array}{ccc|c} 1 & 1 & 1 & 2 \\ 0 & t & t+1 & 3 \\ 0 & 0 & (t+3)(t-2) & t-2 \end{array}\right)$$

Tabelle:

t	$rg(\mathbf{A}_t)$	$rg(\mathbf{A}_t \mid \mathbf{b}_t)$	Lösbarkeit
0	2	3	unlösbar
–3	2	3	unlösbar
2	2	2	mehrdeutig lösbar
sonst	3	3	eindeutig lösbar

b)

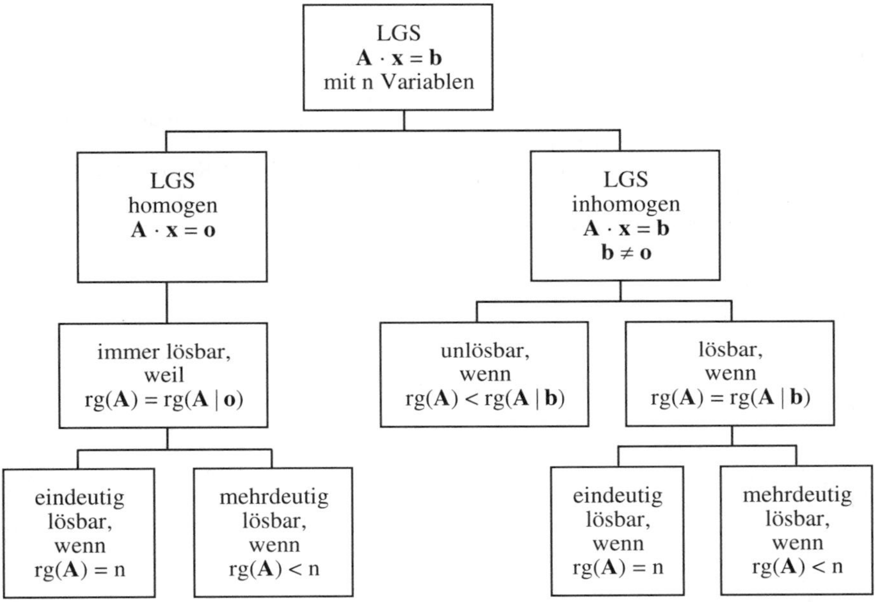

Aufgabe 3

Gegeben ist ein LGS in Matrixdarstellung:

$$\left(\begin{array}{ccc|c} 2 & 3 & 4 & t-1 \\ 0 & 1 & t & 2 \\ 0 & 0 & (t+3)(t+1) & -t-1 \end{array}\right)$$

Für welche Werte von t hat das LGS keine, eine bzw. unendlich viele Lösungen?

Wie berechnet man die Lösungsmenge für den Fall „unendlich viele Lösungen"?

Erwartet wird:

Unterhalb der Diagonalen stehen bereits Nullen (sonst müssen diese zunächst erzeugt werden).

In der Diagonalen stehen Nullen, wenn:

1. $t = -3 \quad \Rightarrow \left(\begin{array}{ccc|c} 2 & 3 & 4 & -4 \\ 0 & 1 & -3 & 2 \\ 0 & 0 & 0 & 2 \end{array}\right)$

   unlösbar, da $0 \cdot x_1 + 0 \cdot x_2 + 0 \cdot x_3 \neq 2$

   oder: $\left.\begin{array}{r} \text{Rg}\mathbf{A} = 2 \\ \text{Rg}(\mathbf{A}|\mathbf{b}) = 3 \end{array}\right]$ ungleich

2. $t = -1 \quad \Rightarrow \left(\begin{array}{ccc|c} 2 & 3 & 4 & 1 \\ 0 & 1 & -1 & 2 \\ 0 & 0 & 0 & 0 \end{array}\right)$

Unendlich viele Lösungen, da Rg**A** = Rg(**A** | **b**) = 2 < Anzahl der Variablen, eine Variable ist frei wählbar (1 Parameter).
(Zahl der Parameter = Anzahl der Variablen minus Anzahl der Restzeilen ungleich Null, hier also 3 – 2 = 1)

Berechnung der Lösungsmenge (wähle $1 \cdot x_3 = r$):

$$\left(\begin{array}{ccc|c} 2 & 3 & 4 & 1 \\ 0 & 1 & -1 & 2 \\ 0 & 0 & 1 & r \end{array}\right) \quad + \quad \cdot(-4)$$

$$\left(\begin{array}{ccc|c} 2 & 3 & 0 & -4r+1 \\ 0 & 1 & 0 & r+2 \\ 0 & 0 & 1 & r \end{array}\right) \quad \cdot(-3)$$

$$\left(\begin{array}{ccc|c} 2 & 0 & 0 & -7r-5 \\ 0 & 1 & 0 & r+2 \\ 0 & 0 & 1 & r \end{array}\right) \quad :2$$

$$\left(\begin{array}{ccc|c} 1 & 0 & 0 & -\frac{7}{2}r-\frac{5}{2} \\ 0 & 1 & 0 & r+2 \\ 0 & 0 & 1 & r \end{array}\right)$$

$$\Rightarrow \quad \mathbf{x} = \begin{pmatrix} x_1 \\ x_2 \\ x_3 \end{pmatrix} = \begin{pmatrix} -\frac{7}{2}r-\frac{5}{2} \\ r+2 \\ r \end{pmatrix} = \begin{pmatrix} -\frac{5}{2} \\ 2 \\ 0 \end{pmatrix} + r \begin{pmatrix} -\frac{7}{2} \\ 1 \\ 1 \end{pmatrix}$$

Aufgabe 4

a) Was versteht man unter einem homogenen LGS, was unter einem inhomogenen LGS?

b) Wie hängen die Lösungsmengen von inhomogenem und zugehörigem homogenen LGS zusammen?

c) Was kann man über die Anzahl der Lösungen jeweils aussagen?

d) Wie bekommt man weitere Lösungen eines homogenen LGS, wenn eine Lösung bekannt ist?

Erwartet wird:

a) homogenes LGS: $\mathbf{A} \cdot \mathbf{x} = \mathbf{o}$ (d. h. rechts stehen nur Nullen)
inhomogenes LGS: $\mathbf{A} \cdot \mathbf{x} = \mathbf{b}$ mit $\mathbf{b} \neq \mathbf{0}$

$\mathbf{A} \cdot \mathbf{x} = \mathbf{o}$ heißt zugehöriges homogenes LGS zu $\mathbf{A} \cdot \mathbf{x} = \mathbf{b}$.

b) Ihre Lösungsmengen hängen dann wie folgt zusammen:

$\mathbf{x}_{Inh} = \mathbf{x}_{Sp} + \mathbf{x}_H$

wobei $\mathbf{x}_{Inh}$ bedeutet: allgemeine Lösung des inhomogenen LGS

$\mathbf{x}_{Sp}$: spezielle Lösung des inhomogenen LGS

$\mathbf{x}_H$: allgemeine Lösung des homogenen LGS

Beispiel: $\mathbf{A} \cdot \mathbf{x} = \mathbf{b}$ bzw. $\mathbf{A} \cdot \mathbf{x} = \mathbf{o}$ mit $\mathbf{A} = \begin{pmatrix} 1 & 2 & -3 \\ 4 & -1 & 6 \\ 5 & 1 & 3 \end{pmatrix}$; $\mathbf{b} = \begin{pmatrix} 1 \\ 1 \\ 2 \end{pmatrix}$

$$\Rightarrow \quad \mathbf{x}_H = r \cdot \begin{pmatrix} -1 \\ 2 \\ 1 \end{pmatrix} ; \ \mathbf{x}_{Sp} = \begin{pmatrix} -1 \\ 3 \\ \frac{4}{3} \end{pmatrix}$$

$$\Rightarrow \quad \mathbf{x}_{Inh} = \begin{pmatrix} -1 \\ 3 \\ \frac{4}{3} \end{pmatrix} + r \begin{pmatrix} -1 \\ 2 \\ 1 \end{pmatrix} ; \ r \in \mathbb{R}.$$

Durch Einsetzen beliebiger r-Werte lassen sich weitere spezielle Lösungen bestimmen.

c) Anzahl der Lösungen:

homogenes LGS:

1) nur die triviale Lösung, also der Nullvektor (Rg $\mathbf{A}$ = Rg ($\mathbf{A}$ | $\mathbf{b}$) = Anzahl der Variablen)
2) unendlich viele Lösungen (Rg $\mathbf{A}$ = Rg ($\mathbf{A}$ | $\mathbf{b}$) < Anzahl der Variablen) (Beachte: Ein homogenes LGS hat immer mindestens eine Lösung!)

inhomogenes LGS:

1) keine Lösung (Rg $\mathbf{A}$ < Rg ($\mathbf{A}$ | $\mathbf{b}$))
2) genau eine Lösung (Rg $\mathbf{A}$ = Rg ($\mathbf{A}$ | $\mathbf{b}$) = Anzahl der Variablen)
3) unendlich viele Lösungen (Rg $\mathbf{A}$ = Rg ($\mathbf{A}$ | $\mathbf{b}$) < Anzahl der Variablen)

d) Weitere Lösungen eines homogenen LGS:

$$\mathbf{x}_1 = \begin{pmatrix} -1 \\ 2 \\ 1 \end{pmatrix} \quad \Rightarrow \quad \text{weitere Lösungen: } \mathbf{x} = k \cdot \begin{pmatrix} -1 \\ 2 \\ 1 \end{pmatrix}$$

Aufgabe 5

Wie ist die inverse Matrix definiert?

Wozu kann man die inverse Matrix benutzen?

Erwartet wird:

Gegeben ist eine quadratische Matrix **A**.

Definition der zu **A** inversen Matrix:

Unter der zur quadratischen Matrix **A** inversen Matrix $\mathbf{A}^{-1}$ versteht man diejenige quadratische Matrix derselben Ordnung, für die gilt: $\mathbf{A}^{-1} \cdot \mathbf{A} = \mathbf{A} \cdot \mathbf{A}^{-1} = \mathbf{E}$

Anwendung: Lösen von Matrizengleichungen

z. B. LGS $\quad \mathbf{A} \cdot \mathbf{x} = \mathbf{b} \qquad | \cdot \mathbf{A}^{-1}$ von links

$$\underbrace{\mathbf{A}^{-1} \cdot \mathbf{A}}_{\mathbf{E}} \cdot \mathbf{x} = \mathbf{A}^{-1} \cdot \mathbf{b}$$

$$\mathbf{E} \cdot \mathbf{x} = \mathbf{A}^{-1} \cdot \mathbf{b}$$

$$\mathbf{x} = \mathbf{A}^{-1} \cdot \mathbf{b}$$

Dieses Verfahren zur Lösung eines LGS ist allerdings nur dann anwendbar, wenn $\mathbf{A}^{-1}$ existiert (siehe weiter unten).

Zusatzfrage: Rechenregeln bei der inversen Matrix

1. Kommutativgesetz (Vertauschungsgesetz) gilt bei Matrizenmultiplikation üblicherweise nicht $\quad (\mathbf{A} \cdot \mathbf{B} \neq \mathbf{B} \cdot \mathbf{A})$,
   aber: $\quad \mathbf{A} \cdot \mathbf{A}^{-1} = \mathbf{A}^{-1} \cdot \mathbf{A} = \mathbf{E}$
2. Die Inverse ist, wenn sie existiert, eindeutig.

   Beweis: Wir nehmen an, es seien $\mathbf{A}_1^{-1}$ und $\mathbf{A}_2^{-1}$ zwei inverse Matrizen zu **A**.

   Dann gilt:

   $$\mathbf{A}_1^{-1} = \mathbf{A}_1^{-1} \cdot \mathbf{E} = \mathbf{A}_1^{-1} \cdot (\mathbf{A} \cdot \mathbf{A}_2^{-1}) = (\mathbf{A}_1^{-1} \cdot \mathbf{A}) \cdot \mathbf{A}_2^{-1}$$
   $$= \mathbf{E} \cdot \mathbf{A}_2^{-1} = \mathbf{A}_2^{-1}$$

   also $\mathbf{A}_1^{-1} = \mathbf{A}_2^{-1}$

3. $(\mathbf{A} \cdot \mathbf{B})^{-1} = \mathbf{B}^{-1} \cdot \mathbf{A}^{-1}$

   Beweis: Laut Definition muß gelten:

   $$(\mathbf{A} \cdot \mathbf{B})^{-1} \cdot (\mathbf{A} \cdot \mathbf{B}) = \mathbf{E}$$
   $$\mathbf{B}^{-1} \cdot \underbrace{\mathbf{A}^{-1} \cdot \mathbf{A}}_{\mathbf{E}} \cdot \mathbf{B} = \mathbf{E}$$
   $$\mathbf{B}^{-1} \cdot \mathbf{E} \cdot \mathbf{B} = \mathbf{E}$$
   $$\mathbf{B}^{-1} \cdot \mathbf{B} = \mathbf{E}$$
   $$\mathbf{E} = \mathbf{E} \qquad \text{q.e.d.}$$

Existenz der Inversen:

1. **A** muß quadratisch sein.
2. Rg **A** muß gleich der Spalten- und Zeilenzahl sein, d. h. beim Umformen darf keine Zeile wegfallen.

Berechnungsverfahren der Inversen:

(**A** | **E**) umformen nach Gauß, bis links die Einheitsmatrix **E** steht; rechts steht dann die Inverse $\mathbf{A}^{-1}$

$(\mathbf{A} \mid \mathbf{E}) \sim \ldots \sim (\mathbf{E} \mid \mathbf{A}^{-1})$

Zusatzfrage: Untersuchen Sie **A** bzw. **B** auf Invertierbarkeit.

$$\mathbf{A} = \begin{pmatrix} 1 & 3 \\ -3 & -9 \end{pmatrix}, \quad \text{quadratische Matrix}$$

Rangbestimmung: $\begin{pmatrix} 1 & 3 \\ -3 & -9 \end{pmatrix} \sim \ldots \sim \begin{pmatrix} 1 & 3 \\ 0 & 0 \end{pmatrix}$

$\Rightarrow$ Rg **A** = 1
$\Rightarrow$ nicht invertierbar

$$\mathbf{B} = \begin{pmatrix} 1 & 1 & 0 \\ 1 & 2 & 1 \\ 0 & 0 & -4 \end{pmatrix}, \quad \text{quadratische Matrix}$$

Rangbestimmung: $\begin{pmatrix} 1 & 1 & 0 \\ 1 & 2 & 1 \\ 0 & 0 & -4 \end{pmatrix} \sim \ldots \sim \begin{pmatrix} 1 & 1 & 0 \\ 0 & 1 & 1 \\ 0 & 0 & -4 \end{pmatrix}$

$\Rightarrow$ Rg **B** = 3
$\Rightarrow$ invertierbar

Aufgabe 6

Gegeben ist ein LGS $\mathbf{A} \cdot \mathbf{x} = \mathbf{b}$. Beschreiben Sie zu seiner Lösung zwei Ansätze. Vergleichen Sie die beiden Verfahren hinsichtlich Anwendbarkeit und Rechenaufwand.

Erwartet wird:

1. Weg: Berechnung der Inversen $\mathbf{A}^{-1}$ und damit $\mathbf{x} = \mathbf{A}^{-1} \cdot \mathbf{b}$.
Der Weg ist nur erlaubt, wenn **A** eine quadratische Matrix ist und $\mathbf{A}^{-1}$ existiert (rg(**A**) = n = Anzahl der Variablen).

Rechenaufwand: Berechnung der Inversen $\mathbf{A}^{-1}$ (dies entspricht einem Gaußverfahren mit n vielen rechten Seiten) und anschließend Multiplikation $\mathbf{A}^{-1} \cdot \mathbf{b}$.
Damit „lohnt" sich die Berechnung der Inversen $\mathbf{A}^{-1}$, wenn das LGS für „viele" rechte Seiten **b** zu lösen ist.

2. Weg: Rechnung mit dem Gaußverfahren.
Mit Hilfe des Rangkriteriums läßt sich im Rechenablauf feststellen, ob das LGS unlösbar, mehrdeutig lösbar oder eindeutig lösbar ist.
Bei Lösbarkeit läßt sich das Gaußverfahren zur Berechnung der Lösungsmenge verwenden.

Rechenaufwand: Das Gaußverfahren „lohnt" sich immer dann, wenn das LGS nur für eine bzw. „wenige" rechte Seiten **b** zu lösen ist.

Aufgabe 7

Lösen Sie die Matrizengleichung nach **X** auf und erläutern Sie die verwendeten Regeln.

$$\mathbf{X} + 2\mathbf{B} = \mathbf{A} \cdot \mathbf{X} - \mathbf{B} + \mathbf{E}$$

Erwartet wird:

1) $\mathbf{X} + 2\mathbf{B} = \mathbf{A} \cdot \mathbf{X} - \mathbf{B} + \mathbf{E}$
2) $1 \cdot \mathbf{X} - \mathbf{A} \cdot \mathbf{X} = -3\mathbf{B} + \mathbf{E}$
3) $\mathbf{E} \cdot \mathbf{X} - \mathbf{A} \cdot \mathbf{X} = -3\mathbf{B} + \mathbf{E}$
4) $(\mathbf{E} - \mathbf{A}) \cdot \mathbf{X} = -3\mathbf{B} + \mathbf{E}$
5) $\mathbf{X} = (\mathbf{E} - \mathbf{A})^{-1} \cdot (\mathbf{E} - 3\mathbf{B})$

Verwendete Regeln:

Von Zeile 1 nach Zeile 2:	Addition bzw. Subtraktion von Matrizen
Von Zeile 2 nach Zeile 3:	Das Distributivgesetz gilt nur für Matrizen, nicht aber für eine Kombination von Matrizen und reellen Zahlen, deshalb muß **E** links von **X** eingefügt werden. [(1 – **A**) ist nicht definiert]
Von Zeile 3 nach Zeile 4:	Ausklammern von Matrizen; da das Kommutativgesetz bei der Multiplikation nicht gilt, muß in diesem Fall rechts ausgeklammert werden.
Von Zeile 4 nach Zeile 5:	Multiplikation mit der Inversen von links, weil gilt: $(\mathbf{E} - \mathbf{A})^{-1}(\mathbf{E} - \mathbf{A}) = \mathbf{E}$ und $\mathbf{E} \cdot \mathbf{X} = \mathbf{X}$

Aufgabe 8

Gegeben ist die folgende Übersicht

Sektor	Lieferung an Sektor 1	2	Konsum
1	1	2	2
2	2	3	3

Bestimmen Sie nach dem Leontief-Modell den Produktionsvektor **x** und die Input-Matrix **A**. Zeichnen Sie das Verflechtungsdiagramm.

Erwartet wird:

Leontief-Modell

Wichtig: die Produktionskoeffizienten $a_{ij} = \frac{x_{ij}}{x_j}$ sind konstant, solange die Produktionsbedingungen konstant sind, auch wenn sich Produktionsmenge **x** oder Konsum **y** ändern.

$a_{ij} = \frac{x_{ij}}{x_j}$ gibt an, wieviele Einheiten der Zweig i an den Zweig j liefern muß, damit der Zweig j eine Einheit produzieren kann.

Die Inputmatrix **A** besteht aus den Produktionskoeffizienten a_{ij}.

Berechnen der a_{ij} am konkreten Beispiel, dazu zunächst Berechnung der Produktion **x**.

$$\mathbf{x} = \begin{pmatrix} x_1 \\ x_2 \end{pmatrix} = \begin{pmatrix} 1+2+2 \\ 2+3+3 \end{pmatrix} = \begin{pmatrix} 5 \\ 8 \end{pmatrix}$$

$$\Rightarrow \quad a_{11} = \frac{x_{11}}{x_1} = \frac{1}{5} \qquad a_{12} = \frac{x_{12}}{x_2} = \frac{2}{8} = \frac{1}{4}$$

$$a_{21} = \frac{x_{21}}{x_1} = \frac{2}{5} \qquad a_{22} = \frac{x_{22}}{x_2} = \frac{3}{8}$$

$$\Rightarrow \quad \mathbf{A} = \begin{pmatrix} \frac{1}{5} & \frac{1}{4} \\ \frac{2}{5} & \frac{3}{8} \end{pmatrix} \text{ (Inputmatrix)}$$

Die Größen **x**, **y** und **A** hängen nach der Leontief-Gleichung wie folgt zusammen:

$$\mathbf{A} \cdot \mathbf{x} + \mathbf{y} = \mathbf{x}$$

(Lieferungen der Zweige untereinander + Lieferung an den Markt = Produktionsmenge)

Auflösen nach **y** (wenn **x** bekannt):

$$\mathbf{y} = \mathbf{x} - \mathbf{A} \cdot \mathbf{x} \quad (= \mathbf{E} \cdot \mathbf{x} - \mathbf{A} \cdot \mathbf{x} = (\mathbf{E} - \mathbf{A}) \cdot \mathbf{x})$$

Auflösen nach **x** (wenn **y** bekannt, siehe obige Zeile):

dazu gibt es 2 Möglichkeiten:

1) $\mathbf{x} = (\mathbf{E} - \mathbf{A})^{-1} \cdot \mathbf{y}$
   (möglich, wenn $(\mathbf{E} - \mathbf{A})^{-1}$ existiert)

2) LGS: $(\mathbf{E} - \mathbf{A} \mid \mathbf{y})$
   auflösen nach Gauß

Der Rechenaufwand ist im Fall 2 geringer. Fall 1 ist nur notwendig, wenn nach der Existenz von $(\mathbf{E} - \mathbf{A})^{-1}$ gefragt ist.

Verflechtungsdiagramm:

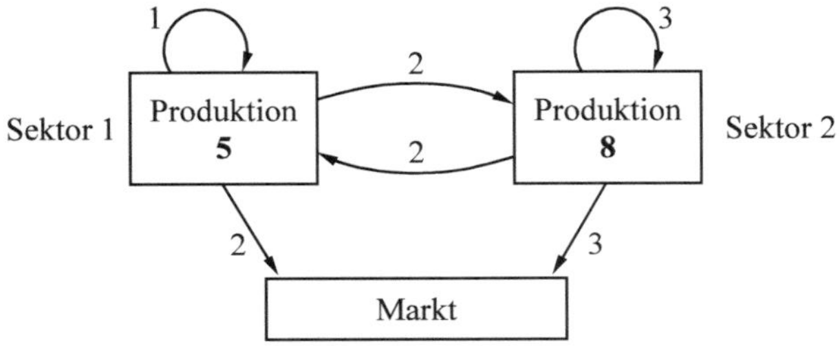

Berufliche Gymnasien Baden-Württemberg
Grundkurs Mathematik – Abiturprüfung 1994
Gruppe I Analysis – Aufgabe 1

Gegeben ist die Funktion f mit der Gleichung

$$f(x)=\frac{1}{2}x^4-3x^2+\frac{5}{2} \quad ; x \in \mathbb{R}.$$

K ist das Schaubild von f.

a) Untersuchen Sie K auf Symmetrie, Achsenschnittpunkte, Hoch-, Tief- und Wendepunkte.
Bestimmen Sie die Gleichungen der Wendetangenten von K.
Zeichnen Sie K im Bereich $-2{,}5 \le x \le 2{,}5$ sowie die Wendetangenten von K. (1 LE = 2 cm).
(14 Korrekturpunkte)

b) Eine Parabel 2. Ordnung ist symmetrisch zur y-Achse und schneidet K senkrecht im Punkt W (1 | 0).
Bestimmen Sie die Gleichung dieser Parabel. (4 Korrekturpunkte)

c) Gegeben ist die Parabel P mit der Gleichung:

$$y=\frac{1}{8}x^2-\frac{1}{8}.$$

Zeichnen Sie P in das Koordinatensystem von Teilaufgabe a ein.
Die Schaubilder K und P schließen drei Flächen ein. Berechnen Sie die Maßzahl der Fläche, die den Punkt (0 | 1) enthält.
(5 Korrekturpunkte)

d) Es sei $0 < u \le 2$. Die Kurvenpunkte Q (u | f(u)), R (–u | f(–u)) und S (0 | 2,5) bilden ein Dreieck.
Zeigen Sie, daß für die Maßzahl der Fläche dieses Dreiecks gilt:

$$A(u)=-\frac{1}{2}u^5+3u^3 \quad ; 0 < u \le 2.$$

Berechnen Sie mit einem geeigneten Näherungsverfahren u so, daß die Dreiecksfläche die Maßzahl 7 hat.
Geben Sie u auf 2 Stellen hinter dem Komma genau an. (7 Korrekturpunkte)

Lösung

a) Kurvendiskussion

$f(x)=\frac{1}{2}x^4-3x^2+\frac{5}{2}; x \in \mathbb{R}$

- Ableitungen

  $f'(x)=2x^3-6x$

  $f''(x)=6x^2-6$

  $[f'''(x)=12x;$ Berechnung nicht notwendig, siehe Wendepunkte$]$

- Symmetrie

  $f(x) = f(-x)$ für alle $x \in \mathbb{R}$ (oder: nur gerade Hochzahlen bei einer ganzrationalen Funktion)

  $\Rightarrow$ Symmetrie zur y-Achse

- Schnittpunkte mit der x-Achse ($f(x) = 0$)

  $0=\frac{1}{2}x^4-3x^2+\frac{5}{2} \Leftrightarrow \quad 0=x^4-6x^2+5$

  setze $x^2 = u \quad \Rightarrow \quad 0=u^2-6u+5$

  $u_{1/2}=3\pm\sqrt{9-5} \Rightarrow u_1 = 1; u_2 = 5$

  $\Rightarrow \quad x_{1/2}=\pm1; \quad x_{3/4}=\pm\sqrt{5}$

  $N_1\ (1 \mid 0); N_2\ (-1 \mid 0); N_3\ (\sqrt{5} \mid 0); N_4\ (-\sqrt{5} \mid 0)$

- Schnittpunkt mit der y-Achse ($x = 0$)

  $f(0) = \frac{5}{2} \quad \Rightarrow \quad S_y\left(0 \middle| \frac{5}{2}\right)$

- Hoch-, Tiefpunkte ($f'(x)=0, \quad f''(x)\neq 0$)

  $0=2x^3-6x$

  $0=x(2x^2-6)$

  $x_1=0, \quad f(0)=\frac{5}{2}, \quad f''(0)=-6<0 \quad \Rightarrow \quad H\left(0 \middle| \frac{5}{2}\right)$

  $x_{2/3}=\pm\sqrt{3}, \quad f(\pm\sqrt{3})=-2, \quad f''(\pm\sqrt{3})=12>0 \quad \Rightarrow \quad T_1(\sqrt{3} \mid -2)$

  $T_2(-\sqrt{3} \mid -2)$

- Wendepunkte ($f''(x) = 0, \quad f'''(x) \neq 0$ bzw. VZW von $f''(x)$)

  $0=6x^2-6$

  $x_{1/2}=\pm1, \quad f(\pm1)=0, \quad f'''(\pm1)=\pm12\neq0 \quad \Rightarrow \quad W_1(1 \mid 0),$

  $W_2(-1 \mid 0)$

  [oder $f''(x) = 0$ und Vorzeichenwechsel von $f''(x)$, da $x_1 = 1$ bzw, $x_2 = -1$ jeweils <u>einfache</u> Nullstelle von $f''(x)$]

- Wendetangenten

  $f'(1) = -4$, P-m-Form: $-4 = \frac{y-0}{x-1}$

  $\Rightarrow -4x + 4 = y$ (Wendetangente bei W_1 (1 | 0))

  $f'(-1) = 4$, $4 = \frac{y-0}{x+1}$

  $\Rightarrow 4x + 4 = y$ (Wendetangente bei W_2 (–1 | 0))

- Schaubild

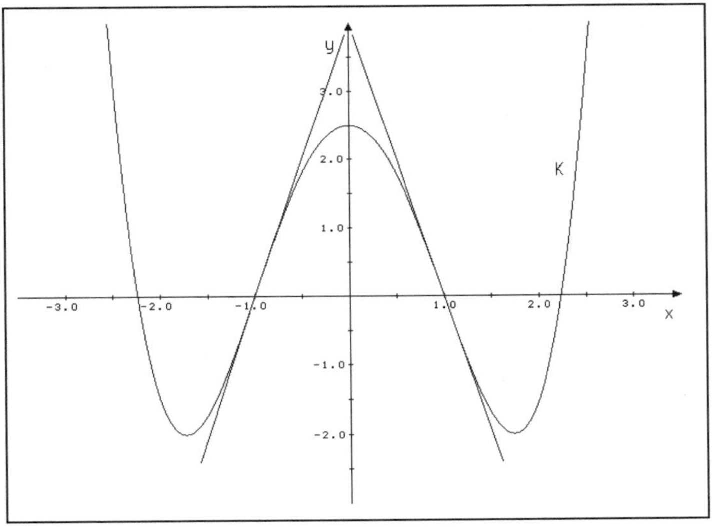

b) Bestimmung der Parabelgleichung

$p(x) = ax^2 + bx + c$ (3 Variable, also 3 Bedingungen notwendig)
$p'(x) = 2ax + b$

Bedingungen:

1) Symmetrie zur y-Achse $\Leftrightarrow$ nur gerade Exponenten $\Rightarrow b = 0$
2) geht durch W (1 | 0) $\Rightarrow p(1) = 0 \Leftrightarrow 0 = a + c$
3) Senkrecht zu K in W (1 | 0):

$$f'(1) = -4 \quad \Rightarrow \quad p'(1) = \frac{1}{4} \quad \Rightarrow \quad \frac{1}{4} = 2a \quad \Rightarrow \quad a = \frac{1}{8} \quad \Rightarrow \quad c = -\frac{1}{8}$$

$\Rightarrow p(x) = \frac{1}{8}x^2 - \frac{1}{8}$ (Gleichung der gesuchten Parabel)

oder Nullstellenansatz:

$p(x) = a(x - x_1)(x - x_2)$ mit W_1 (1 | 0) und wegen Symmetrie W_2 (–1 | 0) als Nullstellen
$p(x) = a(x - 1)(x + 1) = a(x^2 - 1)$, $p'(x) = 2ax$

weitere Bedingung: siehe oben Nr. 3, also $p'(1) = \frac{1}{4}$

$$\Rightarrow \frac{1}{4} = 2a \cdot 1 \Rightarrow a = \frac{1}{8}$$

$$\Rightarrow p(x) = \frac{1}{8}(x^2 - 1) = \frac{1}{8}x^2 - \frac{1}{8}$$

c) Parabel: $y = \frac{1}{8}x^2 - \frac{1}{8}$

- Schaubild:

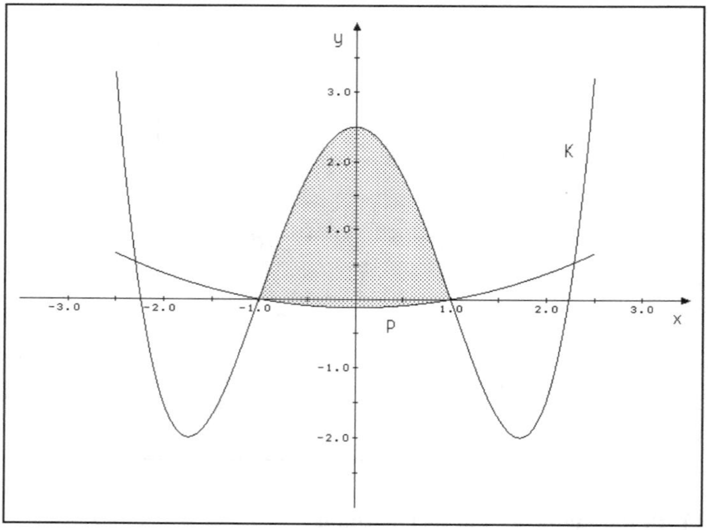

Schnittpunkte von K und P: $S_1\,(+1 \mid 0)$

$S_2\,(-1 \mid 0)$ (wegen Symmetrie, siehe Teilaufgabe b)

Fläche symmetrisch zur y-Achse:

$$A = 2 \cdot \int_0^1 \big(f(x) - g(x)\big)\,dx = 2 \cdot \int_0^1 \left(\left(\frac{1}{2}x^4 - 3x^2 + \frac{5}{2}\right) - \left(\frac{1}{8}x^2 - \frac{1}{8}\right)\right) dx$$

$$= 2 \cdot \int_0^1 \left(\frac{1}{2}x^4 - \frac{25}{8}x^2 + \frac{21}{8}\right) dx = 2 \cdot \left[\frac{1}{10}x^5 - \frac{25}{24}x^3 + \frac{21}{8}x\right]_0^1 = \frac{101}{30}\text{ FE}$$

d) Flächenbestimmung

- Kurvenskizze

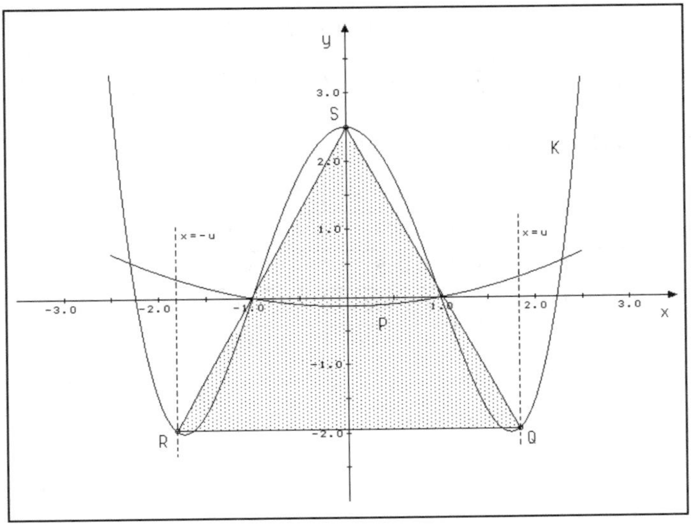

Q (u | f (u)) R (–u | f (–u)) S (0 | 2,5)

$$A_\Delta = \frac{1}{2} g \cdot h$$

$$g = \overline{RQ} = u - (-u) = 2u$$

$$h = y_S - y_R = 2{,}5 - \left(\frac{1}{2}u^4 - 3u^2 + \frac{5}{2}\right)$$

$$= -\frac{1}{2}u^4 + 3u^2$$

$$\Rightarrow A(u) = \frac{1}{2} \cdot 2u \cdot \left(-\frac{1}{2}u^4 + 3u^2\right) = -\frac{1}{2}u^5 + 3u^3 \qquad \text{w. z. b. w.}$$

$A_\Delta \overset{!}{=} 7$ FE:

$$7 = -\frac{1}{2}u^5 + 3u^3 \quad \Leftrightarrow \quad +\frac{1}{2}u^5 - 3u^3 + 7 = 0$$

$$\Leftrightarrow u^5 - 6u^3 + 14 = 0$$

z. B. Newtonverfahren, also $h(u) = u^5 - 6u^3 + 14$

$$h'(u) = 5u^4 - 18u^2$$

$$u_{n+1} = u_n - \frac{h(u_n)}{h'(u_n)}$$; $h(1) = 9$, $h(2) = -2$

wähle $u_1 = 1,5$ als Startwert

n	u_n	$h(u_n)$	$h'(u_n)$
1	1,5	1,344	–15,188
2	1,5885	0,065	–13,584
3	1,5932	0,00026	–13,474
4	1,5932	0,00026	–13,474

$\Rightarrow u \approx 1,59$

Berufliche Gymnasien Baden-Württemberg
Grundkurs Mathematik – Abiturprüfung 1994
Gruppe I Analysis – Aufgabe 2

a) Eine Parabel 3. Ordnung hat den Wendepunkt W $(-1 \mid 0)$ und im Punkt P $(0 \mid -\frac{8}{3})$ eine Normale mit der Steigung $\frac{1}{2}$.
Bestimmen Sie die Gleichung der Parabel. (5 Korrekturpunkte)

b) Gegeben ist die Funktion f durch
$f(x) = \frac{1}{3}x^3 + x^2 - 2x - \frac{8}{3}$ mit $x \in \mathbb{R}$.
Das Schaubild von f ist K.
Untersuchen Sie K auf Schnittpunkte mit den Achsen, Hoch-, Tief- und Wendepunkte. Geben Sie die Koordinaten der Hoch- und Tiefpunkte auf zwei Stellen nach dem Komma gerundet an.
Zeichnen Sie K für $-4{,}5 \le x \le 2{,}5$ mit 1 LE = 1 cm. (10 Korrekturpunkte)

c) Zeigen Sie, daß K symmetrisch ist zu N $(-1 \mid 0)$.
Bestimmen Sie den Inhalt der Gesamtfläche, die von K und der x-Achse eingeschlossen wird.
(7 Korrekturpunkte)

d) Zeichnen Sie die Kurve G der Funktion g mit $g(x) = x^2 - \frac{8}{3}$ für $-3 \le x \le 3$ in das Achsenkreuz von Teilaufgabe b) ein.
Die Gerade mit der Gleichung $x = u$ $(0 \le u \le 2)$ schneidet die Kurve K im Punkt R und die Kurve G im Punkt S.
Für welches u wird der Inhalt des Dreiecks RSO am größten?
Berechnen Sie diesen maximalen Flächeninhalt.
(8 Korrekturpunkte)

Lösung

a) Bestimmung einer Kurvengleichung

$f(x) = ax^3 + bx^2 + cx + d$
$f'(x) = 3ax^2 + 2bx + c$
$f''(x) = 6ax + 2b$

Bedingungen:

W (–1 | 0): 1) $f(-1) = 0 \Leftrightarrow 0 = -a + b - c + d$
2) $f''(-1) = 0 \Leftrightarrow 0 = -6a + 2b$

$P\left(0 \middle| -\frac{8}{3}\right)$: 3) $f(0) = -\frac{8}{3} \Leftrightarrow -\frac{8}{3} = d$

Steigung in P ist – 2: 4) $f'(0) = -2 \Leftrightarrow -2 = c$

1) $0 = -a + b + 2 - \frac{8}{3}$

2) $0 = -6a + 2b \Leftrightarrow b = 3a$

$\Rightarrow$ 1) $0 = -a + 3a - \frac{2}{3}$

$2a = \frac{2}{3}$

$a = \frac{1}{3} \Rightarrow b = 1$

$\Rightarrow$ gesuchte Gleichung: $f(x) = \frac{1}{3}x^3 + x^2 - 2x - \frac{8}{3}$

b) Kurvendiskussion

$f(x) = \frac{1}{3}x^3 + x^2 - 2x - \frac{8}{3}$
$f'(x) = x^2 + 2x - 2$
$f''(x) = 2x + 2$
$f'''(x) = 2$

- Schnittpunkte mit der x-Achse $(f(x) = 0)$:

  $0 = \frac{1}{3}x^3 + x^2 - 2x - \frac{8}{3} \Leftrightarrow 0 = x^3 + 3x^2 - 6x - 8$

  Polynomdivision durch (x + 1) oder Horner-Schema mit x = –1 ergibt:

  $(x + 1)(x^2 + 2x - 8) = 0$

  $\Rightarrow$ $x_1 = -1$ $N_1(-1 \mid 0)$
  $x_2 = 2$ $N_2(2 \mid 0)$
  $x_3 = -4$ $N_3(-4 \mid 0)$

- Schnittpunkt mit y-Achse (x = 0)

  $f(0) = -\frac{8}{3}$, $S_y(0 \mid -\frac{8}{3})$

- Hoch-, Tiefpunkte $(f'(x) = 0, f''(x) \gtrless 0)$

$$0 = x^2 + 2x - 2$$
$$x_{1/2} = -1 \pm \sqrt{1+2}$$
$$x_1 = -1 + \sqrt{3} = 0{,}73, \qquad f(0{,}73) = -3{,}46$$
$$x_2 = -1 - \sqrt{3} = -2{,}73, \qquad f(-2{,}73) = 3{,}46$$

$$f''(-1+\sqrt{3}) = 2(-1+\sqrt{3}) + 2 = 2\sqrt{3} > 0 \quad \Rightarrow \quad T(0{,}73 \mid -3{,}46)$$
$$f''(-1-\sqrt{3}) = 2(-1-\sqrt{3}) + 2 = -2\sqrt{3} < 0 \quad \Rightarrow \quad H(-2{,}73 \mid 3{,}46)$$

- Wendepunkte $(f''(x) = 0 \,,\ f'''(x) \neq 0)$

$0 = 2x + 2$
$x = -1 \,, \quad f(-1) = 0$ (siehe Nst.)
$f'''(-1) \neq 0$ (oder VZW von $f''(x)$)
$\Rightarrow \quad W(-1 \mid 0)$

- Schaubild:

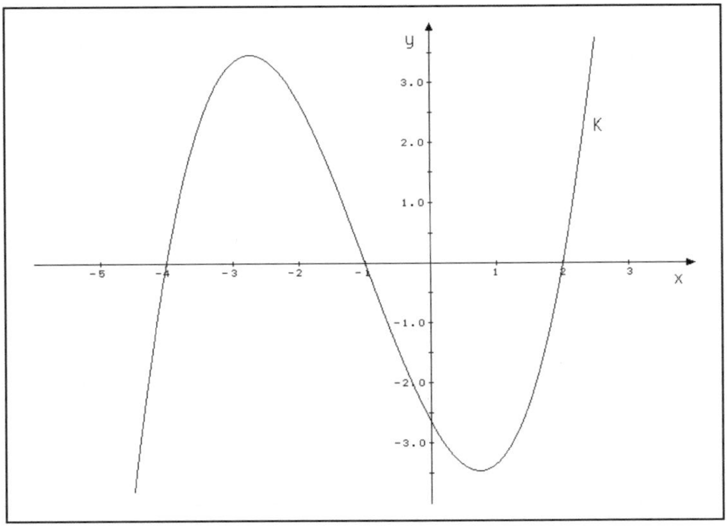

c) Symmetrie

$$f(x) = \frac{1}{3}x^3 + x^2 - 2x - \frac{8}{3} \quad , \qquad N(-1 \mid 0)$$

- 1. Möglichkeit: Verschieben von K um 1 LE nach rechts.

$$\left.\begin{array}{l}\overline{x} = x + 1 \\ \overline{y} = y\end{array}\right\} \Rightarrow \left\{\begin{array}{l}x = \overline{x} - 1 \\ y = \overline{y}\end{array}\right.$$

$$\Rightarrow \quad \bar{f}(\bar{x}) = \frac{1}{3}(\bar{x}-1)^3 + (\bar{x}-1)^2 - 2(\bar{x}-1) - \frac{8}{3}$$
$$= \frac{1}{3}\bar{x}^3 - 3\bar{x}$$

Schaubild von $\bar{f}$ ist symm. zu 0, also ist Schaubild von f symm. zu N (–1 | 0)

- 2. Möglichkeit: Spiegeln an N (–1 | 0).

$$\left.\begin{array}{l}\bar{x} = 2a - x = -2 - x \\ \bar{y} = 2b - y = 0 - y\end{array}\right\} \Rightarrow \left\{\begin{array}{l}x = -2 - \bar{x} \\ y = -\bar{y}\end{array}\right.$$

$$-\bar{f}(\bar{x}) = \frac{1}{3}(-2-\bar{x})^3 + (-2-\bar{x})^2 - 2(-2-\bar{x}) - \frac{8}{3}$$
$$= -\frac{1}{3}\bar{x}^3 - \bar{x}^2 + 2\bar{x} + \frac{8}{3}$$
$$\Rightarrow \bar{f}(\bar{x}) = \frac{1}{3}\bar{x}^3 + \bar{x}^2 - 2\bar{x} - \frac{8}{3} = f(x) \Rightarrow \text{Schaubildvon f symm. zu N}(-1|0)$$

- Flächenberechnung

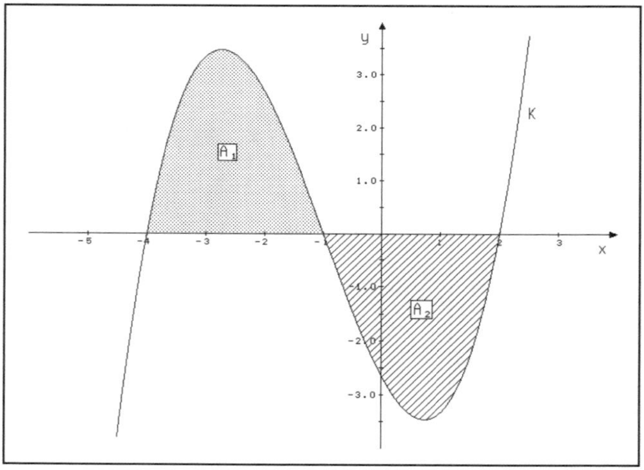

$$A = 2 \cdot \int_{-4}^{-1} f(x)\,dx = 2 \cdot \int_{-4}^{-1} \left(\frac{1}{3}x^3 + x^2 - 2x - \frac{8}{3}\right) dx = 2 \cdot \left[\frac{1}{12}x^4 + \frac{1}{3}x^3 - x^2 - \frac{8}{3}x\right]_{-4}^{-1}$$
$$= 2 \cdot \left[\frac{1}{12} - \frac{1}{3} - 1 + \frac{8}{3} - \left(\frac{256}{12} - \frac{64}{3} - 16 + \frac{32}{3}\right)\right] = \frac{27}{2} = 13{,}5 \text{ FE}$$

d) Extremwertaufgabe

Skizze:

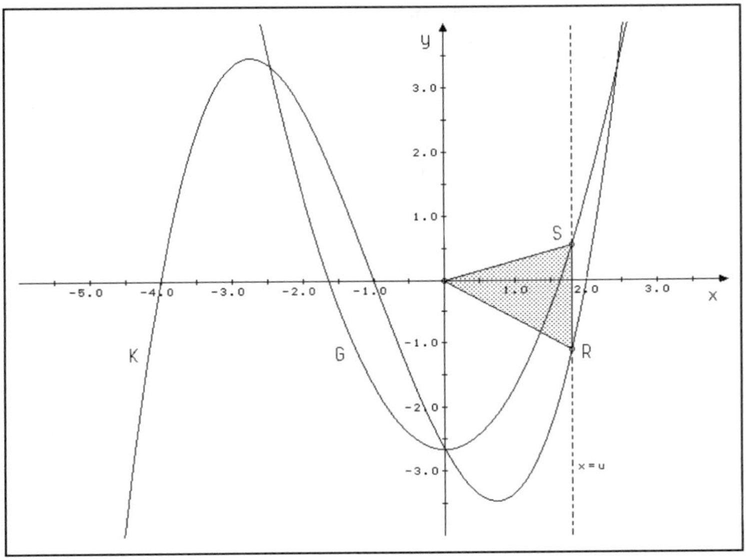

Wähle x_s als Höhe, $\overline{SR}$ als Grundseite des Dreiecks OSR

$$\Rightarrow A = \frac{1}{2} \cdot g \cdot h$$

$$= \frac{1}{2} \cdot \overline{SR} \cdot x_s$$

$$\overline{SR} = g(u) - f(u) = u^2 - \frac{8}{3} - \left(\frac{1}{3}u^3 + u^2 - 2u - \frac{8}{3}\right)$$

$$= -\frac{1}{3}u^3 + 2u$$

$$x_s = u$$

$$\Rightarrow A(u) = \frac{1}{2}\left(-\frac{1}{3}u^3 + 2u\right) \cdot u = -\frac{1}{6}u^4 + u^2, \qquad 0 \le u \le 2$$

$$A'(u) = -\frac{2}{3}u^3 + 2u$$

$$A''(u) = -2u^2 + 2$$

$$A'(u) = 0 \quad \Leftrightarrow \quad -\frac{2}{3}u^3 + 2u = 0 \quad \Leftrightarrow \quad u\left(-\frac{2}{3}u^2 + 2\right) = 0$$

$$\Rightarrow \quad u_1 = 0$$

$$u_{2/3} = \pm\sqrt{3} \qquad (u_3 = -\sqrt{3} \notin \mathbb{D})$$

$A''(0) = 2 > 0 \quad \Rightarrow$ Minimum

$A''(\sqrt{3}) = -4 < 0 \quad \Rightarrow$ rel. Maximum

- Randwerte

  $A(0)$ unnötig, da Minimum

  $A(\sqrt{3}) = -\frac{3}{2} + 3 = \frac{3}{2}$

  $A(2) = -\frac{8}{3} + 4 = \frac{4}{3}$

  $\Rightarrow$ absolutes Maximum für $u = \sqrt{3}$

  $A_{max} = A(\sqrt{3}) = \frac{3}{2}$ FE

Berufliche Gymnasien Baden-Württemberg
Grundkurs Mathematik – Abiturprüfung 1994
Gruppe I Analysis – Aufgabe 3

Gegeben ist die Funktion f durch:

$$f(x) = x \cdot e^{-x+1} \quad \text{mit } x \in \mathbb{R}$$

K ist das Schaubild von f.

a) Untersuchen Sie K auf Schnittpunkte mit der x-Achse, Hoch-, Tief- und Wendepunkte sowie auf Asymptoten.
Zeichnen Sie K für $-0{,}5 \le x \le 4$ mit 1 LE = 2 cm. (10 Korrekturpunkte)

b) Bestätigen Sie durch Integration, daß F mit

$$F(x) = -(x+1) \cdot e^{-x+1}$$

eine Stammfunktion von f ist.
Die Kurve K, die Tangente an K in P $(2 \mid 2e^{-1})$ und die y-Achse umschließen eine Fläche.
Berechnen Sie ihren Inhalt.
(10 Korrekturpunkte)

c) Das Schaubild der 1. Ableitung von f ist G. Zeichnen Sie G für $0 \le x \le 4$ in das Achsenkreuz von Teilaufgabe a ein.
Die Gerade mit der Gleichung x = t schneidet K im Punkt R und G im Punkt S.
Für welchen Wert von t mit $t > 0{,}5$ hat die Länge der Strecke $\overline{SR}$ ein relatives Maximum?
Bestimmen Sie diese Streckenlänge.
(10 Korrekturpunkte)

Lösung

a) Kurvendiskussion

$f(x) = x \cdot e^{-x+1}$, $\quad x \in \mathbb{R}$

$f'(x) = 1 \cdot e^{-x+1} + x \cdot (-1) \cdot e^{-x+1}$ (Produktregel)

$= e^{-x+1}(1-x)$

$f''(x) = -1 \cdot e^{-x+1} + (1-x) \cdot (-1) \cdot e^{-x+1} = e^{-x+1} \cdot (-1-1+x) = e^{-x+1} \cdot (x-2)$

$f'''(x) = 1 \cdot e^{-x+1} + (x-2) \cdot (-1) \cdot e^{-x+1}$

$= -e^{-x+1}(1-x+2) = e^{-x+1}(3-x)$

(3. Ableitung aber nicht notwendig, siehe Wendepunkte!)

- Schnittpunkte mit der x- Achse ($f(x) = 0$)

  $0 = x \cdot e^{-x+1} \quad \Rightarrow \quad x = 0 \qquad (e^{-x+1} \neq 0$ für alle $x)$

  $\Rightarrow N(0 \mid 0)$

- Hoch-, Tiefpunkte ($f'(x) = 0$, $f''(x) \gtrless 0$)

  $0 = e^{-x+1}(1-x) \quad \Rightarrow \quad x = 1$

  $f(1) = e^0 = 1$

  $f''(1) = -1 < 0 \quad \Rightarrow \quad H(1 \mid 1)$

- Wendepunkt ($f''(x) = 0$, VZW von $f''(x)$)

  $0 = e^{-x+1}(x-2) \quad \Rightarrow \quad x = 2$

  $f(2) = 2 \cdot e^{-1} = \frac{2}{e} \; (= 0{,}74)$

  $x = 2$ ist einfache Nullstelle von $f''(x) \quad \Rightarrow \quad$ VZW von $f''(x)$

  (oder: $f'''(2) \neq 0$) $\quad \Rightarrow \quad W\left(2 \,\middle|\, \frac{2}{e}\right)$

- Asymptoten ($|x| \to \infty$)

  $x \to +\infty \quad \Rightarrow \quad f(x) = \frac{x}{e^{x-1}} \to 0$

  (Nenner geht "schneller" gegen ∞ als Zähler)

  oder Regel von l'Hospital:

  $\lim\limits_{x \to \infty} \frac{x}{e^{x-1}} = \lim\limits_{x \to \infty} \frac{1}{e^{x-1}} = 0$

  $x \to -\infty \quad \Rightarrow \quad f(x) = x \cdot e^{1-x} \to -\infty \quad ("-\infty" \cdot "+\infty" = "-\infty")$

  $\Rightarrow$ positive x-Achse ist waagrechte Asymptote.

- Schaubild

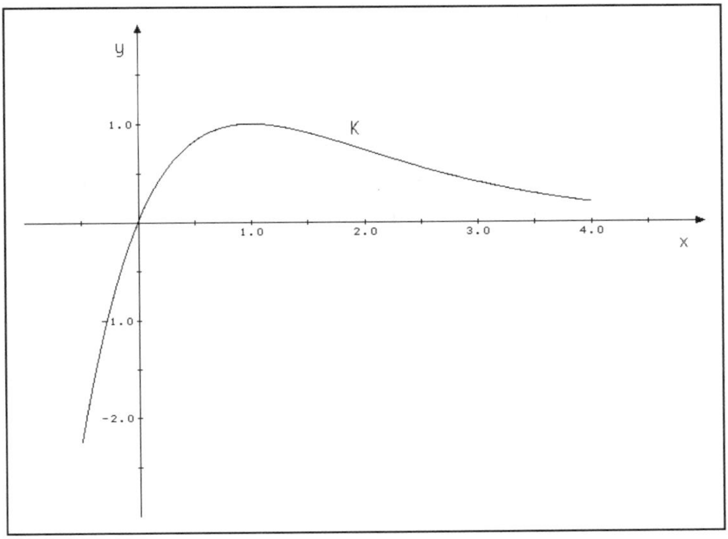

b) Stammfunktion

Es muß gelten: $\int f(x)\,dx = F(x)$

Produktintegration:

$\int u \cdot v'\,dx = u \cdot v - \int u' \cdot v\,dx$ mit $u = x \qquad v' = e^{-x+1}$

$u' = 1 \qquad v = -e^{-x+1}$

$$\Rightarrow \int x \cdot e^{-x+1}\,dx = -x \cdot e^{-x+1} - \int -e^{-x+1}\,dx$$

$$= -x \cdot e^{-x+1} - e^{-x+1} + C = e^{-x+1}(-x-1) + C$$

$$= -(+x+1)e^{-x+1} + C = F(x) + C$$

$\Rightarrow$ für $C = 0$ ist F eine Stammfunktion zu f(x).

- Flächenberechnung

Skizze:

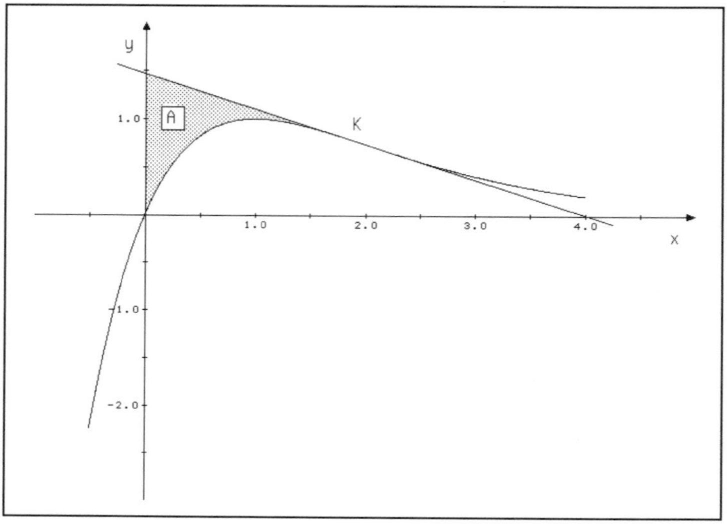

$$A = \int_0^2 (t(x) - f(x))\,dx$$

- Berechnung der Tangentengleichung:

$$f'(2) = -e^{-1} = -\frac{1}{e}$$

Punkt-Steigungs-Form: $m = \dfrac{y - y_1}{x - x_1}$

$$\Rightarrow \quad -\frac{1}{e} = \frac{y - 2e^{-1}}{x - 2} \quad \Leftrightarrow \quad y = t(x) = -\frac{1}{e}x + \frac{4}{e}$$

$$\Rightarrow \quad A = \int_0^2 \left(-\frac{1}{e}x + \frac{4}{e} - x \cdot e^{-x+1} \right) dx$$

$$= \left[-\frac{1}{2e}x^2 + \frac{4}{e}x + (x+1)e^{-x+1} \right]_0^2$$

$$= -\frac{2}{e} + \frac{8}{e} + 3 \cdot e^{-1} - (1 \cdot e)$$

$$= \frac{9}{e} - e = 0{,}59 \text{ FE}$$

c) **Extremwertaufgabe**

- Wertetafel für G

x	0	0,5	1	1,5	2	3	4
y	2,7	0,8	0	−0,04	−0,37	−0,27	−0,15

- Schaubild:

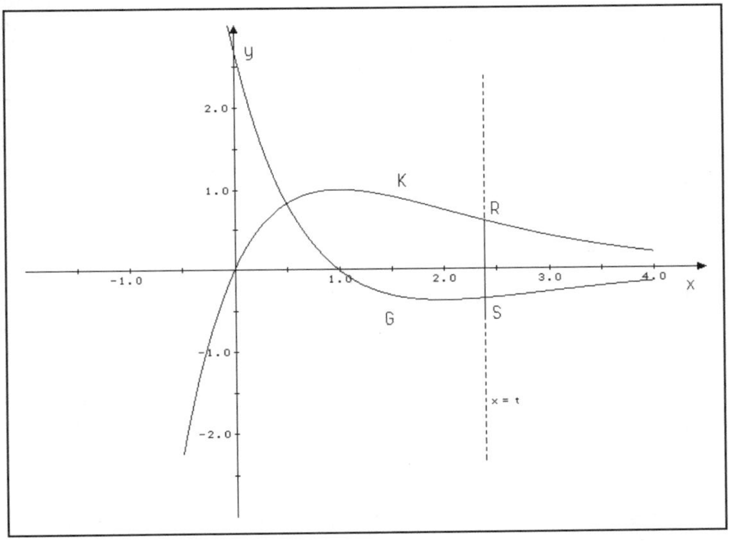

$$\overline{SR} = f(t) - f'(t) = h(t)$$

$$h(t) = t \cdot e^{-t+1} - (1-t)e^{-t+1} = e^{-t+1}(t-1+t)$$

$$= e^{-t+1}(2t-1) \quad ,t > 0{,}5$$

$$h'(t) = 2 \cdot e^{-t+1} + (2t-1)(-1)e^{-t+1}$$

$$= e^{-t+1}(2-2t+1) = e^{-t+1}(3-2t)$$

$$h''(t) = -2 \cdot e^{-t+1} + (3-2t)(-1)e^{-t+1}$$

$$= e^{-t+1}(-2-3+2t) = e^{-t+1}(2t-5)$$

$$h'(t) = 0 \quad \Rightarrow \quad 0 = e^{-t+1}(3-2t) \quad \Rightarrow \quad t = \frac{3}{2}$$

$$h''\left(\frac{3}{2}\right) = e^{-\frac{1}{2}} \cdot (-2) < 0 \quad \Rightarrow \quad \text{rel. Maximum für } t = \frac{3}{2}$$

$$h\left(\frac{3}{2}\right) = e^{-\frac{1}{2}} \cdot 2 = 1{,}21 \text{ LE} \quad \text{(Streckenlänge)}$$

Berufliche Gymnasien Baden-Württemberg
Grundkurs Mathematik – Abiturprüfung 1994
Gruppe II Matrizenrechnung – Aufgabe 1

1. Ein Unternehmen benötigt in der ersten Produktionsstufe die Rohstoffe R_1, R_2 und R_3 zur Herstellung der vier Zwischenprodukte Z_1, Z_2, Z_3 und Z_4. Eine zweite Produktionsstufe liefert aus den Zwischenprodukten die Endprodukte E_1 und E_2. Die Materialverflechtung ist folgendem GOZINTO-Graph zu entnehmen:

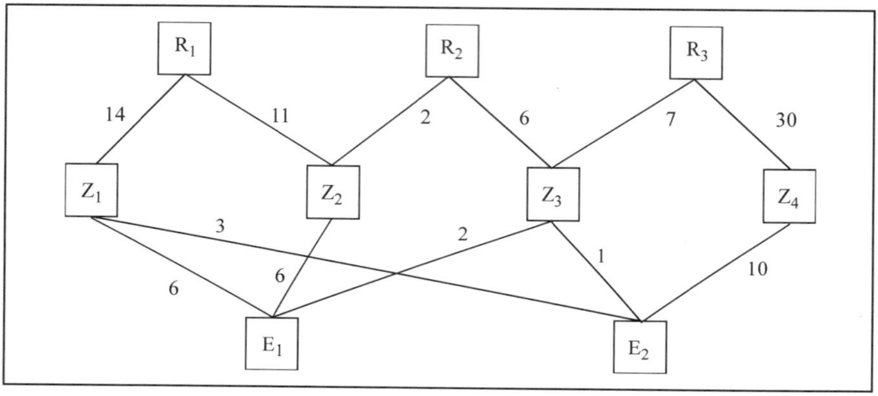

a) Erstellen Sie die Rohstoff-Zwischenprodukt-Matrix und die Zwischenprodukt-Endprodukt-Matrix.

(2 Korrekturpunkte)

b) Ein Kunde bestellt 300 Mengeneinheiten (ME) von E_1 und 200 ME von E_2. Im Rohstofflager befinden sich zur Zeit 48 400 ME von R_1, 7 200 ME von R_2 und 5 200 ME von R_3. Mit diesem Rohstoffvorrat kann der Auftrag nicht erfüllt werden.

- Berechnen Sie, ob das Unternehmen mit diesen Rohstoffbeständen wenigstens den Teilauftrag 300 ME von E_1 und 0 ME von E_2 oder denTeilauftrag 0 ME von E_1 und 200 ME von E_2 erfüllen kann.
- Wieviele Mengeneinheiten von R_1, R_2 und R_3 muß man mindestens zukaufen, um den Kundenauftrag zu erfüllen?

(9 Korrekturpunkte)

c) Aufgrund des kurz bevohrstehenden Verfallsdatums soll der Rohstofflagerbestand aus 55 ME von R_1, 10 ME von R_2 und 2 100 ME von R_3 vollständig zur Produktion von Zwischenprodukten eingesetzt werden.
Berechnen Sie den Produktionsvektor für die Zwischenprodukte, wenn nur ganzzahlige ME der Zwischenprodukte möglich sind.

(8 Korrekturpunkte)

2. Ein Betrieb besteht aus drei Abteilungen A, B und C. Die Abteilungen sind nach dem Leontief-Modell miteinander verflochten. Die Inputmatrix dieser Verflechtung ist gegeben durch

$$\mathbf{A} = \begin{pmatrix} 0 & 0{,}2 & 0{,}16 \\ 0{,}4 & 0 & 0{,}2 \\ 0{,}27 & 0{,}25 & 0 \end{pmatrix}$$

a) Der derzeitige Produktionsvektor ist $\mathbf{x} = (\ 1200 \quad 900 \quad 1500\ )^T$.
Berechnen Sie die Liefermengen der Abteilungen untereinader und die Liefermengen an den Markt.

(5 Korrekturpunkte)

b) Die Abteilungen erhöhen ihre Produktion: Abteilung A um $\frac{1}{4}$, Abteilung B um $\frac{1}{3}$ und Abteilung C um $\frac{2}{5}$.
Berechnen Sie, um wieviel Prozent sich dann die jeweiligen Abgabemengen an den Markt erhöhen.

(6 Korrekturpunkte)

Lösung

1. a) Aus dem GOZINTO-Graphen ergeben sich folgende Matrizen:

Rohstoff-Zwischenprodukt-Matrix **A**:

$$\mathbf{A} = \begin{pmatrix} 14 & 11 & 0 & 0 \\ 0 & 2 & 6 & 0 \\ 0 & 0 & 7 & 30 \end{pmatrix}$$

Zwischenprodukt-Endprodukt-Matrix **B**:

$$\mathbf{B} = \begin{pmatrix} 6 & 3 \\ 6 & 0 \\ 2 & 1 \\ 0 & 10 \end{pmatrix}$$

b) Berechnung der Rohstoff-Endprodukt-Matrix **C**:

$$\mathbf{C} = \mathbf{A} \cdot \mathbf{B} = \begin{pmatrix} 150 & 42 \\ 24 & 6 \\ 14 & 307 \end{pmatrix}$$

$$\text{Rohstoffvorrat } \mathbf{r} = \begin{pmatrix} 48400 \\ 7200 \\ 5200 \end{pmatrix}$$

$$\text{Bestellung } \mathbf{b} = \begin{pmatrix} 300 \\ 200 \end{pmatrix}$$

Gesamtbestellung nicht lieferbar, da

$$\mathrm{C} \cdot \mathrm{b} = \begin{pmatrix} 53400 \\ 8400 \\ 65600 \end{pmatrix} \begin{matrix} R_1 \\ R_2 \\ R_3 \end{matrix} \quad \text{wäre, aber } \mathrm{r} = \begin{pmatrix} 48400 \\ 7200 \\ 5200 \end{pmatrix}$$

$$\text{Teillieferung mit } b_1 = \begin{pmatrix} 300 \\ 0 \end{pmatrix} \quad ?$$

$$\mathrm{C} \cdot b_1 = \begin{pmatrix} 45000 \\ 7200 \\ 4200 \end{pmatrix} \quad \Rightarrow \text{Lieferung möglich}$$

$$\text{Teillieferung mit } b_2 = \begin{pmatrix} 0 \\ 200 \end{pmatrix} \quad ?$$

$$\mathrm{C} \cdot b_2 = \begin{pmatrix} 8400 \\ 1200 \\ 61400 \end{pmatrix} \quad \Rightarrow \text{Lieferung nicht möglich, da } 61400 > 5200$$

Zukauf von Rohstoffen:

R_1: 53400 − 48400 = 5000 ME

R_2: 8400 − 7200 = 1200 ME

R_3: 65600 − 5200 = 60400 ME

c) Produktion von Zwischenprodukten, also Matrix **A** notwendig

z: Produktionsvektor für die Zwischenprodukte

$$\Rightarrow \quad \mathbf{A}\cdot\mathbf{z} = \begin{pmatrix} 55 \\ 10 \\ 2100 \end{pmatrix} \quad \text{(LGS)}$$

$$\left(\begin{array}{cccc|c} 14 & 11 & 0 & 0 & 55 \\ 0 & 2 & 6 & 0 & 10 \\ 0 & 0 & 7 & 30 & 2100 \end{array}\right) \begin{array}{l} \Rightarrow \quad 14z_1 + 11z_2 = 55 \quad \text{I} \\ \Rightarrow \quad 2z_2 + 6z_3 = 10 \quad \text{II} \\ \Rightarrow \quad 7z_3 + 30z_4 = 2100 \quad \text{III} \end{array}$$

$$z_1 \quad z_2 \quad z_3 \quad z_4$$

aus III: $z_3 = 300 - \frac{30}{7}z_4$

in II: $2z_2 + 6\left(300 - \frac{30}{7}z_4\right) = 10 \quad \Leftrightarrow \quad z_2 = -895 + \frac{90}{7}z_4$

in I: $14z_1 + 11\left(-895 + \frac{90}{7}z_4\right) = 55 \Leftrightarrow z_1 = \frac{4950}{7} - \frac{495}{49}z_4$

$z_4 = t$

$$\Rightarrow \mathbf{z} = \begin{pmatrix} z_1 \\ z_2 \\ z_3 \\ z_4 \end{pmatrix} = \begin{pmatrix} \frac{4950}{7} \\ -895 \\ 300 \\ 0 \end{pmatrix} + t \begin{pmatrix} -\frac{495}{49} \\ \frac{90}{7} \\ -\frac{30}{7} \\ 1 \end{pmatrix}$$

Bedingungen für z_i: $z_i \geq 0$

$$\Rightarrow \left.\begin{array}{rcl} \frac{4950}{7} + t\cdot\frac{-495}{49} \geq 0 & \Leftrightarrow & t \leq 70 \\ -895 + t\cdot\frac{90}{7} \geq 0 & \Leftrightarrow & t \geq \frac{1253}{18} \ (\approx 69{,}6) \\ 300 + t\cdot\frac{-30}{7} \geq 0 & \Leftrightarrow & t \leq 70 \\ 0 + t \geq 0 & \Leftrightarrow & t \geq 0 \end{array}\right\} \Rightarrow t = 70$$

$$\Rightarrow \quad \mathbf{z} = \begin{pmatrix} 0 \\ 5 \\ 0 \\ 70 \end{pmatrix} \quad \text{(Produktionsvektor für die Zwischenprodukte)}$$

2. Leontief-Modell

a) Berechnung von Liefermengen x_{ij}:

$$a_{ij} = \frac{x_{ij}}{x_j} \quad \Rightarrow x_{ij} = a_{ij} \cdot x_j$$

$$\begin{aligned} x_{11} &= a_{11} \cdot x_1 = 0 \cdot 1200 = 0 \\ x_{12} &= a_{12} \cdot x_2 = 0{,}2 \cdot 900 = 180 \\ x_{13} &= a_{13} \cdot x_3 = 0{,}16 \cdot 1500 = 240 \end{aligned}$$

u.s.w.

$$\Rightarrow \quad \mathbf{X} = \begin{pmatrix} 0 & 180 & 240 \\ 480 & 0 & 300 \\ 324 & 225 & 0 \end{pmatrix}$$

Marktvektor $\mathbf{y}$:
$$\begin{aligned} y_1 &= x_1 - x_{11} - x_{12} - x_{13} = 780 \\ y_2 &= x_2 - x_{21} - x_{22} - x_{23} = 120 \\ y_3 &= x_3 - x_{31} - x_{32} - x_{33} = 951 \end{aligned}$$

b) neuer Produktionsvektor $\mathbf{x_{neu}}$:

$$\mathbf{x}_{\mathbf{neu}} = \begin{pmatrix} 1500 \\ 1200 \\ 2100 \end{pmatrix}$$

$$\left.\begin{aligned} (\mathbf{E} - \mathbf{A}) \cdot \mathbf{x}_{\mathbf{neu}} &= \mathbf{y}_{\mathbf{neu}} \\ (\mathbf{E} - \mathbf{A}) \cdot \mathbf{x}_{\mathbf{alt}} &= \mathbf{y}_{\mathbf{alt}} \end{aligned}\right\} \Rightarrow (\mathbf{E} - \mathbf{A}) \cdot (\mathbf{x}_{\mathbf{neu}} - \mathbf{x}_{\mathbf{alt}}) = \mathbf{y}_{\mathbf{neu}} - \mathbf{y}_{\mathbf{alt}}$$

$$\text{also} \begin{pmatrix} 1 & -0{,}2 & -0{,}16 \\ -0{,}4 & 1 & -0{,}2 \\ -0{,}27 & -0{,}25 & 1 \end{pmatrix} \cdot \begin{pmatrix} 300 \\ 300 \\ 600 \end{pmatrix} = \begin{pmatrix} 144 \\ 60 \\ 444 \end{pmatrix} \begin{matrix} \triangleq & \approx 18{,}5\,\% \\ \triangleq & \approx 50\,\% \\ \triangleq & \approx 46{,}7\,\% \end{matrix}$$

Berufliche Gymnasien Baden-Württemberg
Grundkurs Mathematik – Abiturprüfung 1994
Gruppe II Matrizenrechnung – Aufgabe 2

Gegeben sind die Matrix $\mathbf{A_u}$ und der Vektor $\mathbf{b_u}$ durch

$$\mathbf{A_u} = \begin{pmatrix} 1 & -u & 0 \\ -1 & 2u & u+1 \\ -3 & 4u & 2u \end{pmatrix}; \quad \mathbf{b_u} = \begin{pmatrix} -1 \\ 1 \\ u^2+2u \end{pmatrix} \quad \text{mit } u \in \mathbb{R}$$

a) Berechnen Sie den Lösungsvektor des linearen Gleichungssystems (LGS)

$$\mathbf{A_2} \cdot \mathbf{x} = \mathbf{b_2}$$

(4 Korrekturpunkte)

b) Für welche Werte von u hat das LGS

$$\mathbf{A_u} \cdot \mathbf{x} = \mathbf{b_u}$$

- genau eine Lösung
- unendlich viele Lösungen
- keine Lösung?

Bestimmen Sie den Lösungsvektor $\mathbf{x} = (x_1 \ x_2 \ x_3)^T$ im Falle der eindeutigen Lösbarkeit.
Für welche Werte von u gilt: $x_2 = x_3$?

(12 Korrekturpunkte)

c) Lösen Sie die Gleichung

$$(\mathbf{A_3} \cdot \mathbf{X})^T - 3 \cdot \mathbf{E} = \mathbf{A_2}$$

nach **X** auf und berechnen Sie die Matrix **X**. (7 Korrekturpunkte)

d) Mit $\mathbf{d}^T = (c \ -1 \ 1)$, $c \in \mathbb{R}$, ist die Funktion f_c gegeben durch

$$f_c(u) = \mathbf{d}^T \cdot \mathbf{A_u} \cdot \mathbf{b_u}, \ u \in \mathbb{R}$$

Für welche Werte von c hat diese Funktion

- keinen relativen Extremwert?
- zwei relative Extremwerte? (7 Korrekturpunkte)

Lösung

a) Lösungsvektor berechnen

$\mathbf{A_2} \cdot \mathbf{x} = \mathbf{b_2}$ (Setze in $\mathbf{A_u}$ und $\mathbf{b_u}$ 2 für u ein)

$$\left(\begin{array}{ccc|c} 1 & -2 & 0 & -1 \\ -1 & 4 & 3 & 1 \\ -3 & 8 & 4 & 8 \end{array}\right) \cdot 3 \Rightarrow \left(\begin{array}{ccc|c} 1 & -2 & 0 & -1 \\ 0 & 2 & 3 & 0 \\ 0 & 2 & 4 & 5 \end{array}\right) \cdot (-1)$$

$$\Rightarrow \left(\begin{array}{ccc|c} 1 & -2 & 0 & -1 \\ 0 & 2 & 3 & 0 \\ 0 & 0 & 1 & 5 \end{array}\right) \Rightarrow x_3 = 5$$

$$\Rightarrow 2x_2 = -15$$

$$x_2 = -\frac{15}{2}$$

$$\Rightarrow x_1 = -1 + 2 \cdot \left(-\frac{15}{2}\right)$$

$$x_1 = -16$$

$$\mathbf{x} = \begin{pmatrix} -16 \\ -\frac{15}{2} \\ 5 \end{pmatrix}$$

b) Lösbarkeit in Abhängigkeit von u

$$\left(\begin{array}{ccc|c} 1 & -u & 0 & -1 \\ -1 & 2u & u+1 & 1 \\ -3 & 4u & 2u & u^2+2u \end{array}\right) \cdot 3$$

$$\Rightarrow \left(\begin{array}{ccc|c} 1 & -u & 0 & -1 \\ 0 & u & u+1 & 0 \\ 0 & u & 2u & u^2+2u-3 \end{array}\right) \cdot (-1)$$

$$\Rightarrow \left(\begin{array}{ccc|c} 1 & -u & 0 & -1 \\ 0 & u & u+1 & 0 \\ 0 & 0 & u-1 & u^2+2u-3 \end{array}\right)$$

$$\Rightarrow \left(\begin{array}{ccc|c} 1 & -u & 0 & -1 \\ 0 & u & u+1 & 0 \\ 0 & 0 & u-1 & (u+3)(u-1) \end{array}\right)$$

$\Rightarrow$ $u = 1$ $\Rightarrow$ 3. Zeile: $0 \quad 0 \quad 0 \mid 0$ $\Rightarrow$ unendl. viele Lösungen

$u = 0$ $\Rightarrow$ 2. Zeile: $0 \quad 0 \quad 1 \mid 0$; 3. Zeile: $0 \quad 0 \quad -1 \mid -3$ $\Rightarrow$ keine Lösung

$\Rightarrow$ genau eine Lösung für $u \in \mathbb{R} \setminus \{0, 1\}$

- Bestimmumg des Lösungsvektors

$$\begin{pmatrix} 1 & -u & 0 & \bigg| & -1 \\ 0 & u & u+1 & \bigg| & 0 \\ 0 & 0 & u-1 & \bigg| & (u-1)(u+3) \end{pmatrix} \Rightarrow x_3 = u+3$$

$$\Rightarrow u \cdot x_2 + (u+1) \cdot x_3 = 0$$
$$u \cdot x_2 + (u+1) \cdot (u+3) = 0$$

$$x_2 = \frac{-(u+1)(u+3)}{u} = -u-4-\frac{3}{u}$$

$$\Rightarrow x_1 - u \cdot x_2 = -1$$

$$x_1 = -1 + u\left(\frac{-(u+1)(u+3)}{u}\right)$$

$$x_1 = -1 - u^2 - 4u - 3$$

$$\Rightarrow x_1 = -u^2 - 4u - 4$$

$$\Rightarrow \mathbf{x}^T = (-u^2-4u-4 \, ; -u-4-\frac{3}{u} \, ; u+3)$$

- Bedingung: $x_2 = x_3$

$$\frac{-(u+1)(u+3)}{u} = u+3 \quad \Leftrightarrow \quad -u^2-4u-3 = u^2+3u$$

$$\Leftrightarrow \quad 2u^2+7u+3 = 0$$

$$\Rightarrow \quad u_1 = -\frac{1}{2}$$

$$u_2 = -3$$

c) **Matrizengleichung**

$$(\mathbf{A_3} \cdot \mathbf{X}) - 3 \cdot \mathbf{E} = \mathbf{A_2}$$

$$(\mathbf{A_3} \cdot \mathbf{X})^T = \mathbf{A_2} + 3\mathbf{E}$$

$$\mathbf{A_3} \cdot \mathbf{X} = (\mathbf{A_2} + 3\mathbf{E})^T$$

$$\mathbf{X} = \mathbf{A_3}^{-1} \cdot (\mathbf{A_2} + 3\mathbf{E})^T$$

- Berechnung der Inversen $\mathbf{A_3}^{-1}$

$$\begin{pmatrix} 1 & -3 & 0 & \bigg| & 1 & 0 & 0 \\ -1 & 6 & 4 & \bigg| & 0 & 1 & 0 \\ -3 & 12 & 6 & \bigg| & 0 & 0 & 1 \end{pmatrix} \begin{matrix} \\ + \cdot 3 \\ \end{matrix}$$

$$\begin{pmatrix} 1 & -3 & 0 & \bigg| & 1 & 0 & 0 \\ 0 & 3 & 4 & \bigg| & 1 & 1 & 0 \\ 0 & 3 & 6 & \bigg| & 3 & 0 & 1 \end{pmatrix} \cdot (-1)$$

$$\left(\begin{array}{ccc|ccc} 1 & -3 & 0 & 1 & 0 & 0 \\ 0 & 3 & 4 & 1 & 1 & 0 \\ 0 & 0 & 2 & 2 & -1 & 1 \end{array}\right) \cdot (-2)$$

$$\left(\begin{array}{ccc|ccc} 1 & -3 & 0 & 1 & 0 & 0 \\ 0 & 3 & 0 & -3 & 3 & -2 \\ 0 & 0 & 2 & 2 & -1 & 1 \end{array}\right) +$$

$$\left(\begin{array}{ccc|ccc} 1 & 0 & 0 & -2 & 3 & -2 \\ 0 & 3 & 0 & -3 & 3 & -2 \\ 0 & 0 & 2 & 2 & -1 & 1 \end{array}\right) \begin{array}{l} \\ :3 \\ :2 \end{array}$$

$$\Rightarrow \mathbf{A}_{\mathbf{3}}^{-1} = \begin{pmatrix} -2 & 3 & -2 \\ -1 & 1 & -\frac{2}{3} \\ 1 & -\frac{1}{2} & \frac{1}{2} \end{pmatrix}$$

$$\mathbf{A}_{\mathbf{2}}^{\mathrm{T}} = \begin{pmatrix} 1 & -1 & -3 \\ -2 & 4 & 8 \\ 0 & 3 & 4 \end{pmatrix} \Rightarrow \mathbf{A}_{\mathbf{2}}^{\mathrm{T}} + 3\mathbf{E} \begin{pmatrix} 4 & -1 & -3 \\ -2 & 7 & 8 \\ 0 & 3 & 7 \end{pmatrix}$$

$$\Rightarrow \quad \mathbf{X} = \begin{pmatrix} -2 & 3 & -2 \\ -1 & 1 & -\frac{2}{3} \\ 1 & -\frac{1}{2} & \frac{1}{2} \end{pmatrix} \cdot \begin{pmatrix} 4 & -1 & -3 \\ -2 & 7 & 8 \\ 0 & 3 & 7 \end{pmatrix} = \begin{pmatrix} -14 & 17 & 16 \\ -6 & 6 & \frac{19}{3} \\ 5 & -3 & -\frac{7}{2} \end{pmatrix}$$

d) Funktion, Extremwerte

$$f_c(u) = \mathbf{d}^{\mathrm{T}} \cdot \mathbf{A}_u \cdot \mathbf{b}_u = (c;\ -1;\ 1) \cdot \begin{pmatrix} 1 & -u & 0 \\ -1 & 2u & u+1 \\ -3 & 4u & 2u \end{pmatrix} \cdot \begin{pmatrix} -1 \\ 1 \\ u^2 + 2u \end{pmatrix}$$

Reihenfolge der Multiplikation beliebig, aber Matrizen nicht vertauschen!

$$(c; -1; 1) \cdot \begin{pmatrix} 1 & -u & 0 \\ -1 & 2u & u+1 \\ -3 & 4u & 2u \end{pmatrix} = (c-2; -cu + 2u; u-1)$$

$$(c-2;\ -cu + 2u;\ u-1) \cdot \begin{pmatrix} -1 \\ 1 \\ u^2 + 2u \end{pmatrix} = -c + 2 - cu + 2u + u^3 + u^2 - 2u$$

$$= u^3 + u^2 - cu - c + 2$$

oder:

$$\begin{pmatrix} 1 & -u & 0 \\ -1 & 2u & u+1 \\ -3 & 4u & 2u \end{pmatrix} \cdot \begin{pmatrix} -1 \\ 1 \\ u^2+2u \end{pmatrix} = \begin{pmatrix} -1-u \\ 1+2u+u^3+3u^2+2u \\ 3+4u+2u^3+4u^2 \end{pmatrix} = \begin{pmatrix} -u-1 \\ u^3+3u^2+4u+1 \\ 2u^3+4u^2+4u+3 \end{pmatrix}$$

$$(c;\ -1;\ 1) \cdot \begin{pmatrix} -u-1 \\ u^3+3u^2+4u+1 \\ 2u^3+4u^2+4u+4 \end{pmatrix} = (-c-cu-u^3-3u^2-4u-1+2u^3+4u^2+4u+3) =$$

$$= (u^3+u^2-cu-c+2)$$

$f_c(u) = u^3 + u^2 - cu - c + 2$

$f_c'(u) = 3u^2+2u-c$

$f_c''(u) = 6u + 2$

Berechnung des relativen Maximums:

$f_c'(u) = 0$

$\Rightarrow\ 3u^2 + 2u - c = 0\ ;\qquad u_{1/2} = \dfrac{-2 \pm \sqrt{4+4\cdot 3\cdot c}}{6}$

$\Rightarrow$ kein relativer Extremwert, wenn $4 + 12c < 0$, also wenn $c < -\dfrac{1}{3}$

für $4+12c=0 \Rightarrow c = -\dfrac{1}{3} \ \Rightarrow\ u_{1/2} = -\dfrac{1}{3}$

$\Rightarrow\ f_c''\left(-\dfrac{1}{3}\right) = 0$

$\Rightarrow\ f_c'''\left(-\dfrac{1}{3}\right) = 2 \neq 0$

$\Rightarrow\ u_{1/2} = -\dfrac{1}{3}$ ist Wendestelle

also kein relativer Extremwert für $c \leq -\dfrac{1}{3}$

$\Rightarrow$ zwei relative Extremwerte, wenn $4 + 12c > 0$, also wenn $c > -\dfrac{1}{3}$

(für diese Werte von c ergeben sich zwei u-Werte, für die jeweils $f''(u) \neq 0$ ist)

Berufliche Gymnasien Baden-Württemberg
Grundkurs Mathematik – Abiturprüfung 1994
Gruppe II Matrizenrechnung – Aufgabe 3

Gegeben sind die Matrix $\mathbf{A_t}$ und die Vektoren $\mathbf{b_t}$ und $\mathbf{c}$ durch

$$\mathbf{A_t} = \begin{pmatrix} 1 & t+1 & 0 \\ t & t^2 & -1 \\ 2 & t & -t \end{pmatrix}, \quad \mathbf{b_t} = \begin{pmatrix} 1 \\ t-2 \\ -2 \end{pmatrix}, \quad \mathbf{c} = \begin{pmatrix} 3 \\ -1 \\ 2 \end{pmatrix} \quad \text{mit } t \in \mathbb{R}.$$

a) Bestimmen Sie die Lösungsmenge des linearen homogenen Gleichungssystems $\mathbf{A_2} \cdot \mathbf{x} = \mathbf{0}$.
Zeigen Sie, daß der Vektor $\mathbf{c}$ eine spezielle Lösung des Systems ist.
(5 Korrekturpunkte)

b) Für welche Werte von t hat das lineare Gleichungssystem $\mathbf{A_t} \cdot \mathbf{x} = \mathbf{b_t}$
- genau eine Lösung
- keine Lösung
- unendlich viele Lösungen?

Bedstimmen Sie im Fall der eindeutigen Lösbarkeit den Lösungsvektor.
(11 Korrekturpunkte)

c) Gegeben ist die Funktion f durch $f(t) = \mathbf{c}^{\mathbf{T}} \cdot \mathbf{A_t} \cdot \mathbf{c}$, $t \in \mathbb{R}$.
Bestimmen Sie das Minimum der Funktion f.
Für welche Werte von t gilt: $f(t) > 0$?
(7 Korrekturpunkte)

d) Zeigen Sie durch Umformen der Matrizengleichung
$$\mathbf{X} \cdot \mathbf{A_1} = (\mathbf{X}^{-1} - \mathbf{E}) \cdot \mathbf{X},$$
daß gilt: $\mathbf{X} = (\mathbf{A_1} + \mathbf{E})^{-1}$
und berechnen Sie $\mathbf{X}$.
(7 Korrekturpunkte)

Lösung

a) Lösungsmenge eines homogenen LGS

$\mathbf{A_2 \cdot x = 0}$

$$\left(\begin{array}{ccc|c} 1 & 3 & 0 & 0 \\ 2 & 4 & -1 & 0 \\ z & 2 & -2 & 0 \end{array}\right) \begin{array}{l} \cdot(-2)\ \cdot(-2) \\ \leftarrow \\ \leftarrow \end{array} \Rightarrow \left(\begin{array}{ccc|c} 1 & 3 & 0 & 0 \\ 0 & -2 & -1 & 0 \\ 0 & -4 & -2 & 0 \end{array}\right) \begin{array}{l} \\ \cdot(-2) \\ \leftarrow \end{array}$$

$$\left(\begin{array}{ccc|c} 1 & 3 & 0 & 0 \\ 0 & -2 & -1 & 0 \\ 0 & 0 & 0 & 0 \end{array}\right) \begin{array}{ll} \Rightarrow & x_1 = -3x_2 \\ \Rightarrow & x_3 = -2x_2 \\ & x_2 = k;\quad k \in \mathbb{R} \end{array}$$

$$\Rightarrow \quad \mathbf{x} = k \cdot \begin{pmatrix} -3 \\ 1 \\ -2 \end{pmatrix}$$

c ist spezielle Lösung:

$$\begin{pmatrix} 3 \\ -1 \\ 2 \end{pmatrix} = k \cdot \begin{pmatrix} -3 \\ 1 \\ -2 \end{pmatrix} \quad \Rightarrow \quad k = -1$$

b) Lösbarkeit eines inhomogenen LGS

$\mathbf{A_t \cdot x = b_t}$

$$\left(\begin{array}{ccc|c} 1 & t+1 & 0 & 1 \\ t & t^2 & -1 & t-2 \\ 2 & t & -t & -2 \end{array}\right) \begin{array}{l} \cdot(-t)\ \cdot(-2) \\ \leftarrow \\ \leftarrow \end{array}$$

$$\left(\begin{array}{ccc|c} 1 & t+1 & 0 & 1 \\ 0 & -t & -1 & -2 \\ 0 & -t-2 & -t & -4 \end{array}\right) \begin{array}{l} \\ \cdot(t+2) \\ \cdot(-t) \leftarrow \end{array} \quad \text{Sonderfall: } t = 0 \qquad (*)$$

$$\left(\begin{array}{ccc|c} 1 & t+1 & 0 & 1 \\ t & t & 1 & 2 \\ 0 & 0 & t^2-t-2 & 2t-4 \end{array}\right) \Leftrightarrow \left(\begin{array}{ccc|c} 1 & t+1 & 0 & 1 \\ 0 & t & 1 & 2 \\ 0 & 0 & (t-2)(t+1) & 2(t-2) \end{array}\right) \ (*)(*)$$

$t = 2$: unendlich viele Lösungen

$t = -1$: keine Lösung

Sonderfall $t = 0$: Matrix $(*)$

$$\left(\begin{array}{ccc|c} 1 & 1 & 0 & 1 \\ 0 & 0 & -1 & -2 \\ 0 & -2 & 0 & -4 \end{array}\right) \Rightarrow \text{genau eine Lösung}$$

$$\Rightarrow \begin{cases} \text{unendlich viele Lösungen:} & t = 2 \\ \text{keine Lösung:} & t = -1 \\ \text{genau eine Lösung:} & t \in \mathbb{R} \setminus \{-1, 2\} \end{cases}$$

Bestimmung des Lösungsvektors:
Aus Matrix (∗)(∗) ergibt sich:

$$x_3 = \frac{2}{t+1} \quad \Rightarrow \quad tx_2 + x_3 = 2$$

$$\Rightarrow \quad tx_2 = 2 - \frac{2}{t+1}$$

$$\Rightarrow \quad x_2 = \frac{2}{t} - \frac{2}{t(t+1)} = \frac{2t+2-2}{t(t+1)}$$

$$x_2 = \frac{2}{t+1}$$

$$\Rightarrow \quad x_1 + (t+1)x_2 = 1$$

$$\Rightarrow \quad x_1 = 1 - (t+1)\cdot\frac{2}{t+1} \quad \Rightarrow \quad \mathbf{x} = \begin{pmatrix} -1 \\ \frac{2}{t+1} \\ \frac{2}{t+1} \end{pmatrix}$$

$$\Rightarrow \quad x_1 = -1$$

c) Funktion, Minimum

$$f(t) = \mathbf{c^T} \cdot \mathbf{A_t} \cdot \mathbf{c} \quad , \ t \in \mathbb{R}$$

$$= (3;\ -1;\ 2)\cdot\begin{pmatrix} 1 & t+1 & 0 \\ t & t^2 & -1 \\ 2 & t & -t \end{pmatrix}\cdot\begin{pmatrix} 3 \\ -1 \\ 2 \end{pmatrix}$$

(Reihenfolge der Multiplikation beliebig, Matrizen dürfen aber nicht vertauscht werden!)

$$= (3;\ -1;\ 2)\cdot\begin{pmatrix} 1 & t+1 & 0 \\ t & t^2 & -1 \\ 2 & t & -t \end{pmatrix} = (7-t;\ 5t-t^2+3;\ 1-2t)$$

$$(7-t;\ 5t-t^2+3;\ 1-2t)\cdot\begin{pmatrix} 3 \\ -1 \\ 2 \end{pmatrix} = 21-3t-5t+t^2-3+2-4t$$

$$= t^2-12t+20$$

oder:

$$\begin{pmatrix} 1 & t+1 & 0 \\ t & t^2 & -1 \\ 2 & t & -t \end{pmatrix}\cdot\begin{pmatrix} 3 \\ -1 \\ 2 \end{pmatrix} = \begin{pmatrix} 3-t-1 \\ 3t-t^2-2 \\ 6-t-2t \end{pmatrix} = \begin{pmatrix} 2-t \\ 3t-t^2-2 \\ 6-3t \end{pmatrix}$$

$$(3;\ -1;\ 2)\cdot\begin{pmatrix} 2-t \\ 3t-t^2-2 \\ 6-3t \end{pmatrix} = 6-3t-3t+t^2+2+12-6t$$

$$= t^2-12t+20$$

$$\Rightarrow \quad f(t) = t^2-12t+20$$

$$f'(t) = 2t-12$$

$$f''(t) = 2$$

Minimum: $f'(t) = 0$

$\Rightarrow\ 2t - 2 = 0$

$t = 6$

$f''(6) = 2 > 0 \quad \Rightarrow$ relatives Minimum für $t = 6$

absolutes Minimum (Randwertbetrachtung):

$\lim\limits_{t \to \pm\infty} f(t) \to +\infty, \quad f(6) = -16$

$\Rightarrow$ absolutes Minimum für $t = 6$

oder: $f'(t) = 0 \quad \Rightarrow \quad t = 6$

f ist eine nach oben geöffnete Parabel

$\Rightarrow$ absolutes Minimum für $t = 6$

$f(t) > 0$:

Nullstellen von f: $f(t) = 0 \quad \Rightarrow \quad x_1 = 2\,; \quad x_2 = 10$

Parabel nach oben geöffnet $\quad \Rightarrow \quad f(t) > 0$ für $t < 2 \vee t > 10$

d) Matrizengleichung

$$\begin{aligned}
\mathbf{X} \cdot \mathbf{A_1} &= (\mathbf{X}^{-1} - \mathbf{E}) \cdot \mathbf{X} \\
\mathbf{X} \cdot \mathbf{A_1} &= \mathbf{E} - \mathbf{X} \\
\mathbf{X} \cdot \mathbf{A_1} + \mathbf{X} &= \mathbf{E} \\
\mathbf{X} \cdot (\mathbf{A_1} + \mathbf{E}) &= \mathbf{E} \\
\mathbf{X} &= (\mathbf{A_1} + \mathbf{E})^{-1} \cdot \mathbf{E} = (\mathbf{A_1} + \mathbf{E})^{-1} \qquad \text{q. e. d.}
\end{aligned}$$

Berechnung von **X**:

$$\mathbf{A_1} = \begin{pmatrix} 1 & 2 & 0 \\ 1 & 1 & -1 \\ 2 & 1 & -1 \end{pmatrix}$$

$$\mathbf{A_1} + \mathbf{E} = \begin{pmatrix} 2 & 2 & 0 \\ 1 & 2 & -1 \\ 2 & 1 & 0 \end{pmatrix}$$

$(\mathbf{A_1} + \mathbf{E})^{-1}$:

$$\left(\begin{array}{ccc|ccc} 2 & 2 & 0 & 1 & 0 & 0 \\ 1 & 2 & -1 & 0 & 1 & 0 \\ 2 & 1 & 0 & 0 & 0 & 1 \end{array}\right) \begin{array}{l} \cdot(-1) \\ \cdot(-2) \\ \end{array}$$

$$\left(\begin{array}{ccc|ccc} 2 & 2 & 0 & 1 & 0 & 0 \\ 0 & -2 & 2 & 1 & -2 & 0 \\ 0 & -1 & 0 & -1 & 0 & 1 \end{array}\right) \begin{array}{l} \\ \\ \cdot(-2) \end{array}$$

$$\left(\begin{array}{ccc|ccc} 2 & 2 & 0 & 1 & 0 & 0 \\ 0 & -2 & 2 & 1 & -2 & 0 \\ 0 & 0 & 2 & 3 & -2 & -2 \end{array}\right) \begin{array}{l} \\ \\ \cdot(-1) \end{array}$$

$$\left(\begin{array}{ccc|ccc} 2 & 2 & 0 & 1 & 0 & 0 \\ 0 & -2 & 0 & -2 & 0 & 2 \\ 0 & 0 & 2 & 3 & -2 & -2 \end{array}\right)$$

$$\left(\begin{array}{ccc|ccc} 2 & 0 & 0 & -1 & 0 & 2 \\ 0 & -2 & 0 & -1 & 0 & 2 \\ 0 & 0 & 2 & 3 & -2 & -2 \end{array}\right) \begin{array}{l} :2 \\ :(-2) \\ :2 \end{array}$$

$$\Rightarrow (\mathbf{A_1} + \mathbf{E})^{-1} = \begin{pmatrix} -\frac{1}{2} & 0 & 1 \\ 1 & 0 & -1 \\ \frac{3}{2} & -1 & -1 \end{pmatrix} = \mathbf{X}$$

Berufliche Gymnasien Baden-Württemberg
Grundkurs Mathematik – Abiturprüfung 1995
Gruppe I Analysis – Aufgabe 1

Gegeben ist die Funktion f_t durch

$$f_t(x) = \frac{t^2}{16}x^4 + \frac{t}{2}x^3; \quad x \in \mathbb{R}; t \in \mathbb{R}_+^*.$$

Das Schaubild von f_t heißt K_t.

a) Untersuchen Sie K_3 auf gemeinsame Punkte mit der x-Achse, Extrem- und Wendepunkte. Zeichnen Sie K_3 für $-3 \leq x \leq 1$ mit 1 LE = 1 cm. (11 Korrekturpunkte)

b) Berechnen Sie den Inhalt der Fläche, die von der Parabel mit der Gleichung $y = \frac{3}{8}x^3$, dem Schaubild K_3 und der Geraden $x = u$ im 1. Quadranten eingeschlossen wird. (4 Korrekturpunkte)

c) Untersuchen Sie K_t auf Extrempunkte.
Zeigen Sie, daß K_t keinen Hochpunkt besitzt.
Bestimmen Sie die Ortskurve des Tiefpunkts von K_t.
Für welchen Wert von t liegt der Tiefpunkt von K_t auf der 1. Winkelhalbierenden? (10 Korrekturpunkte)

d) Die Tangente an K_t im Punkt $W_t\left(-\frac{4}{t} \,\middle|\, f_t\left(-\frac{4}{t}\right)\right)$ bildet mit den Koordinatenachsen ein Dreieck.
Berechnen Sie den Flächeninhalt A(t) dieses Dreiecks.
Für welchen Wert von t ist A(t) = 2? (5 Korrekturpunkte)

Lösung

a) Kurvendiskussion für t=3

$$f_3(x)=\frac{9}{16}x^4+\frac{3}{2}x^3$$

$$f_3'(x)=\frac{9}{4}x^3+\frac{9}{2}x^2$$

$$f_3''(x)=\frac{27}{4}x^2+9x$$

$$f_3'''(x)=\frac{27}{2}x+9$$

- Gemeinsame Punkte mit der x-Achse (Nullstellen; $f_3(x_0)=0$)

$$0=\frac{9}{16}x^4+\frac{3}{2}x^3=\frac{9}{16}x^3\cdot\left(x+\frac{8}{3}\right)=\frac{9}{16}\cdot x\cdot x\cdot x\cdot\left(x+\frac{8}{3}\right)$$

$$\left.\begin{array}{l}x_{01}=0\\x_{02}=0\\x_{03}=0\end{array}\right\}\text{ dreifache Nullstelle }\Rightarrow N_{1,2,3}(0|0)$$

$$x_{04}=-\frac{8}{3}\qquad\Rightarrow N_4\left(-\frac{8}{3}\middle|0\right)$$

- Extrema ($f_3'(x_1)=0$; $f_3''(x_1)\neq 0$)

$$0=\frac{9}{4}x^3+\frac{9}{2}x^2=\frac{9}{4}x^2(x+2)=\frac{9}{4}x\cdot x\cdot(x+2)$$

$$\left.\begin{array}{l}x_{11}=0\\x_{12}=0\end{array}\right\}f_3''(0)=0\text{ also keine Aussage über H oder T möglich}$$

$$x_{13}=-2;\quad f_3''(-2)=9>0;\quad f_3(-2)=-3\Rightarrow T(-2|-3)$$

- Wendepunkte ($f_3''(x_2)=0$; $f_3'''(x_2)\neq 0$)

$$0=\frac{27}{4}x^2+9x=\frac{27}{4}x\cdot\left(x+\frac{4}{3}\right)$$

$$x_{21}=0;\qquad f_3'''(0)=9\neq 0;\qquad f_3(0)=0\qquad\Rightarrow W_1(0|0)$$

$$x_{22}=-\frac{4}{3};\qquad f_3'''\left(-\frac{4}{3}\right)=-9\neq 0;\qquad f_3\left(-\frac{4}{3}\right)=-\frac{16}{9}\qquad\Rightarrow W_2\left(-\frac{4}{3}\middle|-\frac{16}{9}\right)$$

Hinweis: In $W_1(0\mid 0)$ ist die Steigung $f_3'(0)=0$, also ist W_1 ein sog. Sattelpunkt. Dies kann man auch erkennen an: "$x_{01}=x_{02}=x_{03}=0$ ist dreifache Nullstelle".

- Wertetabelle, Zeichnung

x	–2,8	–1	1
y	1,65	–0,94	2,06

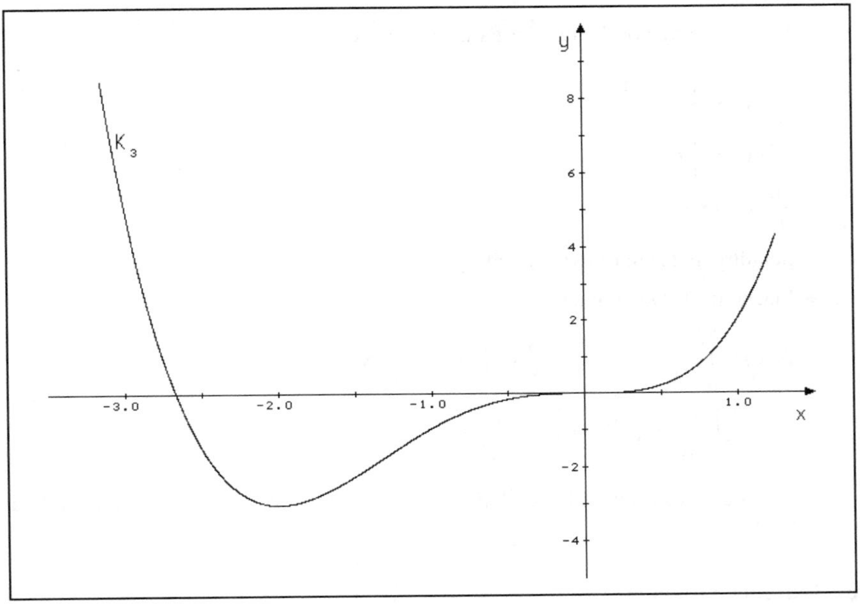

b) Flächenberechnung

- Skizze

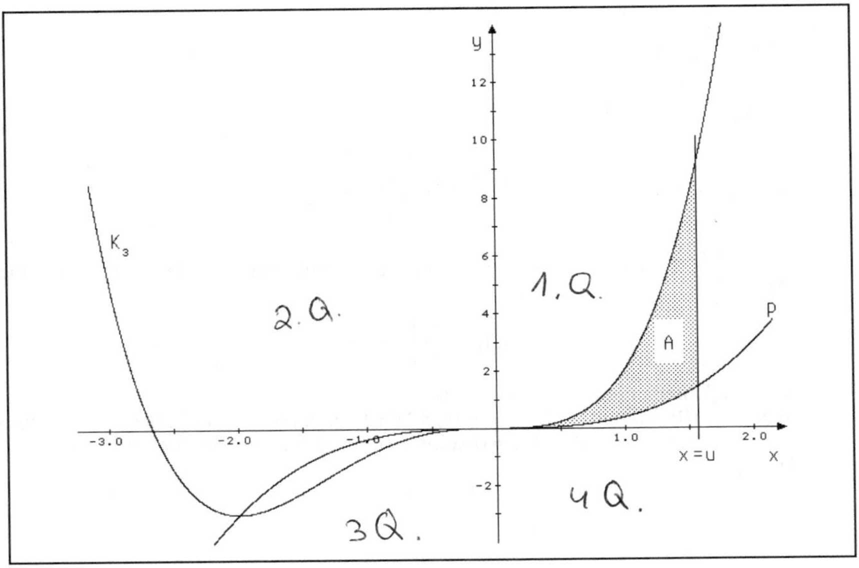

- Schnittpunkte von K_3 mit der Parabel $y=\frac{3}{8}x^3$:

$$\frac{9}{16}x^4+\frac{3}{2}x^3=\frac{3}{8}x^3$$
$$\frac{9}{16}x^4+\frac{9}{8}x^3=0$$
$$\frac{9}{16}x^3\cdot(x+2)=0$$

Schnittpunkte sind $S_1(0 \mid 0)$ und $S_2(-2 \mid -3)$.

- Fläche im 1. Quadranten

$$A(u)=\int_0^u\left(\frac{9}{16}x^4+\frac{3}{2}x^2-\frac{3}{8}x^3\right)dx=\int_0^u\left(\frac{9}{16}x^4+\frac{9}{8}x^3\right)dx$$
$$=\left[\frac{9}{80}x^5+\frac{9}{32}x^4\right]_0^u=\frac{9}{80}u^5+\frac{9}{32}u^4\ \text{FE}$$

(Der Parameter u wird in der Aufgabe nicht weiter verwendet; wozu er dient, bleibt unklar.)

c) Extrema, Ortskurve

$$f_t(x)=\frac{t^2}{16}\cdot x^4+\frac{t}{2}x^3 \qquad ;x\in\mathbb{R}\ ;t>0$$
$$f_t'(x)=\frac{t^2}{4}\cdot x^3+\frac{3t}{2}x^2$$
$$f_t''(x)=\frac{3t^2}{4}\cdot x^2+3t\cdot x$$
$$f_t'''(x)=\frac{3t^2}{2}\cdot x+3t$$

- $f_t'(x_1)=0$: $\quad 0=\frac{t^2}{4}x^3+\frac{3t}{2}x^2=\frac{t^2}{4}x^2\left(x+\frac{6}{t}\right)$

$$\left.\begin{matrix}x_{11}=0\\x_{12}=0\end{matrix}\right\}\ f_t''(0)=0\ \Rightarrow \text{Es ist keine Aussage über Hoch- oder Tiefpunkte möglich.}$$

$$x_{13}=-\frac{6}{t}\ ;\ f_t''\left(-\frac{6}{t}\right)=9>0;\ f_t\left(-\frac{6}{t}\right)=-\frac{27}{t^2}\ \Rightarrow\ T=\left(-\frac{6}{t}\ \middle|\ -\frac{27}{t^2}\right)$$

Weitere Untersuchung von $x_{11,12}=0$:
Wegen $f_t''(0)=0$ und $f_t'''(0)=3t\neq 0$ ist W $(0 \mid 0)$ einWendepunkt (sogar Sattelpunkt; vgl. a). Daher besitzt K_t für $x=0$ keine Extremstelle, insbesondere also keinen Hochpunkt.

- Ortskurve der Tiefpunkte (OKT)

$$T\left(-\frac{6}{t}\middle|-\frac{27}{t^2}\right) \quad ; t>0$$

$$x_T = -\frac{6}{t} \Rightarrow t = -\frac{6}{x_T} \text{ (einsetzen in } y_T)$$

$$y_T = -\frac{27}{t^2} = -\frac{27}{\left(-\frac{6}{x_T}\right)^2} = -\frac{3}{4}x_T^2$$

Ergebnis: wegen $t>0$ ist $x_T = -\frac{6}{t} < 0$. Damit gilt:

$$\text{OKT:} \quad y = -\frac{3}{4}x^2 \quad ; x \in \mathbb{R}_-^*$$

- T soll auf der 1. Winkelhalbierenden liegen: $t = ?$

  Auf der 1. Winkelhalbierenden ist $y = x$, d. h.:

$$y_T = x_T$$

$$-\frac{27}{t^2} = -\frac{6}{t} \quad \left|\cdot\left(-\frac{t^2}{27}\right)\right.$$

$$\frac{9}{2} = t$$

d) Tangente im Kurvenpunkt, Fläche eines Dreiecks

$$f_t(x) = \frac{t^2}{16}x^4 + \frac{t}{2}x^3 \quad ; x \in \mathbb{R} ; t>0$$

$$f_t'(x) = \frac{t^2}{4}x^3 + \frac{3t}{2}x^2$$

- Berechnung von W_t

$$f_t\left(-\frac{4}{t}\right) = -\frac{16}{t^2} \quad \Rightarrow \quad W_t\left(-\frac{4}{t}\middle|-\frac{16}{t^2}\right)$$

  Hinweis: W_t ist Wendepunkt von K_t.

- Steigung von W_t

$$m_t = f_t'\left(-\frac{4}{t}\right) = \frac{8}{t}$$

- Tangente in $W_t\left(-\frac{4}{t}\middle|-\frac{16}{t^2}\right)$ mit $m_t = \frac{8}{t}$

$$k_t: \quad y = m_t(x - x_W) + y_W$$

$$y = \frac{8}{t}\left(x + \frac{4}{t}\right) - \frac{16}{t^2}$$

$$y = \frac{8}{t}x + \frac{16}{t^2}$$

- Skizze

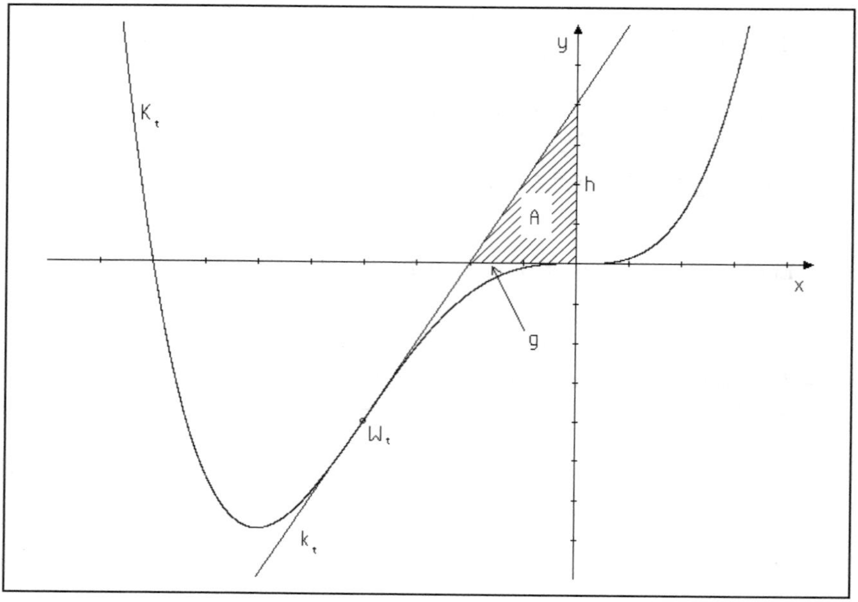

- Dreiecksfläche $A(t) = \frac{1}{2} g \cdot h$

Zur Berechnung der Grundseite g bestimmt man die Nullstelle von k_t:

$$0 = \frac{8}{t}x + \frac{16}{t^2} \quad \Rightarrow \quad x_0 = -\frac{2}{t} < 0 \ \text{ wegen } t > 0$$

$$\Rightarrow \quad g = |x_0| = \frac{2}{t}$$

Die Höhe h des Dreiecks erhält man aus dem y-Achsenabschnitt der Geraden; es gilt

$$h = \frac{16}{t^2}$$

$$A(t) = \frac{1}{2} g \cdot h$$

$$= \frac{1}{2} \cdot \frac{2}{t} \cdot \frac{16}{t^2}$$

$$= \frac{16}{t^3}$$

- Bedingung $A(t) \stackrel{!}{=} 2 \;\Leftrightarrow\; \frac{16}{t^3} = 2 \;\Leftrightarrow\; t^3 = 8 \;\Rightarrow\; t = 2$

Berufliche Gymnasien Baden-Württemberg
Grundkurs Mathematik – Abiturprüfung 1995
Gruppe I Analysis – Aufgabe 2

Gegeben ist die Funktion f_t mit

$$f_t = e^{\frac{t\cdot x}{e}} - t\cdot x \;;\quad x \in \mathbb{R},\quad t \in \mathbb{R}_+^*$$

Das Schaubild von f_t heißt K_t.

a) Untersuchen Sie K_e auf Hoch-, Tief- und Wendepunkte.
Bestimmen Sie den Schnittpunkt mit der y-Achse und die Gleichung der Asymptote.
Zeichnen Sie die Asymptote für $-2 \le x \le 0$ und K_e für $-2 \le x \le 2$ mit 1 LE = 1 cm.
(9 Korrekturpunkte)

b) Die Gerade g ist Tangente an K_e im Punkt S $(0 \mid f_e(0))$.
A_1 ist die Maßzahl der Fläche, die g mit den beiden Koordinatenachsen einschließt. A_2 ist die Maßzahl der Fläche, die K_e mit den beiden Koordinatenachsen einschließt.

Zeigen Sie: $\frac{A_2}{A_1} = (e-2)(e-1)$ (7 Korrekturpunkte)

c) Für welches t hat K_t den Tiefpunkt T $(e \mid f_t(e))$? (4 Korrekturpunkte)

d) Zeichnen Sie K_1 für $0 \le x \le 5$ mit 1 LE = 1 cm in ein neues Koordinatensystem.
Für u mit $0 \le u \le e$ sind die Punkte O $(0 \mid 0)$, P $(u \mid -u)$, Q $(u \mid f_1(u))$ Eckpunkte eines Dreiecks.
Untersuchen Sie, für welches $u \in [0\,;\,e]$ der Flächeninhalt dieses Dreiecks am größten ist.
(10 Korrekturpunkte)

Lösung

a) Kurvendiskussion für t = e

$f_e(x) = e^x - e\cdot x \qquad ; x \in \mathbb{R}$

$f_e'(x) = e^x - e$

$f_e''(x) = e^x$

$f_e'''(x) = e^x$

- Nullstellen ($f_e(x_0) = 0$; hier nicht verlangt)
  $0 = e^x - e\cdot x \;\Rightarrow\; x_0 = 1$, d. h. N $(1 \mid 0)$

- Extrema ($f_e'(x_1) = 0$; $f_e''(x_1) \ne 0$)
  $0 = e^x - e \;\Rightarrow\; x_1 = 1$; $f_e''(1) = e^1 > 0$; $f_e(1) = 0 \;\Rightarrow\;$ T $(1 \mid 0)$
  (Hochpunkte gibt es keine.)

- Wendepunkte ($f_e''(x_2) = 0$; $f_e'''(x_2) \neq 0$)
  Weil $f_e''(x) = e^x \neq 0$ für alle $x \in \mathbb{R}$, gibt es keine Wendepunkte.
- Schnittpunkt mit der y-Achse: $f_e(0) = 1 \Rightarrow S_y(0 \mid 1)$
- Asymptote für $x \to -\infty$: $y = -e \cdot x$

  Begründung : $\lim\limits_{x \to -\infty} (f_e(x) - (-e \cdot x) = \lim\limits_{x \to -\infty} (e^x - e \cdot x + e \cdot x)$
  $= \lim\limits_{x \to -\infty} e^x$
  $= 0$

- Wertetabelle

x	−2	−1	0	1	2
y	5,57	3,07	1	0	1,95

- Zeichnung

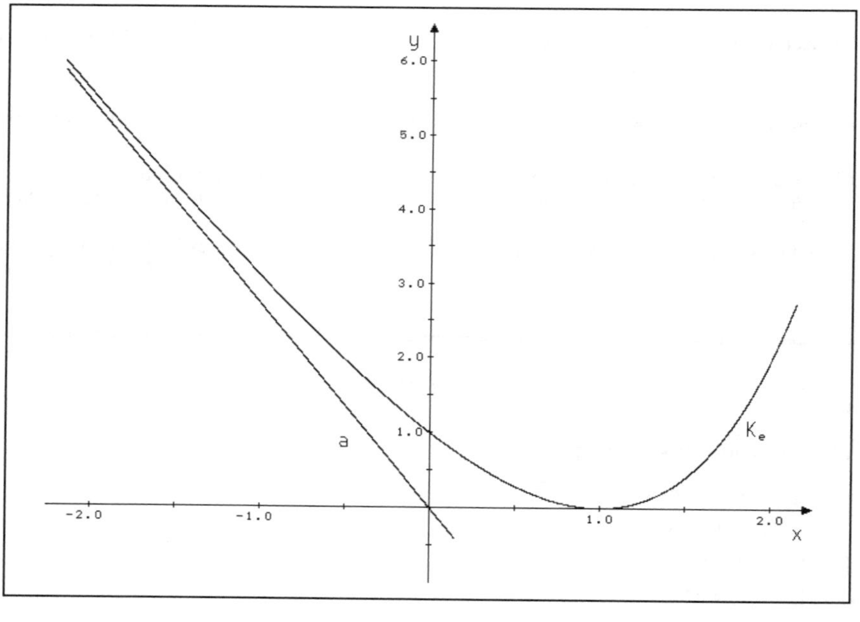

b) Flächenberechnung

- Skizze

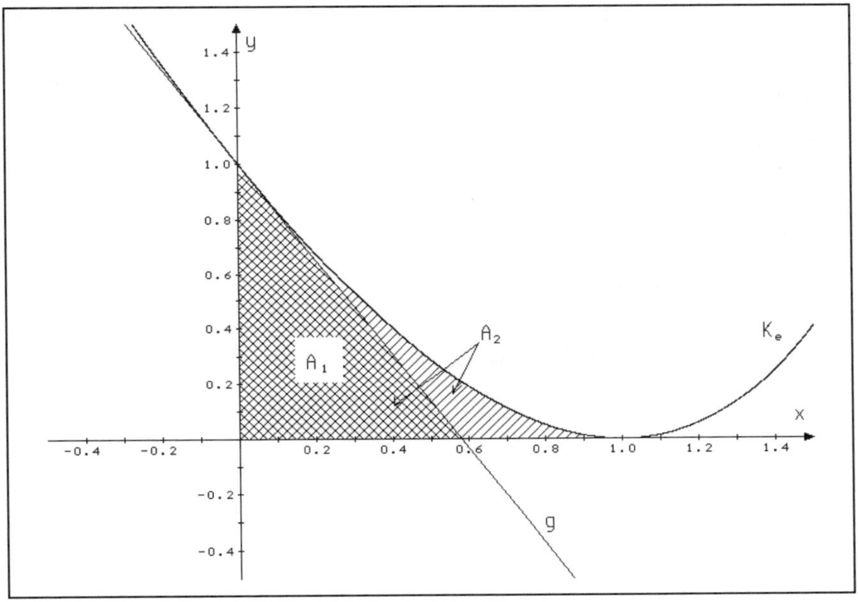

A_1: 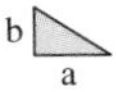

A_2: 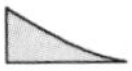

- Tangente g an K_e in $S_y(0 \mid 1)$; Fläche A_1

Steigung von g: $m_g = f_e'(0) = 1 - e$

Tangentengleichung:

$$y = m_g \cdot (x - x_1) + y_1$$
$$y = (1-e) \cdot (x - 0) + 1$$
$$y = (1-e) \cdot x + 1$$

Nullstelle von g: $0 = (1-e)x + 1 \Rightarrow x_0 = \frac{1}{e-1} = a$

Achsenabschnitt von g: $b = 1$

Fläche A_1: $A_1 = \frac{1}{2} a \cdot b = \frac{1}{2} \cdot \frac{1}{e-1} \cdot 1 \Rightarrow A_1 = \frac{1}{2(e-1)}$ FE

- Fläche A_2

$$A_2 = \int_0^1 (e^x - e \cdot x)\, dx = \left[e^x - e\frac{x^2}{2} \right]_0^1$$

$$= e - \frac{e}{2} - (1-0) = \frac{e}{2} - 1 \qquad \Rightarrow A_2 = \frac{e-2}{2} \text{ FE}$$

- Verhältnis

$$\frac{A_2}{A_1}=\frac{\frac{e-2}{2}}{\frac{1}{2(e-1)}}=\frac{e-2}{2}\cdot\frac{2\cdot(e-1)}{1}=(e-2)\cdot(e-1)$$

c) Tiefpunkt T (e | $f_t(e)$)

- Ableitungen

$$f_t(x)=e^{\frac{t\cdot x}{e}}-t\cdot x$$

$$f_t'(x)=e^{\frac{t\cdot x}{e}}\cdot\frac{t}{e}-t$$

$$f_t''(x)=e^{\frac{t\cdot x}{e}}\left(\frac{t}{e}\right)^2$$

- Extremstelle ($f_t'(x_1)=0$; $f_t''(x_1)\neq 0$)

$$0=e^{\frac{t\cdot x}{e}}\cdot\frac{t}{e}-t \qquad \Big| +t$$

$$t=e^{\frac{t\cdot x}{e}}\cdot\frac{t}{e} \qquad \Big| \cdot\frac{e}{t}$$

$$e^1=e^{\frac{t\cdot x}{e}}$$

$$1=\frac{t\cdot x}{e} \qquad \Rightarrow \quad x_1=\frac{e}{t}$$

$$f_t''(x_1)=e^{\frac{t\cdot x_1}{e}}\cdot\left(\frac{t}{e}\right)^2=e^1\cdot\left(\frac{t}{e}\right)^2>0$$

Ergebnis: Der Tiefpunkt besitzt die Abszisse $x_1=\frac{e}{t}$

- Der vorgegebene Tiefpunkt besitzt die Abszisse $x_1 = e$
- Vergleich

$$\frac{e}{t}\stackrel{!}{=}e \quad \Rightarrow \quad t=1.$$

- Nicht verlangt, aber zum Nachrechnen empfohlen: T (e | 0).

d) Extremwertaufgabe (maximale Fläche eines Dreiecks)

f_1: $f_1(x)=e^{\frac{1}{e}\cdot x}-x$

- Wertetabelle

x	0	1	2	e	3	4	5
y	1	0,44	0,08	0	0,01	0,35	1,29

- Zeichnung

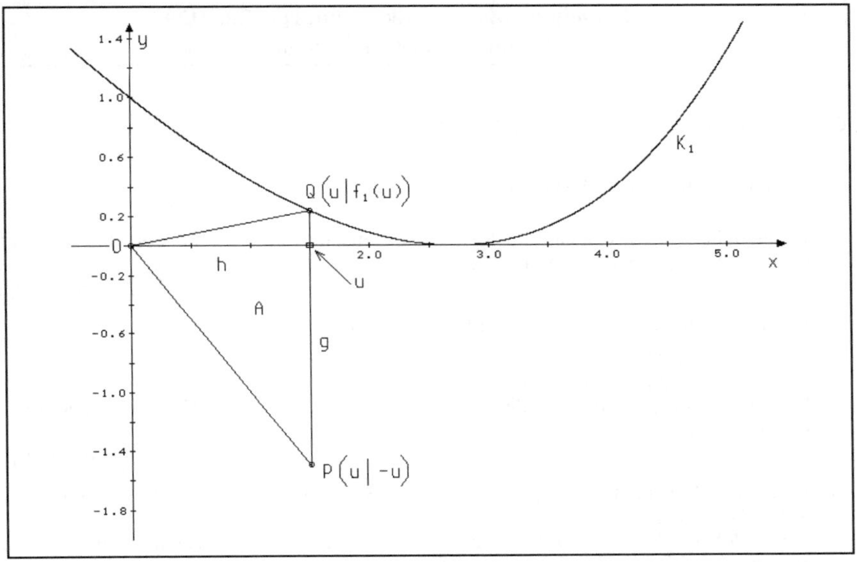

- Dreiecksfläche

$$A = \frac{1}{2}gh$$

mit $h = u$

und $g = f_1(u) - (-u)$

$$= e^{\frac{1}{e}\cdot u} - u + u = e^{\frac{1}{e}\cdot u}$$

also $A(u) = \frac{1}{2}\cdot u \cdot e^{\frac{1}{e}\cdot u}$

$$A'(u) = \frac{1}{2}\cdot e^{\frac{1}{e}\cdot u} + \frac{1}{2}\cdot u \cdot e^{\frac{1}{e}\cdot u}\cdot\frac{1}{e}$$

$$= \frac{1}{2}\left(1 + \frac{1}{e}\cdot u\right)e^{\frac{1}{e}\cdot u}$$

Es gilt stets A'(u) > 0, denn $e^{\frac{1}{e}\cdot u} > 0$ und $1 + \frac{1}{e}\cdot u > 0$, weil $u \in [0\,;e]$. Damit ist die Flächenfunktion A streng monoton wachsend und der maximale Flächeninhalt wird am rechten Rand des Intervalls [0 ; e] angenommen:

Ergebnis: maximaler Flächeninhalt für u = e mit $A(e) = \frac{1}{2}e^2$ FE .

Berufliche Gymnasien Baden-Württemberg
Grundkurs Mathematik – Abiturprüfung 1995
Gruppe I Analysis – Aufgabe 3

Gegeben ist für jedes $t \in \mathbb{R}$ die Funktion f_t mit

$$f_t(x) = (x - t) \cdot e^x \quad ; x \in \mathbb{R} .$$

Ihr Schaubild wird mit K_t bezeichnet.

a) Untersuchen Sie das Schaubild K_2 auf Achsenschnittpunkte, Extrem- und Wendepunkte und zeichnen Sie K_2 im Bereich $-2{,}5 \leq x \leq 2{,}5$ mit 1 LE = 1 cm.

(9 Korrekturpunkte)

b) Bestimmen Sie die Zahlen $a, b \in \mathbb{R}$ so, daß F_2 mit

$$F_2(x) = (a \cdot x + b) \cdot e^x \quad ; x \in \mathbb{R}$$

eine Stammfunktion von f_2 ist.
Berechnen Sie die Maßzahl der Fläche, die von K_2 und den Koordinatenachsen eingeschlossen wird.

(6 Korrekturpunkte)

c) Berechnen Sie die Koordinaten des Tiefpunktes und des Wendepunktes von K_t in Abhängigkeit von t.
Für welches t beträgt der Schnittwinkel zwischen der x-Achse und der Verbindungsgeraden von Tief- und Wendepunkt 45°?

(9 Korrekturpunkte)

d) P_t ist der Schnittpunkt der Kurve K_t mit der y-Achse. Für $t \neq 1$ wird in P_t die Normale auf K_t errichtet.
In welchem Punkt schneidet sie die x-Achse?
Für welche Werte von t fällt dieser Punkt mit einem Kurvenpunkt zusammen?

(6 Korrekturpunkte)

Lösung

a) Kurvendiskussion für t = 2

$f_2(x) = (x-2)\cdot e^x \qquad = (x-2)\cdot e^x$

$f_2'(x) = 1\cdot e^x + (x-2)\cdot e^x \quad = (x-1)\cdot e^x$

$f_2''(x) = 1\cdot e^x + (x-1)\cdot e^x \quad = x\cdot e^x$

$f_2'''(x) = 1\cdot e^x + x\cdot e^x \quad = (x+1)\cdot e^x$

- Schnittpunkt mit der x-Achse ($f_2(x_0) = 0$)
  $0 = (x-2)\cdot e^x \Rightarrow x_0 = 2$ N (2 | 0)
- Schnittpunkt mit der y-Achse (x = 0)
  $f_2(0) = -2\cdot e^0 = -2$ $S_y(0 \mid -2)$
- Extrema ($f_2'(x_2) = 0$; $f_2''(x_2) \neq 0$)
  $0 = (x-1)\cdot e^x \Rightarrow x_1 = 1$; $f_2''(1) = e > 0$; $f_2(1) = -e \Rightarrow$ T (1 | –e)
- Wendepunkte ($f_2''(x_2) = 0$; $f_2'''(x_2) \neq 0$)
  $0 = x\cdot e^x \Rightarrow x_2 = 0$; $f_2'''(0) = 1 \neq 0$; $f_2(0) = -2 \Rightarrow$ W(0 | -2)
- Wertetabelle

x	–2,5	–2	–1	0	1	2	2,5
y	–0,37	–0,54	–1,10	–2	–2,72	0	6,09

- Zeichnung

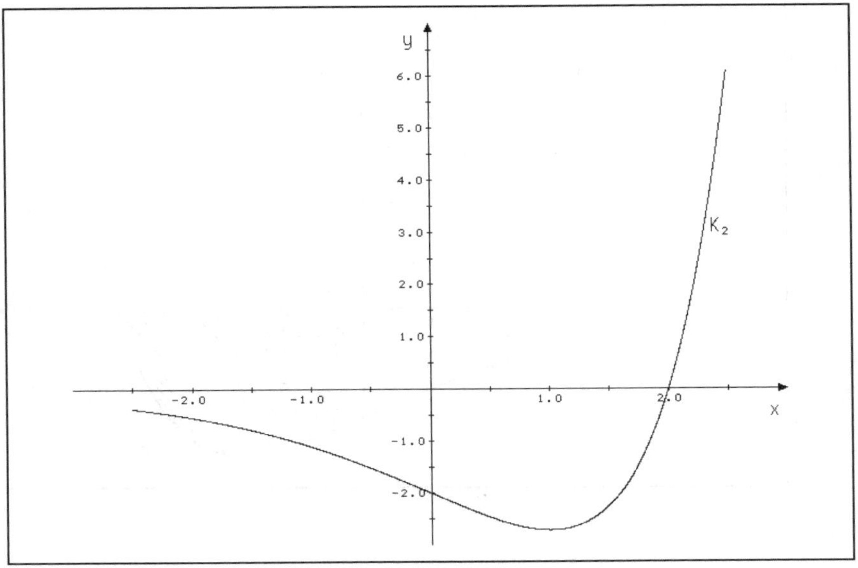

b) Stammfunktion, Fläche

- Stammfunktion F_2 zu f_2

1. Weg (mit dem Hauptsatz der Differential- und Integralrechnung)
   F_2 ist Stammfunktion zu f_2, wenn $F_2'(x) = f_2(x)$

   $F_2(x) = (a \cdot x + b) \cdot e^x$

   $F_2'(x) = a \cdot e^x + (a \cdot x + b) \cdot e^x$

   $\qquad = (a \cdot x + a + b) \cdot e^x$

   $f_2(x) = (x - 2) \cdot e^x$

   Ein Koeffizientenvergleich ergibt a =1; b = –3
   Ergebnis: $F_2(x) = (x-3) \cdot e^x$

2. Weg (mit Produktintegration)

   $F_2(x) = \int (\underbrace{x-2}_{u}) \cdot \underbrace{e^x}_{v'}\, dx$

   $\qquad = (x-2) \cdot e^x - \int 1 \cdot e^x\, dx$

   $\qquad = (x-2) \cdot e^x - e^x + c$

   $\qquad = (x-3) \cdot e^x + c$

- Skizze

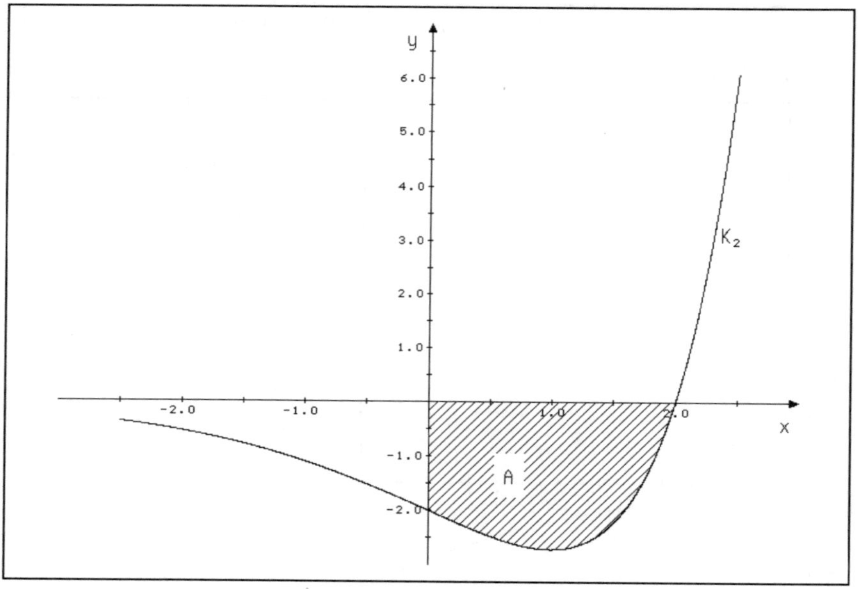

- Flächenberechnung (Betrag, weil $f_2(x) < 0$ für $x \in [0 ; 2]$)

$$A = \left| \int_0^2 (x-2)\cdot e^x \, dx \right| = \left| \left[(x-3)\cdot e^x\right]_0^2 \right| = \left| -1\cdot e^2 - (-3) \right| = \left| 3 - e^2 \right|$$

Ergebnis: $A = e^2 - 3 \approx 4{,}389$

c) Allgemeiner Tief- und Wendepunkt; Schnittwinkel zweier Geraden

- Ableitungen

$$\begin{aligned}
f_t(x) &= (x-t)\cdot e^x &&= (x-t)\cdot e^x\\
f_t'(x) &= 1\cdot e^x + (x-t)\cdot e^x &&= (x-t+1)\cdot e^x\\
f_t''(x) &= 1\cdot e^x + (x-t+1)\cdot e^x &&= (x-t+2)\cdot e^x\\
f_t'''(x) &= 1\cdot e^x + (x-t+2)\cdot e^x &&= (x-t+3)\cdot e^x
\end{aligned}$$

- Extrema ($f_t'(x_1) = 0$; $f_t''(x_1) \neq 0$)

$0 = (x-t+1)\cdot e^x$

$\Rightarrow x_1 = t-1;\quad f_t''(x_1) = 1\cdot e^{t-1} > 0;\quad f_t(x_1) = -e^{t-1} \quad \Rightarrow T\left(t-1 \mid -e^{t-1}\right)$

- Wendepunkt ($f_t''(x_2) = 0$; $f_t'''(x_2) \neq 0$)

$0 = (x-t+2)\cdot e^x$

$\Rightarrow x_2 = t-2;\quad f_t'''(x_2) = 1\cdot e^{t-2} \neq 0;\quad f_t(x_2) = -2\cdot e^{t-2} \quad \Rightarrow W\left(t-2 \mid -2\cdot e^{t-2}\right)$

- Steigung m_g der Verbindungsgeraden $g = TW$

$$m_g = \frac{\Delta y}{\Delta x} = \frac{y_2 - y_1}{x_2 - x_1} = \frac{-e^{t-1} - (-2\cdot e^{t-2})}{t-1-(t-2)} = \frac{2\cdot e^{t-2} - e^{t-1}}{1}$$
$$= 2\cdot e^{t-2} - e\cdot e^{t-2} = (2-e)\cdot e^{t-2}$$

Also: $m_g = \underbrace{(2-e)}_{<0}\cdot e^{t-2}$

- $\sphericalangle$ (g; x-Achse) $\overset{!}{=} 45°$ (Achtung: $m_g < 0$!)

Wegen $m_g = \tan(\alpha)$

folgt

$$\begin{aligned}
(2-e)\cdot e^{t-2} &= -\tan(45°)\\
(2-e)\cdot e^{t-2} &= -1 && \mid :(e-2)\\
e^{t-2} &= \frac{1}{e-2} && \mid \ln(\ldots)\\
t-2 &= \ln\left(\frac{1}{e-2}\right) && \mid +2
\end{aligned}$$

Ergebnis: $t = 2 - \ln(e-2)$

d) Normale

- Skizze

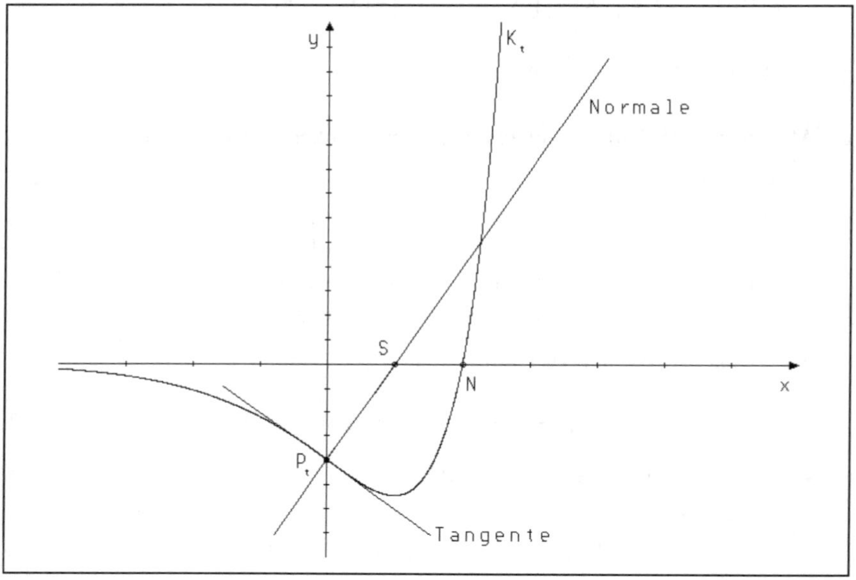

- Schnittpunkt P_t von K_t mit der y-Achse:
  $P_t(0 \mid -t)$
- Tangentensteigung m_t von f_t für x = 0:
  $m_t = f_t'(0) = 1-t$
- Normalensteigung m_n ($m_t \cdot m_n = -1$):
  $$m_n = \frac{1}{t-1} \qquad (t \neq 1)$$
- Normalengleichung in $P_t(0 \mid -t)$:
  $$y = m \cdot (x - x_1) + y_1$$
  $$y = \frac{1}{t-1} \cdot (x-0) - t \qquad \Rightarrow \quad y = \frac{1}{t-1} \cdot x - t$$
- Nullstelle der Normalen n:
  $$0 = \frac{1}{t-1} x - t$$
  $$\Rightarrow x_0 = t \cdot (t-1) \qquad \Rightarrow \quad S\big(t \cdot (t-1) \mid 0\big)$$

- S soll ein Kurvenpunkt N von K_t sein:

  S liegt auf der x-Achse, also liegt N ebenfalls auf der x-Achse.
  Nullstelle von f_t ist $x_0 = t \;\Rightarrow\; N(t \mid 0)$

  Vergleich: $S = N \;\Rightarrow\; t \cdot (t - 1) = t$

  Die Gleichung ist erfüllt für $t_1 = 0$, $t_2 = 1$. Aber $t_2 = 1$ ist unzulässig. Daher bleibt als einzige Lösung übrig:

  $$t_1 = 0.$$

  Zugehörige Gleichungen sind:

  Funktion f_0: $f_0(x) = x \cdot e^x$; $x \in \mathbb{R}$

  Normale n: $y = -x$; $x \in \mathbb{R}$

  Punkt P_0: $P_0(0|0) = O$

Berufliche Gymnasien Baden-Württemberg
Grundkurs Mathematik – Abiturprüfung 1995
Gruppe II Matrizenrechnung – Aufgabe 1

In einem zweistufigen Produktionsprozeß stellt ein Betrieb aus den Rohstoffen R_1, R_2 und R_3 die Zwischenprodukte Z_1, Z_2 und Z_3 und daraus die Endprodukte E_1, E_2 und E_3 her.
Aus dem Produktionsprozeß ergeben sich folgende Tabellen:

	Z_1	Z_2	Z_3
R_1	2	1	0
R_2	3	2	2
R_3	4	0	1

	E_1	E_2	E_3
R_1	10	7	2
R_2	16	18	12
R_3	16	11	4

Die Materialkonstanten $\mathbf{k_R}$, die Verkaufspreise $\mathbf{v_Z}$ für die Zwischenprodukte und die Verkaufspreise $\mathbf{v_E}$ für die Endprodukte sind je ME durch folgende Vektoren gegeben:
$\mathbf{k_R} = (1 \quad 2 \quad 3)^T$, $\mathbf{v_Z} = (25 \quad 15 \quad 10)^T$, $\mathbf{v_E} = (100 \quad 60 \quad 50)^T$.
Im Betrieb sind die Aufträge A_1, A_2, A_3 und A_4 zu erledigen.

a) Aufrag A_1: Es sind je 100 ME von E_1, E_2 und E_3 und zusätzlich je 200 ME von Z_1, Z_2 und Z_3 zu liefern.
Berechnen Sie den Rohgewinn (= Erlös – Rohstoffkosten) für diesen Auftrag.
(7 Korrekturpunkte)

b) Für den Auftrag A_2 werden von R_1 390 ME, von R_2 1020 ME und von R_3 660 ME verarbeitet.
Wieviel ME von Z_1, Z_2 und Z_3 werden damit gefertigt? (5 Korrekturpunkte)

c) Untersuchen Sie die Rohstoff-Zwischenpodukt-Matrix auf Invertierbarkeit.
Wieviel ME der einzelnen Zwischenprodukte werden für je eine ME der Endprodukte benötigt?
Bei Auftrag A_3 sind 200 ME von E_1, 220 ME von E_2 und 240 ME von E_3 zu liefern.
Wieviel ME von Z_1, Z_2 und Z_3 benötigt der Betrieb dafür?
(11 Korrekturpunkte)

d) Für den kurzfristig eingegangenen Auftrag A_4 sollen 40 ME von E_1 und von E_2 doppelt soviel ME wie von E_3 hergestellt werden.
Wieviel ME von E_3 können höchstens hergestellt werden, wenn im Lager noch 1000 ME von R_1, 2000 ME von R_2 und 1500 ME von R_3 zur Verfügung stehen? Die Endprodukte können nur in ganzen ME hergestellt werden.
Welche Mengen von R_1, R_2 und R_3 bleiben dann als Restbestand im Lager?
(7 Korrekturpunkte)

Lösung

a) Berechnung des Gewinns G

Gegeben:

$$\mathbf{A_{RZ}} = \begin{pmatrix} 2 & 1 & 0 \\ 3 & 2 & 2 \\ 4 & 0 & 1 \end{pmatrix} \qquad \mathbf{A_{RE}} = \begin{pmatrix} 10 & 7 & 2 \\ 16 & 18 & 12 \\ 16 & 11 & 4 \end{pmatrix}$$

$$\mathbf{k_R} = \begin{pmatrix} 1 \\ 2 \\ 3 \end{pmatrix} \qquad \mathbf{v_Z} = \begin{pmatrix} 25 \\ 15 \\ 10 \end{pmatrix} \qquad \mathbf{v_E} = \begin{pmatrix} 100 \\ 60 \\ 50 \end{pmatrix}$$

$G = U - R$ (U = Umsatz, R = Rohstoffkosten)

$U = U_E + U_Z$ (U_E = Umsatz mit den Endprodukten, U_Z = Umsatz mit den Zwischenprodukten)

$R = R_E + R_Z$ (R_E = Rohstoffkosten aufgrund der Endprodukte, R_Z = Rohstoffkosten aufgrund der Zwischenprodukte)

Produktionsvektoren:

$$\mathbf{p_E} = 100 \cdot \begin{pmatrix} 1 \\ 1 \\ 1 \end{pmatrix} \quad \text{(Produktion von } E_1, E_2, E_3\text{)}$$

$$\mathbf{p_Z} = 200 \cdot \begin{pmatrix} 1 \\ 1 \\ 1 \end{pmatrix} \quad \text{(zusätzliche Produktion von } Z_1, Z_2, Z_3\text{)}$$

$$U_E = \mathbf{v_E^T} \cdot \mathbf{p_E} = (100\,;60\,;50) \cdot \begin{pmatrix} 100 \\ 100 \\ 100 \end{pmatrix} = 21000$$

$$U_Z = \mathbf{v_Z^T} \cdot \mathbf{p_Z} = (25\,;15\,;10) \cdot \begin{pmatrix} 200 \\ 200 \\ 200 \end{pmatrix} = 10000$$

$$R_E = \mathbf{k_R^T} \cdot \mathbf{A_{RE}} \cdot \mathbf{p_E} = (1\,;2\,;3) \cdot \begin{pmatrix} 10 & 7 & 2 \\ 16 & 18 & 12 \\ 16 & 11 & 4 \end{pmatrix} \cdot \begin{pmatrix} 100 \\ 100 \\ 100 \end{pmatrix}$$

$$= (1\,;2\,;3) \cdot \begin{pmatrix} 1900 \\ 4600 \\ 3100 \end{pmatrix} = 20400$$

$$R_Z = \mathbf{k_R^T} \cdot \mathbf{A_{RZ}} \cdot \mathbf{p_Z} = (1\,;2\,;3) \cdot \begin{pmatrix} 2 & 1 & 0 \\ 3 & 2 & 2 \\ 4 & 0 & 1 \end{pmatrix} \cdot \begin{pmatrix} 200 \\ 200 \\ 200 \end{pmatrix}$$

$$= (1\,;2\,;3) \cdot \begin{pmatrix} 600 \\ 1400 \\ 1000 \end{pmatrix} = 6400$$

$G = U_E + U_Z - (R_E + R_Z) = 21\,000 + 10000 - (20400 + 6400) = 4\,200$

Ergebnis: Der Rohgewinn beträgt G = 4 200 (GE)

b) Berechnung von Zwischenprodukten Z

Gegeben: $\mathbf{m_R} = \begin{pmatrix} 390 \\ 1020 \\ 660 \end{pmatrix}$ (Mengen der Rohstoffe)

Gesucht: $\mathbf{m_Z} = \begin{pmatrix} m_1 \\ m_2 \\ m_3 \end{pmatrix}$ (Mengen der Zwischenprodukte)

Es gilt: $\mathbf{A_{RZ}} \cdot \mathbf{m_Z} = \mathbf{m_R}$

$$\left(\begin{array}{ccc|c} 2 & 1 & 0 & 390 \\ 3 & 2 & 2 & 1020 \\ 4 & 0 & 1 & 660 \end{array}\right) \begin{array}{l} |\cdot(-3) \quad |\cdot(-2) \\ |\cdot 2 \\ \end{array}$$

$$\left(\begin{array}{ccc|c} 2 & 1 & 0 & 390 \\ 0 & 1 & 4 & 870 \\ 0 & -2 & 1 & -120 \end{array}\right) \begin{array}{l} \\ |\cdot 2 \\ \end{array}$$

$$\left(\begin{array}{ccc|c} 2 & 1 & 0 & 390 \\ 0 & 1 & 4 & 870 \\ 0 & 0 & 9 & 1620 \end{array}\right) \begin{array}{l} \\ \\ |:9 \end{array}$$

$$\left(\begin{array}{ccc|c} 2 & 1 & 0 & 390 \\ 0 & 1 & 4 & 870 \\ 0 & 0 & 1 & 180 \end{array}\right) \begin{array}{l} \\ \\ |\cdot(-4) \end{array}$$

$$\left(\begin{array}{ccc|c} 2 & 1 & 0 & 390 \\ 0 & 1 & 0 & 150 \\ 0 & 0 & 1 & 180 \end{array}\right) \begin{array}{l} \\ |\cdot(-1) \\ \end{array}$$

$$\left(\begin{array}{ccc|c} 2 & 0 & 0 & 240 \\ 0 & 1 & 0 & 150 \\ 0 & 0 & 1 & 180 \end{array}\right) \Rightarrow \mathbf{m_Z} = \begin{pmatrix} 120 \\ 150 \\ 180 \end{pmatrix}$$

c) Invertierbarkeit einer Matrix; Berechnung von Zwischenprodukten

- Invertierbarkeit von $\mathbf{A_{RZ}}$

$$\mathbf{A_{RZ}} = \begin{pmatrix} 2 & 1 & 0 \\ 3 & 2 & 2 \\ 4 & 0 & 1 \end{pmatrix}$$

$$(\mathbf{A_{RZ}} \mid \mathbf{E}) = \left(\begin{array}{ccc|ccc} 2 & 1 & 0 & 1 & 0 & 0 \\ 3 & 2 & 2 & 0 & 1 & 0 \\ 4 & 0 & 1 & 0 & 0 & 1 \end{array}\right) \begin{array}{l} |\cdot(-3) \quad |\cdot(-2) \\ |\cdot 2 \\ \end{array}$$

$$\sim \left(\begin{array}{ccc|ccc} 2 & 1 & 0 & 1 & 0 & 0 \\ 0 & 1 & 4 & -3 & 2 & 0 \\ 0 & -2 & 1 & -2 & 0 & 1 \end{array}\right) \begin{array}{l} \\ |\cdot 2 \\ \end{array}$$

$$\sim \left(\begin{array}{ccc|ccc} 2 & 1 & 0 & 1 & 0 & 0 \\ 0 & 1 & 4 & -3 & 2 & 0 \\ 0 & 0 & 9 & -8 & 4 & 1 \end{array}\right)$$

Da auf der Hauptdiagonalen nur Zahlen $\neq 0$ stehen, ist $\mathbf{A_{RZ}}$ invertierbar. Wir berechnen noch $\mathbf{A_{RZ}^{-1}}$:

$$\left(\begin{array}{ccc|ccc} 2 & 1 & 0 & 1 & 0 & 0 \\ 0 & 1 & 4 & -3 & 2 & 0 \\ 0 & 0 & 9 & -8 & 4 & 1 \end{array}\right) \begin{array}{l} \\ |\cdot 9 \\ |\cdot(-4) \end{array}$$

$$\left(\begin{array}{ccc|ccc} 2 & 1 & 0 & 1 & 0 & 0 \\ 0 & 9 & 0 & 5 & 2 & -4 \\ 0 & 0 & 9 & -8 & 4 & 1 \end{array}\right) \begin{array}{l} |\cdot 9 \\ |\cdot(-1) \\ \end{array}$$

$$\left(\begin{array}{ccc|ccc} 18 & 0 & 0 & 4 & -2 & 4 \\ 0 & 9 & 0 & 5 & 2 & -4 \\ 0 & 0 & 9 & -8 & 4 & 1 \end{array}\right) \begin{array}{l} |:2 \\ \\ \end{array}$$

Ergebnis $\quad \mathbf{A_{RZ}^{-1}} = \frac{1}{9} \cdot \begin{pmatrix} 2 & -1 & 2 \\ 5 & 2 & -4 \\ -8 & 4 & 1 \end{pmatrix}$

- Gegeben: $\mathbf{A_{RZ}}, \mathbf{A_{RE}}$
  Gesucht: $\mathbf{A_{ZE}}$
  Es gilt: $\mathbf{A_{RZ}} \cdot \mathbf{A_{ZE}} = \mathbf{A_{RE}} \quad \Rightarrow \quad \mathbf{A_{ZE}} = \mathbf{A_{RZ}^{-1}} \cdot \mathbf{A_{RE}}$

  Rechnung: $\mathbf{A_{ZE}} = \frac{1}{9} \cdot \begin{pmatrix} 2 & -1 & 2 \\ 5 & 2 & -4 \\ -8 & 4 & 1 \end{pmatrix} \cdot \begin{pmatrix} 10 & 7 & 2 \\ 16 & 18 & 12 \\ 16 & 11 & 4 \end{pmatrix}$

  $= \begin{pmatrix} 4 & 2 & 0 \\ 2 & 3 & 2 \\ 0 & 3 & 4 \end{pmatrix}$

- Gegeben $\quad \mathbf{m_E} = \begin{pmatrix} 200 \\ 220 \\ 240 \end{pmatrix} \quad$ (Mengen von Endprodukten)

  Gesucht $\quad \mathbf{m_Z} = \begin{pmatrix} m_1 \\ m_2 \\ m_3 \end{pmatrix} \quad$ (Mengen von Zwischenprodukten)

  Es gilt $\quad \mathbf{m_Z} = \mathbf{A_{ZE}} \cdot \mathbf{m_E}$

$$\mathbf{m_Z} = \begin{pmatrix} 4 & 2 & 0 \\ 2 & 3 & 2 \\ 0 & 3 & 4 \end{pmatrix} \cdot \begin{pmatrix} 200 \\ 220 \\ 240 \end{pmatrix} = \begin{pmatrix} 1240 \\ 1540 \\ 1620 \end{pmatrix}$$

d) Berechnung von Endprodukten

Gegeben $\mathbf{m_R} = \begin{pmatrix} 1000 \\ 2000 \\ 1500 \end{pmatrix}$ (Mengen von Rohstoffen)

Gesucht $\mathbf{m_E} = \begin{pmatrix} 40 \\ 2 \cdot x \\ x \end{pmatrix}$ (Mengen von Endprodukten)

mit $x \in \mathbb{N}$

Es gilt $\mathbf{A_{RE}} \cdot \mathbf{m_E} \le \mathbf{m_R}$

$$\begin{pmatrix} 10 & 7 & 2 \\ 16 & 18 & 12 \\ 16 & 11 & 4 \end{pmatrix} \cdot \begin{pmatrix} 40 \\ 2 \cdot x \\ x \end{pmatrix} \le \begin{pmatrix} 1000 \\ 2000 \\ 1500 \end{pmatrix}$$

$400 + 16x \le 1000 \quad \Rightarrow \quad x \le 37{,}5$

$640 + 48x \le 2000 \quad \Rightarrow \quad x \le 28{,}333...$

$640 + 25x \le 1500 \quad \Rightarrow \quad x \le 34{,}4$

Ergebnis: $x = 28$

Damit ist $\mathbf{A_{RE}} \cdot \mathbf{m_E} = \begin{pmatrix} 10 & 7 & 2 \\ 16 & 18 & 12 \\ 16 & 11 & 4 \end{pmatrix} \cdot \begin{pmatrix} 40 \\ 56 \\ 28 \end{pmatrix} = \begin{pmatrix} 848 \\ 1984 \\ 1368 \end{pmatrix} \le \begin{pmatrix} 1000 \\ 2000 \\ 1500 \end{pmatrix} = \mathbf{m_R}$

Restbestand an Rohstoffen: $\begin{pmatrix} 152 \\ 16 \\ 132 \end{pmatrix}$

Berufliche Gymnasien Baden-Württemberg
Grundkurs Mathematik – Abiturprüfung 1995
Gruppe II Matrizenrechnung – Aufgabe 2

Gegeben sind die Matrix $\mathbf{A_t}$ und der Vektor $\mathbf{b_t}$ durch

$$\mathbf{A_t} = \begin{pmatrix} 1 & 2t & 0 \\ 1 & t^2 & t \\ 4 & 16 & t \end{pmatrix}; \qquad \mathbf{b_t} = \begin{pmatrix} t \\ -t \\ 2t \end{pmatrix} \quad \text{mit } t \in \mathbb{R}$$

a) Bestimmen Sie für t = 1 und t = 2 den Lösungsvektor des Gleichungssystems $\mathbf{A_t} \cdot \mathbf{x} = \mathbf{b_t}$
(6 Korrekturpunkte)

b) Für welche Werte von t hat das Gleichungssystem $\mathbf{A_t} \cdot \mathbf{x} = \mathbf{b_t}$
– unendlich viele Lösungen
– keine Lösungen
– genau eine Lösung?
Berechnen Sie den Lösungsvektor für den Fall der eindeutigen Lösbarkeit.
(10 Korrekturpunkte)

c) Berechnen Sie die Matrix $\mathbf{B} = (\mathbf{A_1} - 2\mathbf{E})^{-1}$

Kontrollergebnis: $\mathbf{B} = \frac{1}{25}\begin{pmatrix} -15 & 2 & 2 \\ 5 & 1 & 1 \\ 20 & 24 & -1 \end{pmatrix}$ (5 Korrekturpunkte)

d) Lösen Sie die folgende Matrizengleichung nach **X** auf und berechnen Sie **X**:

$$\mathbf{X} \cdot \mathbf{A_1} = 25\mathbf{E} + 2 \cdot \mathbf{X}$$

(3 Korrekturpunkte)

e) Die Funktion f ist gegeben durch $f(t) = (0{,}5t^2 \quad 3t \quad 2{,}25) \cdot b_t$ mit $t \in [0\,;\,5]$
Bestimmen Sie das relative und das absolute Maximum der Funktion.
(6 Korrekturpunkte)

Lösung

a) Lösungen von $\mathbf{A_1}\cdot\mathbf{x} = \mathbf{b_1}$ bzw. $\mathbf{A_2}\cdot\mathbf{x} = \mathbf{b_2}$

Gegeben $\quad \mathbf{A_t} = \begin{pmatrix} 1 & 2t & 0 \\ 1 & t^2 & t \\ 4 & 16 & t \end{pmatrix}; \qquad \mathbf{b_t} = \begin{pmatrix} t \\ -t \\ 2t \end{pmatrix} \quad$ mit $t \in \mathbb{R}$

- $t = 1$ $\qquad \mathbf{A_1}\cdot\mathbf{x} = \mathbf{b_1}$

$$\left(\begin{array}{ccc|c} 1 & 2 & 0 & 1 \\ 1 & 1 & 1 & -1 \\ 4 & 16 & 1 & 2 \end{array}\right) \begin{array}{l} \mid \cdot(-1) \quad \mid \cdot(-4) \\ \leftarrow \\ \leftarrow \end{array}$$

$$\left(\begin{array}{ccc|c} 1 & 2 & 0 & 1 \\ 0 & -1 & 1 & -2 \\ 0 & 8 & 1 & -2 \end{array}\right) \begin{array}{l} \\ \mid \cdot 8 \\ \leftarrow \end{array}$$

$$\left(\begin{array}{ccc|c} 1 & 2 & 0 & 1 \\ 0 & -1 & 1 & -2 \\ 0 & 0 & 9 & -18 \end{array}\right) \begin{array}{l} \\ \\ \mid :9 \end{array}$$

$$\left(\begin{array}{ccc|c} 1 & 2 & 0 & 1 \\ 0 & -1 & 1 & -2 \\ 0 & 0 & 1 & -2 \end{array}\right) \begin{array}{l} \\ \leftarrow \\ \mid \cdot(-1) \end{array}$$

$$\left(\begin{array}{ccc|c} 1 & 2 & 0 & 1 \\ 0 & -1 & 0 & 0 \\ 0 & 0 & 1 & -2 \end{array}\right) \begin{array}{l} \leftarrow \\ \mid \cdot 2 \\ \end{array}$$

$$\left(\begin{array}{ccc|c} 1 & 0 & 0 & 1 \\ 0 & -1 & 0 & 0 \\ 0 & 0 & 1 & -2 \end{array}\right) \quad \Rightarrow \quad \mathbf{x_1} = \begin{pmatrix} 1 \\ 0 \\ -2 \end{pmatrix}$$

- $t = 2$ $\qquad \mathbf{A_2}\cdot\mathbf{x} = \mathbf{b_2}$

$$\left(\begin{array}{ccc|c} 1 & 4 & 0 & 2 \\ 1 & 4 & 2 & -2 \\ 4 & 16 & 2 & 4 \end{array}\right) \begin{array}{l} \mid \cdot(-1) \quad \mid \cdot(-4) \\ \leftarrow \\ \leftarrow \end{array}$$

$$\left(\begin{array}{ccc|c} 1 & 4 & 0 & 2 \\ 0 & 0 & 2 & -4 \\ 0 & 0 & 2 & -4 \end{array}\right) \begin{array}{l} \\ \leftarrow \\ \mid \cdot(-1) \end{array}$$

$$\left(\begin{array}{ccc|c} 1 & 4 & 0 & 2 \\ 0 & 0 & 0 & 0 \\ 0 & 0 & 1 & -2 \end{array}\right)$$

$r \in \mathbb{R}$:
$$\left(\begin{array}{ccc|c} 1 & 4 & 0 & 2 \\ 0 & 1 & 0 & r \\ 0 & 0 & 1 & -2 \end{array}\right) \begin{array}{l} \leftarrow \\ | \cdot(-4) \\ \end{array}$$

$$\left(\begin{array}{ccc|c} 1 & 0 & 0 & 2-4r \\ 0 & 1 & 0 & r \\ 0 & 0 & 1 & -2 \end{array}\right) \quad \Rightarrow \quad \mathbf{x_2} = \begin{pmatrix} 2 \\ 0 \\ -2 \end{pmatrix} + r \cdot \begin{pmatrix} -4 \\ 1 \\ 0 \end{pmatrix}$$

b) Lösbarkeit eines LGS

$$\mathbf{A_t} \cdot \mathbf{x} = \mathbf{b_t} \quad \sim \left(\begin{array}{ccc|c} 1 & 2t & 0 & t \\ 1 & t^2 & t & -t \\ 4 & 16 & t & 2t \end{array}\right) \begin{array}{l} | \cdot(-1) \quad | \cdot(-4) \\ \leftarrow \\ \leftarrow \end{array}$$

$$\sim \left(\begin{array}{ccc|c} 1 & 2t & 0 & t \\ 0 & t^2-2t & t & -2t \\ 0 & 16-8t & t & -2t \end{array}\right)$$

$$\sim \left(\begin{array}{ccc|c} 1 & 2t & 0 & t \\ 0 & t(t-2) & t & -2t \\ 0 & -8(t-2) & t & -2t \end{array}\right) \begin{array}{l} \\ | \cdot 8 \quad \leftarrow \\ | \cdot t \end{array}$$

$$\sim \left(\begin{array}{ccc|c} 1 & 2t & 0 & t \\ 0 & 0 & t^2+8t & -2t^2-16t \\ 0 & -8(t-2) & t & -2t \end{array}\right) \begin{array}{l} \\ \leftarrow \\ \leftarrow \end{array}$$

$$\sim \left(\begin{array}{ccc|c} 1 & 2t & 0 & t \\ 0 & -8(t-2) & t & -2t \\ 0 & 0 & t(t+8) & -2t(t+8) \end{array}\right)$$

Sonderfall $t = 2$ (vgl. a))

$$\left(\begin{array}{ccc|c} 1 & 4 & 0 & 2 \\ 0 & 0 & 2 & -4 \\ 0 & 0 & 20 & -40 \end{array}\right) \begin{array}{l} \\ | \cdot(-10) \\ \leftarrow \end{array}$$

$$\sim \left(\begin{array}{ccc|c} 1 & 4 & 0 & 2 \\ 0 & 0 & 1 & -2 \\ 0 & 0 & 0 & 0 \end{array}\right)$$

Zusammenfassung:

t	$r_g(\mathbf{A_t})$	$r_g(\mathbf{A_t} \mid \mathbf{b_t})$	Lösbarkeit
–8	2	2	∞ viele Lösungen
0	2	2	∞ viele Lösungen
2	2	2	∞ viele Lösungen
sonst	3	3	genau eine Lösung

Hinweis: Das LGS ist stets lösbar.

Lösungsvektor für $t \in \mathbb{R} \setminus \{-8 ; 0; 2\}$:

$$\left(\begin{array}{ccc|c} 1 & 2t & 0 & t \\ 0 & -8(t-2) & t & -2t \\ 0 & 0 & t(t+8) & -2t(t+8) \end{array}\right) \; | : (t \cdot (t+8))$$

$$\left(\begin{array}{ccc|c} 1 & 2t & 0 & t \\ 0 & -8(t-2) & t & -2t \\ 0 & 0 & 1 & -2 \end{array}\right) \begin{array}{l} \\ \leftarrow\!\!\urcorner \\ | \cdot (-t) \end{array}$$

$$\left(\begin{array}{ccc|c} 1 & 2t & 0 & t \\ 0 & -8(t-2) & 0 & 0 \\ 0 & 0 & 1 & -2 \end{array}\right) \; | : (-8 \cdot (t-2))$$

$$\left(\begin{array}{ccc|c} 1 & 2t & 0 & t \\ 0 & 1 & 0 & 0 \\ 0 & 0 & 1 & -2 \end{array}\right) \begin{array}{l} \leftarrow\!\!\urcorner \\ | \cdot (-2t)\!\!\urcorner \\ \end{array}$$

$$\left(\begin{array}{ccc|c} 1 & 0 & 0 & t \\ 0 & 1 & 0 & 0 \\ 0 & 0 & 1 & -2 \end{array}\right) \quad \Rightarrow \quad \mathbf{x_t} = \left(\begin{array}{c} t \\ 0 \\ -2 \end{array}\right)$$

c) Berechnung einer Inversen

- $\mathbf{A_1} - 2 \cdot \mathbf{E} = \left(\begin{array}{ccc} 1 & 2 & 0 \\ 1 & 1 & 1 \\ 4 & 16 & 1 \end{array}\right) - \left(\begin{array}{ccc} 2 & 0 & 0 \\ 0 & 2 & 0 \\ 0 & 0 & 2 \end{array}\right) = \left(\begin{array}{ccc} -1 & 2 & 0 \\ 1 & -1 & 1 \\ 4 & 16 & -1 \end{array}\right)$

- $(\mathbf{A_1} - 2\mathbf{E} \mid \mathbf{E}) \sim \left(\begin{array}{ccc|ccc} -1 & 2 & 0 & 1 & 0 & 0 \\ 1 & -1 & 1 & 0 & 1 & 0 \\ 4 & 16 & -1 & 0 & 0 & 1 \end{array}\right) \begin{array}{l} \quad | \quad | \cdot 4 \\ \leftarrow\!\!\lrcorner \\ \leftarrow\!\!\!\lrcorner \end{array}$

$$\sim \left(\begin{array}{ccc|ccc} -1 & 2 & 0 & 1 & 0 & 0 \\ 0 & 1 & 1 & 1 & 1 & 0 \\ 0 & 24 & -1 & 4 & 0 & 1 \end{array}\right) | \cdot (-24) \\ \quad\quad\quad\quad\quad\quad\quad\quad\quad \leftarrow\!\!\lrcorner$$

$$\sim \left(\begin{array}{ccc|ccc} -1 & 2 & 0 & 1 & 0 & 0 \\ 0 & 1 & 1 & 1 & 1 & 0 \\ 0 & 0 & -25 & -20 & -24 & 1 \end{array}\right) \begin{array}{l} | \cdot 25 \leftarrow\!\!\urcorner \\ | \quad\quad\quad \lrcorner \end{array}$$

$$\sim \left(\begin{array}{ccc|ccc} -1 & 2 & 0 & 1 & 0 & 0 \\ 0 & 25 & 0 & 5 & 1 & 1 \\ 0 & 0 & 25 & 20 & 24 & -1 \end{array}\right) \begin{array}{l} | \cdot (-25) \leftarrow\!\!\urcorner \\ | \cdot 2 \quad\quad\quad \lrcorner \end{array}$$

$$\sim \left(\begin{array}{ccc|ccc} 25 & 0 & 0 & -15 & 2 & 2 \\ 0 & 25 & 0 & 5 & 1 & 1 \\ 0 & 0 & 25 & 20 & 24 & -1 \end{array}\right)$$

Ergebnis: $\mathbf{B} = \dfrac{1}{25} \left(\begin{array}{ccc} -15 & 2 & 2 \\ 5 & 1 & 1 \\ 20 & 24 & -1 \end{array}\right)$

d) Lösung einer Matrizengleichung

- Matrizengleichung

$$\mathbf{X}\cdot\mathbf{A}_1 = 25\mathbf{E} + 2\mathbf{X} \qquad \big|\; -2\mathbf{X}$$
$$\mathbf{X}\mathbf{A}_1 - 2\mathbf{X} = 25\mathbf{E}$$
$$\mathbf{X}\mathbf{A}_1 - \mathbf{X}\cdot 2\mathbf{E} = 25\mathbf{E}$$
$$\mathbf{X}(\mathbf{A}_1 - 2\mathbf{E}) = 25\mathbf{E} \qquad \big|\; \cdot(\mathbf{A}_1 - 2\mathbf{E})^{-1}$$
$$\mathbf{X} = 25\mathbf{E}\cdot(\mathbf{A}_1 - 2\mathbf{E})^{-1}$$
$$\mathbf{X} = 25\cdot\mathbf{B}$$

- Zahlen

$$\mathbf{X} = \begin{pmatrix} -15 & 2 & 2 \\ 5 & 1 & 1 \\ 20 & 24 & -1 \end{pmatrix}$$

e) Extremwertaufgabe

$$f(t) = (0{,}5t^2\;;\;\; 3t\;;\;\; 2{,}25)\cdot\begin{pmatrix} t \\ -t \\ 2t \end{pmatrix}$$
$$f(t) = \frac{1}{2}t^3 - 3t^2 + \frac{9}{2}t \qquad ;\; t \in [0\,;5]$$
$$f'(t) = \frac{3}{2}t^2 - 6t + \frac{9}{2}$$
$$f''(t) = 3t - 6$$

- relative Extrema ($f'(t_1) = 0$; $f''(t_1) \neq 0$)

$$0 = \frac{3}{2}t^2 - 6t + \frac{9}{2}$$
$$0 = t^2 - 4t + 3$$
$$0 = (t-1)(t-3) \quad\Rightarrow\quad t_{11} = 1;\; f''(1) = -3 < 0;\; f(1) = 2 \quad\Rightarrow\quad H(1\,|\,2)$$
$$t_{12} = 3;\; f''(3) = +3 > 0;\; f(3) = 0 \quad\Rightarrow\quad T(3\,|\,0)$$

Ergebnis: H(1 | 2) ist relativer Hochpunkt von f.

- Absolutes Maximum

linker Rand bei	$t = 0$:	$f(0) = 0$
rechter Rand bei	$t = 5$:	$f(5) = 10$
rel. Max. bei	$t = 1$:	$f(1) = 2$

Ergebnis: Für das absolute Maximum gilt: $t = 5$; $f(5) = 10$.

Berufliche Gymnasien Baden-Württemberg
Grundkurs Mathematik – Abiturprüfung 1995
Gruppe II Matrizenrechnung – Aufgabe 3

Gegeben sind die Matrix $\mathbf{A_t}$ und der Vektor $\mathbf{b_t}$

$$\mathbf{A_t} = \begin{pmatrix} t & 1 & 1 \\ 0 & t & 1 \\ t & 2t^2+1 & t^2+2t \end{pmatrix}; \qquad \mathbf{b_t} = \begin{pmatrix} -1 \\ 2 \\ 5t \end{pmatrix} \quad \text{mit } t \in \mathbb{R}$$

a) Bestimmen Sie die Lösung des Gleichungssystems $\mathbf{A_{-1}} \cdot \mathbf{x} = \mathbf{b_{-1}}$

(3 Korrekturpunkte)

b) Für welche Werte von t hat das Gleichungssystem $\mathbf{A_t} \cdot \mathbf{x} = \mathbf{b_t}$ eine, keine bzw. mehrere Lösungen?

(8 Korrekturpunkte)

c) Für welche $t \in \mathbb{R}$ hat die Funktion f mit

$$f(t) = \left(\mathbf{A_t} \cdot \begin{pmatrix} t \\ 1 \\ -1 \end{pmatrix} \right)^T \cdot \begin{pmatrix} t \\ 1 \\ 0 \end{pmatrix} - 4t$$ ein relatives Maximum?

(6 Korrekturpunkte)

Gegeben sind die Matrizen $B = \begin{pmatrix} 2 & -1 \\ 1 & 3 \end{pmatrix}$ und $C = \begin{pmatrix} -1 & 0 \\ 10 & 14 \end{pmatrix}$

d) Bestimmen Sie ohne Verwendung der inversen Matrix eine Matrix **D** so, daß gilt:
$\mathbf{B} \cdot \mathbf{D} = \mathbf{C}$

(7 Korrekturpunkte)

e) Lösen Sie folgende Matrizengleichung nach **X** auf und berechnen Sie **X**:
$(\mathbf{B} \cdot \mathbf{X}^T)^T + \mathbf{X} \cdot \mathbf{C} = \mathbf{X} + 9 \cdot \mathbf{E}$

(6 Korrekturpunkte)

Lösung

Gegeben $\mathbf{A_t} = \begin{pmatrix} t & 1 & 1 \\ 0 & t & 1 \\ t & 2t^2+1 & t^2+2t \end{pmatrix}$; $\mathbf{b_t} = \begin{pmatrix} -1 \\ 2 \\ 5t \end{pmatrix}$ mit $t \in \mathbb{R}$

a) Lösung des LGS $\mathbf{A_{-1}} \cdot \mathbf{x} = \mathbf{b_{-1}}$

$$(\mathbf{A}_{-1} \mid \mathbf{b}_{-1}) = \left(\begin{array}{ccc|c} -1 & 1 & 1 & -1 \\ 0 & -1 & 1 & 2 \\ -1 & 3 & -1 & -5 \end{array}\right) \sim \left(\begin{array}{ccc|c} -1 & 1 & 1 & -1 \\ 0 & -1 & 1 & 2 \\ 0 & 2 & -2 & -4 \end{array}\right) \sim \left(\begin{array}{ccc|c} -1 & 1 & 1 & -1 \\ 0 & -1 & 1 & 2 \\ 0 & 0 & 0 & 0 \end{array}\right)$$

$$\sim \left(\begin{array}{ccc|c} -1 & 1 & 1 & -1 \\ 0 & -1 & 1 & 2 \\ 0 & 0 & 1 & r \end{array}\right) \sim \left(\begin{array}{ccc|c} -1 & 1 & 0 & -1-r \\ 0 & -1 & 0 & 2-r \\ 0 & 0 & 1 & r \end{array}\right) \sim \left(\begin{array}{ccc|c} -1 & 0 & 0 & 1-2r \\ 0 & -1 & 0 & 2-r \\ 0 & 0 & 1 & r \end{array}\right)$$

Ergebnis: $\mathbf{x_{-1}} = \begin{pmatrix} -1 \\ -2 \\ 0 \end{pmatrix} + r \cdot \begin{pmatrix} 2 \\ 1 \\ 1 \end{pmatrix}$; $r \in \mathbb{R}$

b) Lösbarkeit eines LGS

$$(\mathbf{A_t} \mid \mathbf{b_t}) = \left(\begin{array}{ccc|c} t & 1 & 1 & -1 \\ 0 & t & 1 & 2 \\ t & 2t^2+1 & t^2+2t & 5t \end{array}\right) \begin{array}{l} \mid \cdot(-1) \\ \\ \leftarrow \end{array}$$

$$\left(\begin{array}{ccc|c} t & 1 & 1 & -1 \\ 0 & t & 1 & 2 \\ 0 & 2t^2 & t^2+2t-1 & 5t+1 \end{array}\right) \begin{array}{l} \\ \mid \cdot(-2t) \\ \leftarrow \end{array}$$

$$\left(\begin{array}{ccc|c} t & 1 & 1 & -1 \\ 0 & t & 1 & 2 \\ 0 & 0 & t^2-1 & t+1 \end{array}\right)$$

Ergebnis:

t	$rg(\mathbf{A_t})$	$rg(\mathbf{A_t} \mid \mathbf{b_t})$	Lösbarkeit
0	2	3	keine Lösungen
–1	2	2	mehrere Lösungen
+1	2	3	keine Lösungen
sonst	3	3	genau eine Lösung

c) Extremwertaufgabe

- Berechnung von f(t) mit

$$f(t) = \left(\mathbf{A_t} \cdot \begin{pmatrix} t \\ 1 \\ -1 \end{pmatrix} \right)^T \cdot \begin{pmatrix} t \\ 1 \\ 0 \end{pmatrix} - 4t$$

$$\mathbf{A_t}\cdot\begin{pmatrix}t\\1\\-1\end{pmatrix}=\begin{pmatrix}t & 1 & 1\\0 & t & 1\\t & 2t^2+1 & t^2+2t\end{pmatrix}\cdot\begin{pmatrix}t\\1\\-1\end{pmatrix}=\begin{pmatrix}t^2\\t-1\\2t^2-2t+1\end{pmatrix}$$

$$f(t)=(t^2\ ;\ t-1\ ;\ 2t^2-2t+1)\cdot\begin{pmatrix}t\\1\\0\end{pmatrix}-4t$$

$$=t^3+t-1-4t$$

$$f(t)=t^3-3t-1 \qquad ;t\in\mathbb{R}$$

$$f'(t)=3t^2-3=3(t^2-1)=3(t-1)(t+1)$$

$$f''(t)=6t$$

- relative Extrema

$0=3(t-1)(t+1) \quad \Rightarrow \quad t_1=+1\ ;\ f''(+1)=+6>0\ ;\ f(+1)=-3 \quad \Rightarrow \quad T(+1\mid-3)$

$t_2=-1\ ;\ f''(-1)=-6>0\ ;\ f(-1)=+3 \quad \Rightarrow \quad H(-1\mid+3)$

Ergebnis: $H(-1\mid 3)$ ist ein relativer Hochpunkt von f.

d) Matrizengleichung

Gegeben: $\mathbf{B}=\begin{pmatrix}2 & -1\\1 & 3\end{pmatrix}$; $\mathbf{C}=\begin{pmatrix}-1 & 0\\10 & 14\end{pmatrix}$

Gesucht: **D** mit $\mathbf{B}\cdot\mathbf{D}=\mathbf{C}$

Lösung:

$$\left(\begin{array}{cc|cc}2 & -1 & -1 & 0\\1 & 3 & 10 & 14\end{array}\right) \mid \cdot(-2)$$

$$\left(\begin{array}{cc|cc}1 & 3 & 10 & 14\\0 & -7 & -21 & -28\end{array}\right) \mid :(-7)$$

$$\left(\begin{array}{cc|cc}1 & 3 & 10 & 14\\0 & 1 & 3 & 4\end{array}\right) \mid \cdot(-3)$$

$$\left(\begin{array}{cc|cc}1 & 0 & 1 & 2\\0 & 1 & 3 & 4\end{array}\right) \quad \Rightarrow \quad \mathbf{D}=\begin{pmatrix}1 & 2\\3 & 4\end{pmatrix}$$

e) Matrizengleichung

- Gleichung

$$(\mathbf{B}\cdot\mathbf{X}^T)^T+\mathbf{X}\cdot\mathbf{C}=\mathbf{X}+9\mathbf{E}$$

$$\mathbf{X}\cdot\mathbf{B}^T+\mathbf{X}\cdot\mathbf{C}-\mathbf{X}\cdot\mathbf{E}=9\mathbf{E}$$

$$\mathbf{X}\cdot(\mathbf{B}^T+\mathbf{C}-\mathbf{E})=9\mathbf{E} \qquad \mid\cdot(\mathbf{B}^T+\mathbf{C}-\mathbf{E})^{-1}$$

$$\mathbf{X}=9(\mathbf{B}^T+\mathbf{C}-\mathbf{E})^{-1}$$

- Zahlen

$$\mathbf{B}^{\mathrm{T}}+\mathbf{C}-\mathbf{E}=\begin{pmatrix}2 & 1\\ -1 & 3\end{pmatrix}+\begin{pmatrix}-1 & 0\\ 10 & 14\end{pmatrix}-\begin{pmatrix}1 & 0\\ 0 & 1\end{pmatrix}=\begin{pmatrix}0 & 1\\ 9 & 16\end{pmatrix}$$

$(\mathbf{B}^{\mathrm{T}}+\mathbf{C}-\mathbf{E})^{-1}$:

$$\left(\begin{array}{cc|cc}0 & 1 & 1 & 0\\ 9 & 16 & 0 & 1\end{array}\right) \;\Big|\cdot(-16) \longleftarrow$$

$$\left(\begin{array}{cc|cc}0 & 1 & 1 & 0\\ 9 & 0 & -16 & 1\end{array}\right)$$

$$(\mathbf{B}^{\mathrm{T}}+\mathbf{C}-\mathbf{E})^{-1}=\frac{1}{9}\cdot\begin{pmatrix}-16 & 1\\ 9 & 0\end{pmatrix}$$

Ergebnis: $\mathbf{X}=\begin{pmatrix}-16 & 1\\ 9 & 0\end{pmatrix}$

Berufliche Gymnasien Baden-Württemberg
Grundkurs Mathematik – Abiturprüfung 1996
Gruppe I Analysis – Aufgabe 1

Für jedes $t \in \mathbb{R}_+^*$ ist die Funktion f_t gegeben durch

$$f_t(x) = tx^3 + 2tx^2 - 1;\ \ x \in \mathbb{R}$$

K_t ist das Schaubild von f_t.

a) Untersuchen Sie $K_{0,5}$ auf Hoch-, Tief- und Wendepunkte.
Zeichnen Sie $K_{0,5}$ im Bereich $-3 \le x \le 2$ mit 1 LE = 1 cm. (7 Korrekturpunkte)

b) Zeigen Sie, daß $f_{0,5}$ im Intervall $[0;1]$ eine Nullstelle hat. Berechnen Sie diese Nullstelle mit einem Näherungsverfahren auf zwei Nachkommastellen gerundet.
(5 Korrekturpunkte)

c) Berechnen Sie die gemeinsamen Punkte von $K_{0,5}$ mit der Geraden g: $y = 2x + 3$.
Zeichnen Sie g in das vorhandene Koordinatensystem ein.
$K_{0,5}$ und g schließen eine Fläche mit dem Inhalt A ein. Berechnen Sie A.
(6 Korrekturpunkte)

d) Zeigen Sie, daß alle Schaubilder K_t zwei Punkte gemeinsam haben und bestimmen Sie deren Koordinaten.
Geben Sie die Gleichung der Geraden an, auf der alle Hochpunkte von K_t liegen.
(8 Korrekturpunkte)

e) F_t sei eine Stammfunktion von f_t. Bestimmen Sie t so, daß das Schaubild von F_t durch die Punkte $Q\left(1\middle|-\frac{8}{3}\right)$ und $R(-3|4)$ geht.
(4 Korrekturpunkte)

Lösung

a) Kurvendiskussion

$$t = 0{,}5 \Rightarrow \quad f_{0,5}(x) = \frac{1}{2}x^3 + x^2 - 1,\ x \in \mathbb{R}$$

$$f_{0,5}'(x) = \frac{3}{2}x^2 + 2x$$

$$f_{0,5}''(x) = 3x + 2$$

$$f_{0,5}'''(x) = 3$$

- Hoch- Tiefpunkte ($f'(x) = 0$, $f''(x) \gtrless 0$)

$$0 = \frac{3}{2}x^2 + 2x = x \cdot \left(\frac{3}{2}x + 2\right)$$

$$\Rightarrow x_1 = 0,\quad x_2 = -\frac{4}{3}$$

$$f_{0,5}(0) = -1$$

$$f_{0,5}''(0) = 2 > 0 \quad \Rightarrow T(0 \mid -1)$$

$$f_{0,5}\left(-\frac{4}{3}\right) = -\frac{11}{27}$$

$$f_{0,5}''\left(-\frac{4}{3}\right) = -2 < 0 \Rightarrow H\left(-\frac{4}{3} \,\middle|\, -\frac{11}{27}\right)$$

$$\left[H(-1{,}33 \mid -0{,}41)\right]$$

- Wendepunkt ($f''(x) = 0$, $f'''(x) \neq 0$ oder VZW von $f''(x)$)

$$0 = 3x + 2$$

$$x = -\frac{2}{3}$$

$$f_{0,5}\left(-\frac{2}{3}\right) = -\frac{19}{27}$$

$$f_{0,5}'''\left(-\frac{2}{3}\right) = 3 \neq 0$$

oder VZW von $f''(x)$ an der Stelle $x = -\frac{2}{3}$, da einfache Nullstelle von $f''(x)$.

$$\Rightarrow W\left(-\frac{2}{3} \,\middle|\, -\frac{19}{27}\right)$$

- Schaubild: ergänzende Werte: $f_{0,5}(-3) = -5{,}5$, $f_{0,5}(2) = 7$

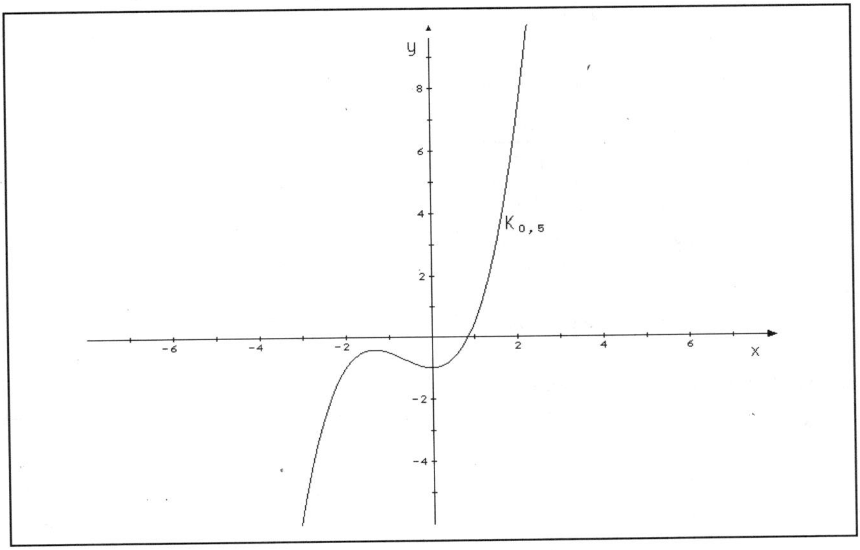

b) Existenz einer Nullstelle, Näherungsverfahren

$$\left.\begin{array}{l} f_{0,5}(0) = -1 \\ f_{0,5}(1) = +\frac{1}{2} \end{array}\right\} \Rightarrow f_{0,5} \text{ hat im Intervall } [0,1] \text{ mindestens eine Nullstelle (Stetigkeit vorausgesetzt).}$$

- Berechnung der Nullstelle mit Näherungsverfahren:

  Möglichkeiten: 1) Regula falsi
  2) Halbierungsverfahren
  3) Newtonverfahren u. s. w.

  2 Möglichkeiten werden gerechnet:

  1. Regula falsi:

     Kurve ist konvex in $[0,1]$, rechter Intervallrand 1 fest

     $$\Rightarrow x_{n+1} = x_n - f(x_n) \cdot \frac{x_n - 1}{f(x_n) - 0{,}5}$$

     Startwert x_0 aus Schaubild: $x_0 = 0{,}8$, $f(0{,}8) < 0$

     $\Rightarrow x_1 = 0{,}8344...$

     $\Rightarrow x_2 = 0{,}8386...$

     $\Rightarrow x_3 = 0{,}8392...$

     $f(0{,}84) > 0 \wedge f(0{,}8392) < 0 \Rightarrow \underline{\underline{x = 0{,}84}}$

2. Newtonverfahren

$$x_{n+1} = x_n - \frac{f(x_n)}{f'(x_n)}$$

Startwert $x_0 = 0{,}8$ (aus Schaubild)

n	x_n	$f(x_n)$	$f'(x_n)$
0	0,8	−0,104	2,56
1	0,8406	$3{,}66 \cdot 10^{-3}$	2,74
2	0,8392	$4{,}04 \cdot 10^{-6}$	2,74
3	0,8392		

$\Rightarrow \underline{x = 0{,}84}$ ist die gesuchte Nullstelle

c) Gemeinsame Punkte, Fläche

- Skizze

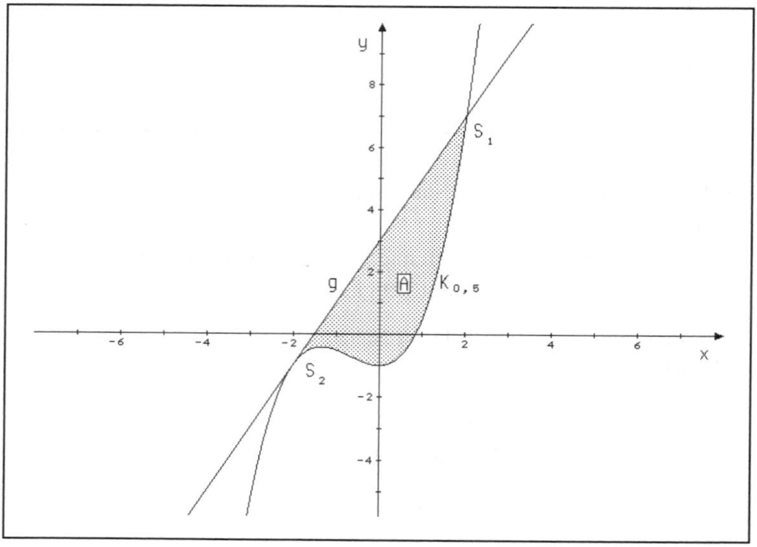

g: $y = 2x + 3$

$K_{0,5} \cap g$: $\quad \frac{1}{2}x^3 + x^2 - 1 = 2x + 3$

$$\frac{1}{2}x^3 + x^2 - 2x - 4 = 0$$

$$\frac{1}{2}\left(x^3 + 2x^2 - 4x - 8\right) = 0 \qquad | \cdot 2$$

$$x^3 + 2x^2 - 4x - 8 = 0$$

z. B. HORNER:

	1	2	−4	−8
x = 2		2	8	8
	1	4	4	$\boxed{0}$

$$\Rightarrow x^3+2x^2-4x-8=(x-2)(x^2+4x+4)$$
$$=(x-2)(x+2)^2$$

$\Rightarrow$ bei $x_1=2$ Schnittpunkt
bei $x_{2/3}=-2$ Berührpunk t

$f_{0,5}(2)=7,\ f_{0,5}(-2)=-1 \quad\Rightarrow\quad S_1(2\mid 7),\ S_2(-2\mid -1)$

- Fläche

$$A=\int_{-2}^{2}\left(g(x)-f_{0,5}(x)\right)dx=\int_{-2}^{2}\left(2x+3-\left(\frac{1}{2}x^3+x^2-1\right)\right)dx$$
$$=\int_{-2}^{2}\left(-\frac{1}{2}x^3-x^2+2x+4\right)dx=\left[-\frac{1}{8}x^4-\frac{1}{3}x^3+x^2+4x\right]_{-2}^{2}$$
$$=-2-\frac{8}{3}+4+8-\left(-2+\frac{8}{3}+4-8\right)=\frac{32}{3}\text{ FE}$$
$$A=\frac{32}{3}\text{ FE}$$

d) Gemeinsame Punkte der Kurvenschar, Ortskurve

$$f_a(x)=f_b(x) \text{ mit } a\neq b$$
$$ax^3+2ax^2-1=bx^3+2bx^2-1$$
$$x^3(a-b)+x^2(2a-2b)=0$$
$$x^2((a-b)x+(2a-2b))=0$$
$$x_{1/2}=0$$
$$x_3=\frac{-2(a-b)}{a-b}$$
$$x_3=-2$$

$f_t(0)=-1 \quad\Rightarrow\quad A(0|-1)$
$f_t(-2)=-1 \quad\Rightarrow\quad B(-2|-1)$

- Ortskurve der Hochpunkte

$f_t'(x)=3tx^2+4tx$
$f_t''(x)=6tx+4t$
$f_t'(x)=0 \Rightarrow x(3tx+4t)=0 \Rightarrow x_1=0$
$x_2=-\frac{4}{3}$

$f_t(0) = -1$

$f_t''(0) = 4t > 0$ (wegen $t \in \mathbb{R}_+^*$) $\Rightarrow$ Tiefpunkt

$$f_t\left(-\frac{4}{3}\right) = t\left(-\frac{4}{3}\right)^3 + 2t\left(-\frac{4}{3}\right)^2 - 1 = \frac{32}{27}t - 1$$

$$f_t''\left(-\frac{4}{3}\right) = 6t\left(-\frac{4}{3}\right) + 4t = -4t < 0 \text{ (wegen } t \in \mathbb{R}_+^*\text{)}$$

$$\Rightarrow H_t\left(-\frac{4}{3} \,\middle|\, \frac{32}{27}t - 1\right)$$

$\Rightarrow$ Ortskurve: $x = -\frac{4}{3}$

e) Stammfunktion

$$f_t(x) = tx^3 + 2tx^2 - 1$$

$$F_t(x) = \frac{1}{4}tx^4 + \frac{2}{3}tx^3 - x + c$$

Schaubild von F_t durch $Q\left(1 \,\middle|\, -\frac{8}{3}\right)$ $\Rightarrow -\frac{8}{3} = \frac{1}{4}t + \frac{2}{3}t - 1 + c$ (1)

Schaubild von F_t durch $R(-3 \mid 4)$ $\Rightarrow 4 = \frac{1}{4}t \cdot 81 + \frac{2}{3}t(-27) + 3 + c$ (2)

$\Rightarrow$ (1) $-\frac{5}{3} = \frac{11}{12}t + c$

(2) $1 = \frac{9}{4}t + c$ (Subtrahieren)

$\Rightarrow$ $-\frac{8}{3} = -\frac{4}{3}t$

$\Rightarrow$ $t = 2$ (gesuchter t-Wert)

$\Rightarrow f_2(x) = 2x^3 + 4x^2 - 1$

$F_t(x) = \frac{1}{2}x^4 + \frac{4}{3}x^3 - x - \frac{7}{2}$ (nicht gesucht; dennoch: rechnen Sie nach)

Berufliche Gymnasien Baden-Württemberg
Grundkurs Mathematik – Abiturprüfung 1996
Gruppe I Analysis – Aufgabe 2

Gegeben ist die Funktion f durch

$$f(x) = x \cdot e^{2x+2} \quad \text{mit } x \in \mathbb{R}.$$

K ist das Schaubild von f.

a) Untersuchen Sie K auf Schnittpunkte mit der x-Achse, Hoch-, Tief- und Wendepunkte sowie auf Asymptoten.
Zeichnen Sie K für $-2{,}5 \le x \le 0{,}25$ mit 1 LE = 2 cm. (11 Korrekturpunkte)

b) Bestätigen Sie, daß F mit

$$F(x) = \left(\frac{1}{2}x - \frac{1}{4}\right) \cdot e^{2x+2} \; ; \; x \in \mathbb{R}$$

eine Stammfunktion von f ist.
Das Schaubild K schließt mit der x-Achse und der Geraden mit der Gleichung $x = -1$ eine Fläche ein. Berechnen Sie deren Inhalt.
(5 Korrekturpunkte)

c) Die Gerade g ist die Normale von K in $P(-1 \mid -1)$.
Stellen Sie die Gleichung von g auf und zeichnen Sie g in das Koordinatensystem von Teilaufgabe a) ein.
Das Schaubild K und die Gerade g schließen eine Fläche ein. Berechnen Sie deren Inhalt.
(7 Korrekturpunkte)

d) Die Gerade mit der Gleichung $x = u \; (-2 \le u \le 0)$ schneidet die x-Achse im Punkt Q und das Schaubild K im Punkt R.
Der Urspung 0 und die Punkte Q und R sind Eckpunkte eines Dreiecks. Bestimmen Sie u so, daß der Flächeninhalt dieses Dreiecks maximal wird.
(7 Korrekturpunkte)

Lösung

a) Kurvendiskussion

$$f(x) = x \cdot e^{2x+2}$$
$$f'(x) = 1 \cdot e^{2x+2} + x \cdot 2 \cdot e^{2x+2}$$
$$= e^{2x+2}(1+2x)$$
$$f''(x) = 2e^{2x+2}(1+2x) + e^{2x+2}(2)$$
$$= 2e^{2x+2}(2x+1+1)$$
$$= 4e^{2x+2}(x+1)$$

- Schnittpunkte mit der x-Achse ($f(x) = 0$)

$$0 = x \cdot e^{2x+2}$$
$$x = 0 \quad (e^{2x+2} \neq 0)$$
$$\Rightarrow N(0|0)$$

- Hoch-, Tiefpunkte ($f'(x) = 0$, $f''(x) \gtrless 0$)

$$0 = e^{2x+2}(1+2x)$$
$$x = -\frac{1}{2} \qquad (e^{2x+2} \neq 0)$$
$$f\left(-\frac{1}{2}\right) = -\frac{1}{2} \cdot e^{-1+2} = -\frac{1}{2}e$$
$$f''\left(-\frac{1}{2}\right) = 4 \cdot e^{-1+2} \cdot \frac{1}{2} = 2e > 0 \Rightarrow T\left(-\frac{1}{2} \middle| -\frac{1}{2}e\right)$$

- Wendepunkte ($f''(x) = 0$, $f'''(x) \neq 0$ oder VZW von $f''(x)$)

$$0 = 4e^{2x+2}(x+1)$$
$$x = -1 \qquad (e^{2x+2} \neq 0)$$
$$f(-1) = -1 \cdot e^0 = -1$$

und VZW von $f''(x)$ an der Stelle $x = -1$, da einfache Nullstelle von $f''(x)$

$\Rightarrow W(-1|-1)$

- Asymptoten

$$x \to +\infty \Rightarrow y \to +\infty$$
$$\lim_{x \to -\infty} f(x) = 0$$

$$\left(\begin{array}{l}\text{Begründung: } e^{2x+2} \text{ geht "schneller" gegen 0 als } x \to -\infty \\ \text{oder l'Hospital: } \lim\limits_{x \to -\infty} \dfrac{x}{e^{-2x-2}} = \lim\limits_{x \to -\infty} \dfrac{1}{-2e^{-2x-2}} = \lim\limits_{x \to -\infty} -\dfrac{1}{2} \cdot e^{2x+2} = 0\end{array}\right)$$

$\Rightarrow$ negative x-Achse ist waagrechte Asymptote

- Schaubild

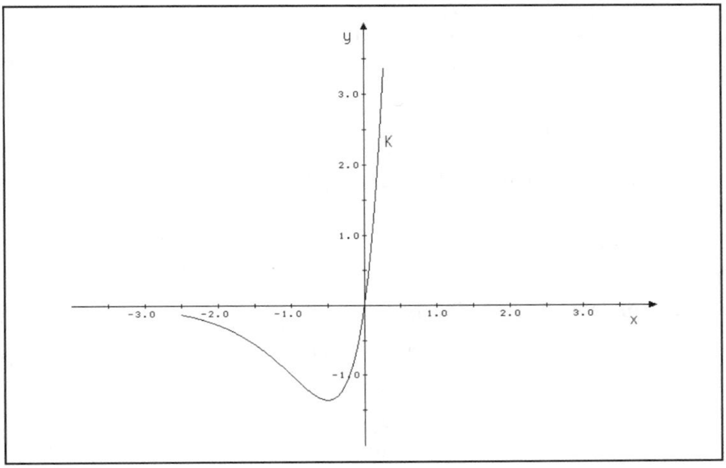

b) Stammfunktion, Fläche

$F'(x) = f(x) \quad \left[\text{oder} \int f(x)\,dx = F(x)\right]$

$F(x) = \left(\frac{1}{2}x - \frac{1}{4}\right)e^{2x+2}$

$F'(x) = \frac{1}{2} \cdot e^{2x+2} + \left(\frac{1}{2}x - \frac{1}{4}\right)e^{2x+2} \cdot 2$

$= e^{2x+2}\left(\frac{1}{2} + x - \frac{1}{2}\right)$

$= e^{2x+2} \cdot x = f(x) \quad$ q. e. d.

- Skizze

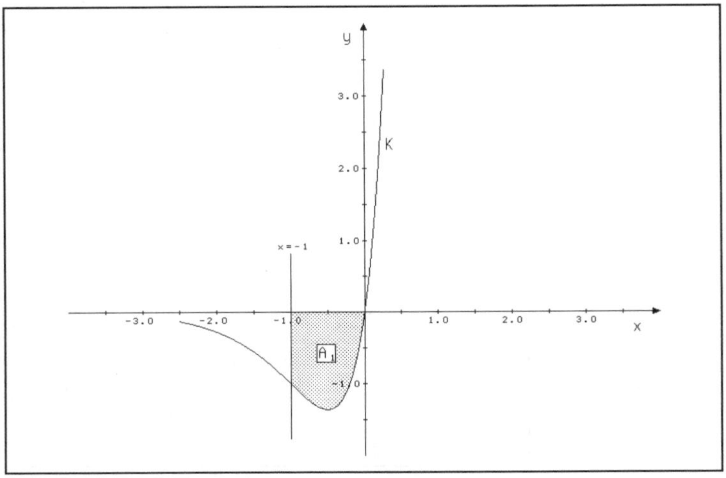

$$A_1 = -\int_{-1}^{0} xe^{2x+2}\,dx = \int_{0}^{-1} xe^{2x+2}\,dx$$

$$= \left[F(x)\right]_0^{-1} = \left[\left(\frac{1}{2}x - \frac{1}{4}\right)e^{2x+2}\right]_0^{-1}$$

$$= \left(-\frac{1}{2} - \frac{1}{4}\right)e^0 - \left(-\frac{1}{4}e^2\right) = -\frac{3}{4} + \frac{1}{4}e^2$$

$$A_1 = \frac{1}{4}e^2 - \frac{3}{4}$$

c) Normalengleichung, Fläche

- Normale (=Senkrechte) in P(–1|–1):

Steigung in P $\Rightarrow \quad m = f'(-1) = -1 \cdot e^0 = -1$

$$\Rightarrow \quad m_N = -\frac{1}{m} = 1$$

Punkt-Steigungs-Form: $\dfrac{y - y_1}{x - x_1} = m$

$$\Rightarrow \quad \frac{y+1}{x+1} = 1$$

$$y = x + 1 - 1$$

$$y = x$$

oder: $\quad y = mx + b$

$$-1 = 1 \cdot (-1) + b$$

$$b = 0$$

$$\Rightarrow y = x \quad \text{(Normalengleichung)}$$

- Skizze

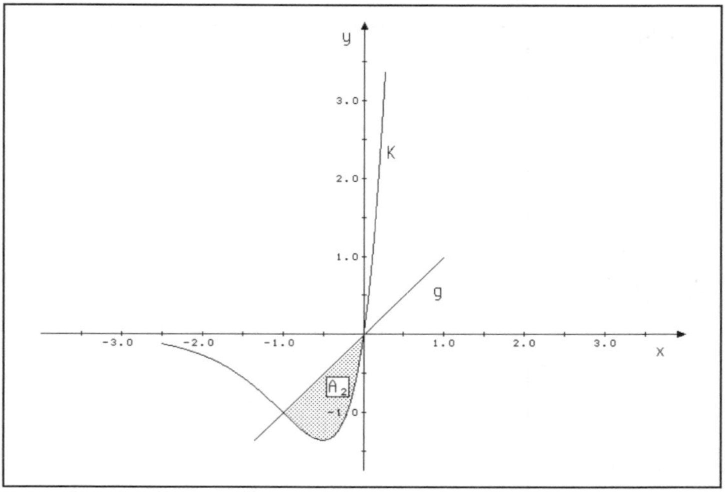

$$A_2 = \int_{-1}^{0}\left(g(x)-f(x)\right)dx = \int_{-1}^{0}\left(x - xe^{2x+2}\right)dx$$

$$= \left[\frac{x^2}{2} - \left(\frac{1}{2}x - \frac{1}{4}\right)e^{2x+2}\right]_{-1}^{0} = 0 - \left(-\frac{1}{4}\right)\cdot e^2 - \left(\frac{1}{2} - \left(-\frac{3}{4}\right)\cdot e^0\right)$$

$$= +\frac{1}{4}e^2 - \frac{5}{4}$$

oder:

$$A_2 = A_1 - A_\Delta$$

$$A_\Delta = \frac{1}{2}\cdot g\cdot h = \frac{1}{2}\cdot 1\cdot 1 = \frac{1}{2}$$

$$\Rightarrow A_2 = \frac{1}{4}e^2 - \frac{3}{4} - \frac{1}{2} = \frac{1}{4}e^2 - \frac{5}{4}$$

d) Extremwertaufgabe

- Skizze

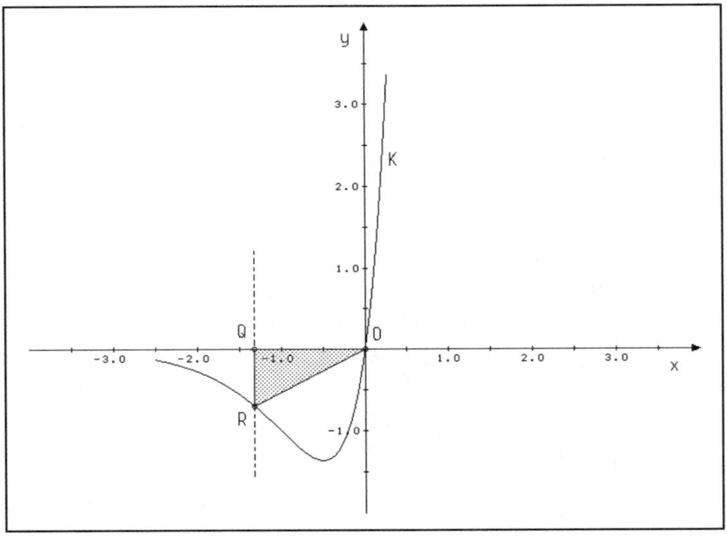

- Eckpunkte des Dreiecks:

  $Q(u \mid 0)$; $R(u \mid f(u)) = R(u \mid u \cdot e^{2u+2})$; $O(0 \mid 0)$

$$A = \frac{1}{2} \cdot g \cdot h$$

mit $g = 0 - x_Q = -u$

$$h = 0 - f(u) = -ue^{2u+2}$$

$$\Rightarrow \quad A(u) = \frac{1}{2} \cdot (-u) \cdot \left(-ue^{2u+2}\right)$$

$$= \frac{1}{2} u^2 e^{2u+2}$$

$$A'(u) = \frac{1}{2} \cdot 2ue^{2u+2} + \frac{1}{2} u^2 \cdot 2 \cdot e^{2u+2}$$

$$= e^{2u+2}\left(u + u^2\right)$$

$$A''(u) = 2e^{2u+2}\left(u + u^2\right) + e^{2u+2}(1 + 2u)$$

$$= e^{2u+2}\left(2u + 2u^2 + 1 + 2u\right)$$

$$= e^{2u+2}\left(2u^2 + 4u + 1\right)$$

- Maximum ($A'(u) = 0$)

$$0 = e^{2u+2}\left(u + u^2\right)$$

$$u + u^2 = 0 \qquad \left(e^{2u+2} \neq 0\right)$$

$$u(1 + u) = 0$$

$$u_1 = 0$$

$$u_2 = -1$$

$$A''(0) = e^2 \cdot 1 = e^2 > 0 \quad \Rightarrow \text{ Minimum}$$

$$A''(-1) = e^0 \cdot (-1) = -1 < 0 \Rightarrow \text{ Maximum}$$

- Randwerte

$$A(-2) = \frac{1}{2} \cdot 4 \cdot e^{-2} = \frac{2}{e^2} \approx 0{,}27$$

$$A(0) = 0$$

$$A(-1) = \frac{1}{2} \cdot e^0 = \frac{1}{2}$$

$\Rightarrow$ maximaler Flächeninhalt für $u = -1$

Berufliche Gymnasien Baden-Württemberg
Grundkurs Mathematik – Abiturprüfung 1996
Gruppe II Matrizen – Aufgabe 1

In einem Betrieb werden aus den Rohstoffen R_1, R_2 und R_3 die Zwischenprodukte Z_1, Z_2 und Z_3 und aus diesen die Endprodukte E_1, E_2 und E_3 gefertigt.
Die folgenden Tabellen geben an, wieviele Mengeneinheiten der einzelnen Rohstoffe bzw. der einzelnen Zwischenprodukte zu je einer Mengeneinheit eines Endproduktes benötigt werden.

	E_1	E_2	E_3
R_1	20	11	18
R_2	29	15	27
R_3	21	9	40

	E_1	E_2	E_3
Z_1	1	0	3
Z_2	2	1	4
Z_3	3	2	0

a) Wieviele Endprodukte lassen sich aus
700 ME von Z_1
1300 ME von Z_2
900 ME von Z_3 herstellen?
Berechnen Sie die Rohstoff-Zwischenprodukt-Matrix **A**.

Kontrollergebnis: $\mathbf{A} = \begin{pmatrix} 2 & 3 & 4 \\ 5 & 3 & 6 \\ 4 & 7 & 1 \end{pmatrix}$ (9 Korrekturpunkte)

b) Ein Kunde erteilt einen Auftrag über 150 ME von E_1, 200 ME von E_2 und 130 ME von E_3. im Zwischenproduktlager stehen schon 120 ME von Z_1, 500 ME von Z_2 und 440 ME von Z_3 für die Weiterverarbeitung bereit.
Wieviel ME der einzelnen Zwischenprodukte und wieviel ME der einzelnen Rohstoffe werden zusätzlich benötigt, um den Auftrag erfüllen zu können?
Die Rohstoffkosten betragen je ME $\mathbf{kr_R}^T = (4 \quad 3 \quad 5)$,
die Fertigungskosten je ME Zwischenprodukt $\mathbf{kf_Z}^T = (3 \quad 5 \quad 2)$
und die Fertigungskosten je ME Endprodukt $\mathbf{kf_E}^T = (11 \quad 13 \quad 9)$.
Berechnen Sie die variablen Herstellkosten je ME der Endprodukte.
Bei der Erfüllung des Auftrags ist noch ein Fixkostenanteil von 20000 GE zu berücksichtigen.
Berechnen Sie den Gewinn bei diesem Auftrag, wenn 1 ME von E_1 für 410 GE, 1 ME von E_2 für 220 GE und 1 ME von E_3 für 450 GE verkauft werden.
(13 Korrekturpunkte)

c) Nach Erledigung des Auftrags befinden sich noch 63000 ME von R_1, 91100 ME von R_2 und 87900 ME von R_3 im Rohstofflager. Daraus werden die Endprodukte E_1, E_2 und E_3 im Verhältnis 3:4:2 und für das Zwischenproduktlager die Zwischenprodukte Z_1, Z_2 und Z_3 im Verhältnis 4:7:5 hergestellt. Wieviel Endprodukte und wieviel Zwischenprodukte können daraus hergestellt werden?
(8 Korrekturpunkte)

Lösung

Gegeben: $\mathbf{A}_{RE} = \begin{pmatrix} 20 & 11 & 18 \\ 29 & 15 & 27 \\ 21 & 9 & 40 \end{pmatrix}$ $\mathbf{A}_{ZE} = \begin{pmatrix} 1 & 0 & 3 \\ 2 & 1 & 4 \\ 3 & 2 & 0 \end{pmatrix}$

a) **Gesucht:**

1. Anzahl der Endprodukte $\mathbf{x}_E = (x_1; x_2; x_3)^T$, wenn Anzahl der Zwischenprodukte $\mathbf{y}_Z = (700; 1300; 900)^T$
2. Berechnung der Matrix $\mathbf{A}_{RZ}$

Lösung: 1. Es gilt $\mathbf{A}_{ZE} \cdot \mathbf{x}_E = \mathbf{y}_Z$

$$\left(\begin{array}{ccc|c} 1 & 0 & 3 & 700 \\ 2 & 1 & 4 & 1300 \\ 3 & 2 & 0 & 900 \end{array}\right) \begin{array}{l} |\cdot(-2) \quad |\cdot(-3) \\ \leftarrow \\ \leftarrow \end{array}$$

$$\sim \left(\begin{array}{ccc|c} 1 & 0 & 3 & 700 \\ 0 & 1 & -2 & -100 \\ 0 & 2 & -9 & -1200 \end{array}\right) \begin{array}{l} \\ |\cdot(-2) \\ \leftarrow \end{array}$$

$$\sim \left(\begin{array}{ccc|c} 1 & 0 & 3 & 700 \\ 0 & 1 & -2 & -100 \\ 0 & 0 & -5 & -1000 \end{array}\right) \begin{array}{l} \\ \\ |:(-5) \end{array}$$

$$\sim \left(\begin{array}{ccc|c} 1 & 0 & 3 & 700 \\ 0 & 1 & -2 & -100 \\ 0 & 0 & 1 & 200 \end{array}\right) \begin{array}{l} \leftarrow \\ \leftarrow \\ |\cdot 2 \quad |\cdot(-3) \end{array}$$

$$\sim \left(\begin{array}{ccc|c} 1 & 0 & 0 & 100 \\ 0 & 1 & 0 & 300 \\ 0 & 0 & 1 & 200 \end{array}\right)$$

<u>Ergebnis:</u> $\mathbf{x}_E = (100\ ;\ 300\ ;\ 200)^T$

2. Es gilt $\mathbf{A}_{RZ} \cdot \mathbf{A}_{ZE} = \mathbf{A}_{RE} \qquad |\cdot \mathbf{A}_{ZE}^{-1}$

$\Rightarrow \qquad \mathbf{A}_{RZ} = \mathbf{A}_{RE} \cdot \mathbf{A}_{ZE}^{-1}$

Wir berechnen zuerst $\mathbf{A}_{ZE}^{-1}$:

$(A_{ZE} \mid E)$

$$\left(\begin{array}{ccc|ccc} 1 & 0 & 3 & 1 & 0 & 0 \\ 2 & 1 & 4 & 0 & 1 & 0 \\ 3 & 2 & 0 & 0 & 0 & 1 \end{array}\right) \begin{array}{l} |\cdot(-2) \quad |\cdot(-3) \\ \leftarrow \\ \leftarrow \end{array}$$

$$\left(\begin{array}{ccc|ccc} 1 & 0 & 3 & 1 & 0 & 0 \\ 0 & 1 & -2 & -2 & 1 & 0 \\ 0 & 2 & -9 & -3 & 0 & 1 \end{array}\right) \begin{array}{l} \\ |\cdot(-2) \\ \leftarrow \end{array}$$

$$\left(\begin{array}{ccc|ccc} 1 & 0 & 3 & 1 & 0 & 0 \\ 0 & 1 & -2 & -2 & 1 & 0 \\ 0 & 0 & -5 & 1 & -2 & 1 \end{array}\right) \begin{array}{l} \qquad\qquad |\cdot 5 \leftarrow \\ |\cdot(-5) \leftarrow \\ |\cdot 2 \qquad |\cdot 3 \end{array}$$

$$\left(\begin{array}{ccc|ccc} 5 & 0 & 0 & 8 & -6 & 3 \\ 0 & -5 & 0 & 12 & -9 & 2 \\ 0 & 0 & -5 & 1 & -2 & 1 \end{array}\right)$$

$$\mathbf{A}_{ZE}^{-1} = \frac{1}{5} \cdot \begin{pmatrix} 8 & -6 & 3 \\ -12 & 9 & -2 \\ -1 & 2 & -1 \end{pmatrix}$$

Damit ist $\mathbf{A}_{RZ} = \mathbf{A}_{RE} \cdot \mathbf{A}_{ZE}^{-1}$

$$= \begin{pmatrix} 20 & 11 & 18 \\ 29 & 15 & 27 \\ 21 & 9 & 40 \end{pmatrix} \cdot \frac{1}{5} \cdot \begin{pmatrix} 8 & -6 & 3 \\ -12 & 9 & -2 \\ -1 & 2 & -1 \end{pmatrix}$$

$$= \frac{1}{5} \cdot \begin{pmatrix} 10 & 15 & 20 \\ 25 & 15 & 30 \\ 20 & 35 & 5 \end{pmatrix}$$

Ergebnis: $\mathbf{A}_{RZ} = \begin{pmatrix} 2 & 3 & 4 \\ 5 & 3 & 6 \\ 4 & 7 & 1 \end{pmatrix}$

b) Gegeben:

$\mathbf{x}_E = \begin{pmatrix} 150 \\ 200 \\ 130 \end{pmatrix}$ Bestellmenge an Endprodukten

$\mathbf{v}_Z = \begin{pmatrix} 120 \\ 500 \\ 440 \end{pmatrix}$ vorhandene Zwischenprodukte

$\mathbf{kr}_R = \begin{pmatrix} 4 \\ 3 \\ 5 \end{pmatrix}$ Kosten pro Rohstoff

$$\mathbf{kf}_Z = \begin{pmatrix} 3 \\ 5 \\ 2 \end{pmatrix}$$ Kosten für die Fertigung pro Zwischenprodukt

$$\mathbf{kf}_E = \begin{pmatrix} 11 \\ 13 \\ 9 \end{pmatrix}$$ Kosten für die Fertigung pro Endprodukt

$$\mathbf{p}_E = \begin{pmatrix} 410 \\ 220 \\ 450 \end{pmatrix}$$ Verkaufspreis pro Endprodukt

$K_{fix} = 20000$ Fixkostenanteil

Gesucht:

$\mathbf{b}_Z$	Zusätzlicher Bedarf an Zwischenprodukten
$\mathbf{b}_R$	Zusätzlicher Bedarf an Rohstoffen
$\mathbf{kh}_E$	Kosten der Herstellung pro Endprodukt
G	Gewinn

Lösung:

- Zusätzlicher Bedarf an Zwischenprodukten
  Es sei $\mathbf{g}_Z$ der Gesamtbedarf an Zwischenprodukten. Hierfür gilt

$$\mathbf{g}_Z = \mathbf{A}_{ZE} \cdot \mathbf{x}_E = \begin{pmatrix} 1 & 0 & 3 \\ 2 & 1 & 4 \\ 3 & 2 & 0 \end{pmatrix} \cdot \begin{pmatrix} 150 \\ 200 \\ 130 \end{pmatrix} = \begin{pmatrix} 540 \\ 1020 \\ 850 \end{pmatrix}$$

$$\Rightarrow \mathbf{b}_Z = \mathbf{g}_Z - \mathbf{v}_Z = \begin{pmatrix} 540 \\ 1020 \\ 850 \end{pmatrix} - \begin{pmatrix} 120 \\ 500 \\ 440 \end{pmatrix} = \begin{pmatrix} 420 \\ 520 \\ 410 \end{pmatrix}$$

  Ergebnis: $\mathbf{b}_Z = (420\,;520\,;410)^T$

- Wegen des zusätzlichen Bedarfs an Zwischenprodukten $\mathbf{b}_Z$ entsteht auch zusätzlicher Bedarf an Rohstoffen $\mathbf{b}_R$:

$$\mathbf{b}_R = \mathbf{A}_{RZ} \cdot \mathbf{b}_Z = \begin{pmatrix} 2 & 3 & 4 \\ 5 & 3 & 6 \\ 4 & 7 & 1 \end{pmatrix} \cdot \begin{pmatrix} 420 \\ 520 \\ 410 \end{pmatrix} = \begin{pmatrix} 4040 \\ 6120 \\ 5730 \end{pmatrix}$$

  Ergebnis: $\mathbf{b}_R = (4040\,;6120\,;5730)^T$

- Gesucht sind die variablen Herstellkosten $\mathbf{kh}_E$ pro Endprodukt. Ansatz:

$$\mathbf{kh}_E{}^T = \mathbf{kf}_E{}^T + \mathbf{kf}_Z{}^T \cdot \mathbf{A}_{ZE} + \mathbf{kr}_R{}^T \cdot \mathbf{A}_{RE}$$

Nebenrechnungen:

$$\mathbf{kf}_Z{}^T \cdot \mathbf{A}_{ZE} = (3;5;2) \cdot \begin{pmatrix} 1 & 0 & 3 \\ 2 & 1 & 4 \\ 3 & 2 & 0 \end{pmatrix} = (19;9;29)$$

$$\mathbf{kr}_R{}^T \cdot \mathbf{A}_{RE} = (4;3;5) \cdot \begin{pmatrix} 20 & 11 & 18 \\ 29 & 15 & 27 \\ 21 & 9 & 40 \end{pmatrix} = (272;134;353)$$

$$\mathbf{kf}_E{}^T = (11;13;9)$$

<u>Ergebnis:</u> $\mathbf{kh}_E{}^T = (302;156;391)$

- Es ist Erlös $E = \mathbf{p}_E{}^T \cdot \mathbf{x}_E$
  Kosten $K = \mathbf{kh}_E{}^T \cdot \mathbf{x}_E + K_{fix}$

Also:

$$E = (410;220;450) \cdot \begin{pmatrix} 150 \\ 200 \\ 130 \end{pmatrix} = 164000$$

$$K = (302;156;391) \cdot \begin{pmatrix} 150 \\ 200 \\ 130 \end{pmatrix} + 20000 = 147330$$

<u>Ergebnis:</u> G = 16670

c) Gegeben:

$$\mathbf{m}_R = \begin{pmatrix} 63000 \\ 91100 \\ 87900 \end{pmatrix}$$ noch vorhandene <u>M</u>engen pro Rohstoff

$$\mathbf{x}_E = \begin{pmatrix} 3 \cdot x \\ 4 \cdot x \\ 2 \cdot x \end{pmatrix} = x \cdot \begin{pmatrix} 3 \\ 4 \\ 2 \end{pmatrix}$$ Vektor der Endprodukte

$$\mathbf{y}_Z = \begin{pmatrix} 4 \cdot y \\ 7 \cdot y \\ 5 \cdot y \end{pmatrix} = y \cdot \begin{pmatrix} 4 \\ 7 \\ 5 \end{pmatrix}$$ Vektor der Zwischenprodukte

Gesucht: x, y

Lösung: Ansatz: $\mathbf{A}_{RE} \cdot \mathbf{x}_E + \mathbf{A}_{RZ} \cdot \mathbf{y}_Z = \mathbf{m}_R$

$$\begin{pmatrix} 20 & 11 & 18 \\ 29 & 15 & 27 \\ 21 & 9 & 40 \end{pmatrix} \cdot x \cdot \begin{pmatrix} 3 \\ 4 \\ 2 \end{pmatrix} + \begin{pmatrix} 2 & 3 & 4 \\ 5 & 3 & 6 \\ 4 & 7 & 1 \end{pmatrix} \cdot y \cdot \begin{pmatrix} 4 \\ 7 \\ 5 \end{pmatrix} = \begin{pmatrix} 63000 \\ 91100 \\ 87900 \end{pmatrix}$$

$$140x + 49y = 63000$$
$$201x + 71y = 91100$$
$$179x + 70y = 87900$$

Lösung mit dem Gaußverfahren:

$$\left(\begin{array}{rr|r} 140 & 49 & 63000 \\ 201 & 71 & 91100 \\ 179 & 70 & 87900 \end{array}\right) \begin{array}{l} |\cdot(-201) \quad |\cdot(-179) \\ |\cdot 140 \\ \qquad\qquad |\cdot 140 \end{array}$$

$$\sim \left(\begin{array}{rr|r} 140 & 49 & 63000 \\ 0 & 91 & 91000 \\ 0 & 1029 & 1029000 \end{array}\right) \begin{array}{l} \\ |:91 \\ |:1029 \end{array}$$

$$\sim \left(\begin{array}{rr|r} 140 & 49 & 63000 \\ 0 & 1 & 1000 \\ 0 & 1 & 1000 \end{array}\right) \begin{array}{l} \\ |\cdot(-49) \quad |\cdot(-1) \\ \\ \end{array}$$

$$\sim \left(\begin{array}{rr|r} 140 & 0 & 14000 \\ 0 & 1 & 1000 \end{array}\right) \begin{array}{l} \Rightarrow x = 100 \\ \Rightarrow y = 1000 \end{array}$$

<u>Ergebnis:</u> $\mathbf{x}_E = \begin{pmatrix} 300 \\ 400 \\ 200 \end{pmatrix} \quad \mathbf{y}_Z = \begin{pmatrix} 4000 \\ 7000 \\ 5000 \end{pmatrix}$

Berufliche Gymnasien Baden-Württemberg
Grundkurs Mathematik – Abiturprüfung 1996
Gruppe II Matrizen – Aufgabe 2

Gegeben sind für $t \in \mathbb{R}$ die Matrix $\mathbf{A}_t$ und der Vektor $\mathbf{b}_t$:

$$\mathbf{A}_t = \begin{pmatrix} -2 & 1 & t-2 \\ 2t & -3 & t-2 \\ 2 & -t+2 & t^2-13t+19 \end{pmatrix}, \quad \mathbf{b}_t = \begin{pmatrix} 4 \\ -18 \\ t^2-10t+19 \end{pmatrix}.$$

a) Bestimmen Sie den Lösungsvektor des homogenen LGS $\mathbf{A}_3 \cdot \mathbf{x} = \mathbf{o}$.
Für welchen Wert von t hat das inhomogene LGS $\mathbf{A}_t \cdot \mathbf{x} = \mathbf{b}_t$ den Lösungsvektor $\mathbf{x} = (3; 10; 1)^T$? (6 Korrekturpunkte)

b) Bestimmen Sie den Rang der Matrix $\mathbf{A}_t$ und der erweiterten Matrix $(\mathbf{A}_t | \mathbf{b}_t)$ in Abhängigkeit von t.
Für welche Werte von t ist das LGS $\mathbf{A}_t \cdot \mathbf{x} = \mathbf{b}_t$
- unlösbar
- mehrdeutig lösbar
- eindeutig lösbar? (9 Korrekturpunkte)

c) Zeigen Sie durch Umformen der Matrizengleichung $\mathbf{A}_2 \cdot \mathbf{X} \cdot \mathbf{A}_1 + 2 \cdot \mathbf{A}_1{}^2 = -2 \cdot \mathbf{X} \cdot \mathbf{A}_1$, daß gilt: $\mathbf{X} = -2 \cdot (\mathbf{A}_2 + 2\mathbf{E})^{-1} \cdot \mathbf{A}_1$. Berechnen Sie die Matrix **X**. (10 Korrekturpunkte)

d) Gegeben ist die Funktion f durch

$$f(t) = \mathbf{b}_t{}^T \cdot \begin{pmatrix} t \\ -1 \\ -2t \end{pmatrix}, \quad t \in \mathbb{R}.$$

Bestimmen Sie das relative Minimum der Funktion f. (5 Korrekturpunkte)

Lösung

Gegeben: $\mathbf{A}_t = \begin{pmatrix} -2 & 1 & t-2 \\ 2t & -3 & t-2 \\ 2 & -t+2 & t^2-13t+19 \end{pmatrix}$, $\mathbf{b}_t = \begin{pmatrix} 4 \\ -18 \\ t^2-10t+19 \end{pmatrix}$, $t \in \mathbb{R}$

a) Gesucht:

1. Lösung des LGS $\mathbf{A}_3 \cdot \mathbf{x} = \mathbf{o}$
2. Parameter t so, daß $\mathbf{A}_t \cdot \mathbf{x} = \mathbf{b}_t$ mit $\mathbf{x} = (3\,;\,10\,;\,1)^T$

Lösung: 1. $(A_3 \mid o) = \left(\begin{array}{ccc|c} -2 & 1 & 1 & 0 \\ 6 & -3 & 1 & 0 \\ 2 & -1 & -11 & 0 \end{array}\right) \begin{array}{l} |\cdot 3 \quad |\cdot 1 \\ \leftarrow \\ \leftarrow \end{array}$

$$\sim \left(\begin{array}{ccc|c} -2 & 1 & 1 & 0 \\ 0 & 0 & 4 & 0 \\ 0 & 0 & -10 & 0 \end{array}\right) \begin{array}{l} \\ |:4 \\ |:(-10) \end{array}$$

$$\sim \left(\begin{array}{ccc|c} -2 & 1 & 1 & 0 \\ 0 & 0 & 1 & 0 \\ 0 & 0 & 1 & 0 \end{array}\right) \begin{array}{l} \leftarrow \\ \leftarrow \\ |\cdot(-1) \quad |\cdot(-1) \end{array}$$

$$\sim \left(\begin{array}{ccc|c} -2 & 1 & 0 & 0 \\ 0 & 0 & 0 & 0 \\ 0 & 0 & 1 & 0 \end{array}\right)$$

$$\sim \left(\begin{array}{ccc|c} -2 & 1 & 0 & 0 \\ 0 & 1 & 0 & r \\ 0 & 0 & 1 & 0 \end{array}\right) \begin{array}{l} \leftarrow \\ |\cdot(-1) \\ \\ \end{array}$$

$$\sim \left(\begin{array}{ccc|c} -2 & 0 & 0 & -r \\ 0 & 1 & 0 & r \\ 0 & 0 & 1 & 0 \end{array}\right)$$

<u>Ergebnis:</u> Lösung von $\mathbf{A}_3 \cdot \mathbf{x} = \mathbf{o}$ ist $\mathbf{x} = r \cdot \left(\frac{1}{2}\,;1\,;0\right)^T$.

2. $\mathbf{A}_t \cdot \mathbf{x} = \begin{pmatrix} -2 & 1 & t-2 \\ 2t & -3 & t-2 \\ 2 & -t+2 & t^2-13t+19 \end{pmatrix} \cdot \begin{pmatrix} 3 \\ 10 \\ 1 \end{pmatrix} = \begin{pmatrix} t+2 \\ 7t-32 \\ t^2-23t+45 \end{pmatrix}$

Gleichsetzen:	$\mathbf{A}_t \cdot \mathbf{x} = \mathbf{b}_t$
(1):	$t+2 = 4$
(2):	$7t-32 = -18$
(3):	$t^2-23t+45 = t^2-10t+19$
Aus (1) folgt:	$t = 2$
Probe mit (2):	$7 \cdot 2 - 32 \overset{?}{=} -18$ ✓
Probe mit (3):	$2^2 - 23 \cdot 2 + 45 \overset{?}{=} 2^2 - 10 \cdot 2 + 19$ ✓

Ergebnis: Für $t = 2$ ist $\mathbf{x}$ Lösung von $\mathbf{A}_t \cdot \mathbf{x} = \mathbf{b}_t$, d. h. $\mathbf{A}_2 \cdot \mathbf{x} = \mathbf{b}_2$

b) Gesucht: Lösbarkeit von $\mathbf{A}_t \cdot \mathbf{x} = \mathbf{b}_t$

Lösung:

$$\left(\begin{array}{ccc|c} -2 & 1 & t-2 & 4 \\ 2t & -3 & t-2 & -18 \\ 2 & -t+2 & t^2-13t+19 & t^2-10t+19 \end{array}\right) \begin{array}{l} |\cdot t \\ \\ \\ \end{array}$$

$$\sim \left(\begin{array}{ccc|c} -2 & 1 & t-2 & 4 \\ 0 & t-3 & t^2-t-2 & 4t-18 \\ 0 & -t+3 & t^2-12t+17 & t^2-10t+23 \end{array}\right)$$

$$\sim \left(\begin{array}{ccc|c} -2 & 1 & t-2 & 4 \\ 0 & t-3 & t^2-t-2 & 4t-18 \\ 0 & 0 & 2t^2-13t+15 & t^2-6t+5 \end{array}\right)$$

Nebenrechnungen:

$$0 = 2t^2 - 13t + 15 \quad |:2$$
$$0 = t^2 - \frac{13}{2}t + \frac{15}{2}$$
$$t_{1,2} = \frac{13}{4} \pm \sqrt{\left(\frac{13}{4}\right)^2 - \frac{15}{2}} = \frac{13}{4} \pm \frac{7}{4}$$
$$t_1 = \frac{3}{2}$$
$$t_2 = 5$$
$$2t^2 - 13t + 15 = 2\left(t - \frac{3}{2}\right) \cdot (t-5)$$
$$0 = t^2 - 6t + 5$$
$$t_{1,2} = 3 \pm \sqrt{9-5} = 3 \pm 2$$
$$t_1 = 1$$
$$t_2 = 5$$
$$t^2 - 6t + 5 = (t-1)(t-5)$$

Fortsetzung der Matrizenrechnung:

$$\left(\begin{array}{ccc|c} -2 & 1 & t-2 & 4 \\ 0 & t-3 & t^2-t-2 & 4t-18 \\ 0 & 0 & 2\cdot\left(t-\frac{3}{2}\right)(t-5) & (t-1)(t-5) \end{array}\right)$$

1. Fall $t = 3$:
$$\left(\begin{array}{ccc|c} -2 & 1 & 1 & 4 \\ 0 & 0 & 4 & -6 \\ 0 & 0 & -6 & -4 \end{array}\right) \begin{array}{l} \\ |\cdot(-1{,}5) \\ \leftarrow \end{array}$$
$$\sim \left(\begin{array}{ccc|c} -2 & 1 & 1 & 4 \\ 0 & 0 & 4 & -6 \\ 0 & 0 & 0 & 5 \end{array}\right)$$

2. Fall $t = \frac{3}{2}$:
$$\left(\begin{array}{ccc|c} -2 & 1 & -\frac{1}{2} & 4 \\ 0 & -\frac{3}{2} & -\frac{5}{4} & -12 \\ 0 & 0 & 0 & -\frac{7}{4} \end{array}\right)$$

3. Fall $t = 5$:
$$\left(\begin{array}{ccc|c} -2 & 1 & 3 & 4 \\ 0 & 2 & 18 & 2 \\ 0 & 0 & 0 & 0 \end{array}\right)$$

<u>Zusammenfassung</u>:

t	$rg(\mathbf{A}_t)$	$rg(\mathbf{A}_t \mid \mathbf{b}_t)$	Lösbarkeit von $\mathbf{A}_t \cdot \mathbf{x} = \mathbf{b}_t$
3	2	3	unlösbar
$\frac{3}{2}$	2	3	unlösbar
5	2	2	mehrdeutig lösbar
sonst	3	3	eindeutig lösbar

c) Gesucht:

1. Lösung **X** der Matrizengleichung $\mathbf{A}_2 \cdot \mathbf{X} \cdot \mathbf{A}_1 + 2 \cdot \mathbf{A}_1{}^2 = -2 \cdot \mathbf{X} \cdot \mathbf{A}_1$
2. Berechnung von $\mathbf{X} = -2(\mathbf{A}_2 + 2\mathbf{E})^{-1} \cdot \mathbf{A}_1$

Lösung 1.

$$\mathbf{A}_2 \cdot \mathbf{X} \cdot \mathbf{A}_1 + 2 \cdot \mathbf{A}_1{}^2 = -2\mathbf{X} \cdot \mathbf{A}_1 \qquad \Big| \cdot \mathbf{A}_1{}^{-1}$$
$$\mathbf{A}_2 \cdot \mathbf{X} + 2 \cdot \mathbf{A}_1 = -2\mathbf{X} \qquad \Big| +2\mathbf{X} - 2\mathbf{A}_1$$
$$\mathbf{A}_2 \cdot \mathbf{X} + 2\mathbf{X} = -2\mathbf{A}_1$$
$$\mathbf{A}_2 \cdot \mathbf{X} + 2 \cdot \mathbf{E} \cdot \mathbf{X} = -2\mathbf{A}_1$$
$$(\mathbf{A}_2 + 2\mathbf{E}) \cdot \mathbf{X} = -2\mathbf{A}_1$$
$$\mathbf{X} = -2 \cdot (\mathbf{A}_2 + 2\mathbf{E})^{-1} \cdot \mathbf{A}_1$$

Bei der Lösung wurde vorausgesetzt, daß die Inverse $\mathbf{A}_1^{-1}$ existiert. Wegen rg($\mathbf{A}_1$) = 3 ist dies erfüllt (vgl. Rangberechnung in Teil b).

2. • $\mathbf{A}_2 + 2\mathbf{E} = ?$

$$\mathbf{A}_2 + 2\mathbf{E} = \begin{pmatrix} -2 & 1 & 0 \\ 4 & -3 & 0 \\ 2 & 0 & -3 \end{pmatrix} + \begin{pmatrix} 2 & 0 & 0 \\ 0 & 2 & 0 \\ 0 & 0 & 2 \end{pmatrix} = \begin{pmatrix} 0 & 1 & 0 \\ 4 & -1 & 0 \\ 2 & 0 & -1 \end{pmatrix}$$

• $(\mathbf{A}_2 + 2\mathbf{E})^{-1} = ?$

$$\left(\begin{array}{ccc|ccc} 0 & 1 & 0 & 1 & 0 & 0 \\ 4 & -1 & 0 & 0 & 1 & 0 \\ 2 & 0 & -1 & 0 & 0 & 1 \end{array}\right) \begin{array}{l} \\ \leftarrow \\ |\cdot(-2) \end{array}$$

$$\sim \left(\begin{array}{ccc|ccc} 2 & 0 & -1 & 0 & 0 & 1 \\ 0 & 1 & 0 & 1 & 0 & 0 \\ 0 & -1 & 2 & 0 & 1 & -2 \end{array}\right) \begin{array}{l} \\ | \\ \leftarrow \end{array}$$

$$\sim \left(\begin{array}{ccc|ccc} 2 & 0 & -1 & 0 & 0 & 1 \\ 0 & 1 & 0 & 1 & 0 & 0 \\ 0 & 0 & 2 & 1 & 1 & -2 \end{array}\right) \begin{array}{l} |\cdot 2 \\ \uparrow \\ \end{array}$$

$$\sim \left(\begin{array}{ccc|ccc} 4 & 0 & 0 & 1 & 1 & 0 \\ 0 & 1 & 0 & 1 & 0 & 0 \\ 0 & 0 & 2 & 1 & 1 & -2 \end{array}\right) \Rightarrow (\mathbf{A}_2 + 2\mathbf{E})^{-1} = \frac{1}{4}\begin{pmatrix} 1 & 1 & 0 \\ 4 & 0 & 0 \\ 2 & 2 & -4 \end{pmatrix}$$

• $\mathbf{X} = ?$

$$\mathbf{X} = -2 \cdot \frac{1}{4} \cdot \begin{pmatrix} 1 & 1 & 0 \\ 4 & 0 & 0 \\ 2 & 2 & -4 \end{pmatrix} \cdot \begin{pmatrix} -2 & 1 & -1 \\ 2 & -3 & -1 \\ 2 & 1 & 7 \end{pmatrix} = -\frac{1}{2} \cdot \begin{pmatrix} 0 & -2 & -2 \\ -8 & 4 & -4 \\ -8 & -8 & -32 \end{pmatrix}$$

<u>Ergebnis:</u> $\mathbf{X} = \begin{pmatrix} 0 & 1 & 1 \\ 4 & -2 & 2 \\ 4 & 4 & 16 \end{pmatrix}$

d) Gesucht: Das relative Minimum der Funktion f: $f(t) = \mathbf{b}_t{}^T \cdot \begin{pmatrix} t \\ -1 \\ -2t \end{pmatrix}$; $t \in \mathbb{R}$

Lösung:

$$f(t) = \mathbf{b}_t{}^T \cdot \begin{pmatrix} t \\ -1 \\ -2t \end{pmatrix}$$

$$= (4\,;-18\,;t^2 - 10t + 19) \cdot \begin{pmatrix} t \\ -1 \\ -2t \end{pmatrix}$$

$$= 4t + 18 - 2t^3 + 20t^2 - 38t$$

$$\Rightarrow f(t) = -2t^3 + 20t^2 - 34t + 18 \;;t \in \mathbb{R}$$

$$f'(t) = -6t^2 + 40t - 34$$

$$f''(t) = -12t + 40$$

Extrema $\left(f'(t_1) = 0; f''(t_1) \neq 0\right)$

$$0 = -6t^2 + 40t - 34 \qquad |:(-6)$$

$$0 = t^2 - \frac{20}{3}t + \frac{17}{3}$$

$$t_{1,2} = \frac{10}{3} \pm \sqrt{\frac{100}{9} - \frac{17}{3}} = \frac{10}{3} \pm \frac{7}{3}$$

$t_1 = 1;$ $\quad f''(1) = +28 > 0 \quad \Rightarrow$ rel. Minimum

$t_2 = \frac{17}{3};$ $\quad f''\left(\frac{17}{3}\right) = -28 < 0 \quad \Rightarrow$ rel. Maximum

<u>Ergebnis:</u> Das relative Minimum liegt bei t = 1; es ist f(1) = 2.

Berufliche Gymnasien Baden-Württemberg
Grundkurs Mathematik – Abiturprüfung 1997
Gruppe I Analysis – Aufgabe 1

a) Eine Parabel 4. Ordnung ist symmetrisch zur y-Achse und hat an der Stelle $x = 1$ einen Wendepunkt mit der Wendetangente t: $y = 2x - 2$.
Bestimmen Sie die Gleichung dieser Parabel. (6 Korrekturpunkte)

Gegeben ist die Funktion f durch

$$f(x) = -\frac{1}{4}x^4 + \frac{3}{2}x^2 - \frac{5}{4}; \quad x \in R.$$

Das Schaubild von f ist K.

b) Untersuchen Sie K auf Symmetrie, Achsenschnittpunkte, Extrem- und Wendepunkte.
Geben Sie die Gleichungen der Wendetangenten an.
Zeichnen Sie K und die Wendetangenten für $-3 \le x \le +3$ mit 1 LE = 1 cm.
(12 Korrekturpunkte)

c) In welchem Punkt schneidet die Wendetangente mit negativer Steigung die Kurve K ein weiteres Mal?
Berechnen Sie den Inhalt der Fläche, die von dieser Tangente und K eingeschlossen wird.
(6 Korrekturpunkte)

d) Zeichnen Sie die Tangente an K im Tiefpunkt T in das obige Koordinatensystem ein.
Die Gerade mit der Gleichung $x = u$ mit $0 \le u \le \sqrt{6}$ schneidet diese Tangente im Punkt A und das Schaubild K im Punkt B. Für welchen Wert von u wird der Flächeninhalt des Dreiecks TAB maximal?
(6 Korrekturpunkte)

Lösung

a) Aufstellen einer Funktionsgleichung

- Ansatz: $f(x) = ax^4 + bx^3 + cx^2 + dx + e$

  Ableitungen: $f'(x) = 4ax^3 + 3bx^2 + 2cx + d$

  $f''(x) = 12ax^2 + 6bx + 2c$

- Bedingungen

  1. Symmetrie zur y-Achse

     $\Rightarrow \quad b = d = 0$

     $\Rightarrow \quad f(x) = ax^4 + cx^2 + e$

     $f'(x) = 4ax^3 + 2cx$

     $f''(x) = 12ax^2 + 2c$

  2. y-Wert des Wendepunktes (aus Tangentengleichung)

     $y_w = 2 \cdot 1 - 2 = 0$

     $\Rightarrow \quad f(1) = 0$

  3. Wendestelle x = 1

     $\Rightarrow \quad f''(1) = 0$

  4. Steigung der Wendetangente = Steigung von f im Wendepunkt = 2

     $\Rightarrow \quad f'(1) = 2$

- Zusammenstellung

  1) $f(1) = 0 \quad \Leftrightarrow \quad a + c + e = 0$

  2) $f''(1) = 0 \quad \Leftrightarrow \quad 12a + 2c = 0$

  3) $f'(1) = 2 \quad \Leftrightarrow \quad 4a + 2c = 2$

  aus 3) $\Rightarrow \quad c = 1 - 2a$

  in 2) $\Rightarrow 12a + 2(1 - 2a) = 0$

  $$12a + 2 - 4a = 0$$

  $$8a = -2$$

  $$a = -\frac{1}{4}$$

  $$\Rightarrow \quad c = 1 - 2 \cdot \left(-\frac{1}{4}\right)$$

  $$c = \frac{3}{2}$$

  in 1) $\quad -\frac{1}{4} + \frac{3}{2} + e = 0$

  $$e = -\frac{5}{4}$$

$\Rightarrow$ die gesuchte Funktionsgleichung lautet

$$f(x) = -\frac{1}{4}x^4 + \frac{3}{2}x^2 - \frac{5}{4}$$

b) Kurvendiskussion

$$f(x) = -\frac{1}{4}x^4 + \frac{3}{2}x^2 - \frac{5}{4}$$

- Ableitungen

$$f'(x) = -x^3 + 3x$$
$$f''(x) = -3x^2 + 3$$
$$f'''(x) = -6x$$

- Symmetrie

Schaubild symmetrisch zur y-Achse,

da $f(x) = f(-x)$, also $-\frac{1}{4}x^4 + \frac{3}{2}x^2 - \frac{5}{4} = -\frac{1}{4}(-x)^4 + \frac{3}{2}(-x)^2 - \frac{5}{4}$

oder

da nur gerade Hochzahlen vorkommen.

- Achsenschnittpunkte

Schnitt mit x-Achse, $f(x) = 0$

$$-\frac{1}{4}x^4 + \frac{3}{2}x^2 - \frac{5}{4} = 0 \quad |\cdot(-4)$$
$$x^4 - 6x^2 + 5 = 0$$

Substitution: $u = x^2$

$$\Rightarrow \quad u^2 - 6u + 5 = 0$$
$$u_{1/2} = 3 \pm 2$$
$$u_1 = 5$$
$$u_2 = 1$$

einsetzen in $u = x^2$

$$\Rightarrow \quad x^2 = 5$$
$$x_{1/2} = \pm\sqrt{5}$$
$$x^2 = 1$$
$$x_{3/4} = \pm 1$$

$\Rightarrow$ $N_1(1|0)$, $N_2(-1|0)$
$N_3(\sqrt{5}|0)$, $N_4(-\sqrt{5}|0)$

Schnitt mit y-Achse, $x = 0$

$\Rightarrow \quad f(0) = -\frac{5}{4}$

$\Rightarrow \quad S_y\left(0 \middle| -\frac{5}{4}\right)$

- Extrempunkte, $\quad f'(x) = 0, \quad f''(x) \gtrless 0$

$$-x^3 + 3x = 0$$
$$-x(x^2 - 3) = 0$$
$$x_1 = 0$$
$$x_{2/3} = \pm\sqrt{3}$$
$$f(0) = -\frac{5}{4}$$
$$f''(0) = 3 > 0 \qquad \Rightarrow \quad T\left(0 \middle| -\frac{5}{4}\right)$$
$$f(\sqrt{3}) = -\frac{1}{4}\cdot(\sqrt{3})^4 + \frac{3}{2}(\sqrt{3})^2 - \frac{5}{4}$$
$$= -\frac{1}{4}\cdot 9 - \frac{3}{2}\cdot 3 - \frac{5}{4}$$
$$= 1$$
$$f''(\sqrt{3}) = -3(\sqrt{3})^2 + 3$$
$$= -6 < 0 \qquad \Rightarrow \quad H_1(\sqrt{3} \mid 1)$$

wegen Symmetrie zur y-Achse $\quad \Rightarrow \quad H_2(-\sqrt{3} \mid 1)$

- Wendepunkte, $\quad f''(x) = 0, \quad f'''(x) \neq 0$

$$-3x^2 + 3 = 0$$
$$-3(x^2 - 1) = 0$$
$$x_{1/2} = \pm 1 \qquad \text{(siehe Schnittpunkte mit der x-Achse)}$$
$$f'''(1) = -6 \neq 0 \qquad \Rightarrow \quad W_1(1 \mid 0)$$
$$f'''(1) = 6 \quad \neq 0 \qquad \Rightarrow \quad W_2(-1 \mid 0)$$

- Wendetangenten (= Tangenten in den Wendepunkten)

$W_1(1 \mid 0)$

Steigung in W_1:

$f'(1) = -1 + 3 = 2$

Punkt-Steigungsform:

$$\frac{y-y_1}{x-x_1}=m \quad \Rightarrow \quad \frac{y-0}{x-1}=2$$

$$\Leftrightarrow \quad t_1: \ y=2x-2$$

Entsprechende Rechnung für W_2 oder wegen Symmetrie zur y-Achse

$$\Rightarrow \quad t_2: \ y=-2x-2$$

- Schaubild

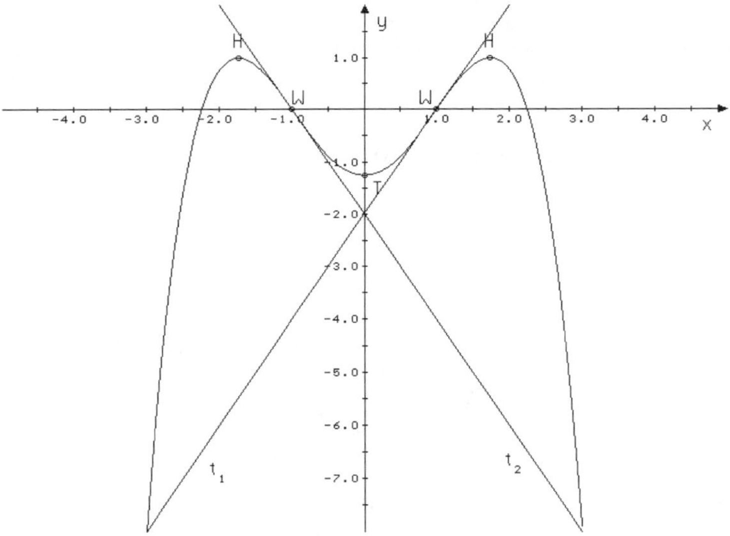

c) Schnittpunkte von Wendetangente mit Kurve K

Wendetangente t_2: $\quad y=-2x-2$

Kurvengleichung: $\quad f(x)=-\frac{1}{4}x^4+\frac{3}{2}x^2-\frac{5}{4}$

Gleichsetzen: $\quad -2x-2=-\frac{1}{4}x^4+\frac{3}{2}x^2-\frac{5}{4} \quad | \cdot 4$

$$x^4-6x^2-8x-3=0$$

Eine (dreifache) Lösung dieser Gleichung ist bekannt, nämlich $x=-1$ (x-Wert des dazugehörigen Wendepunkts).

$\Rightarrow$ HORNER-Schema (oder 3-malige Polynomdivision durch $(x+1)$)

• Horner

	1	0	−6	−8	−3
x = −1		−1	1	5	3
	1	−1	−5	−3	0
x = −1		−1	2	3	
	1	−2	−3	0	
x = −1		−1	3		
	1	−3	0		

$\Rightarrow \quad x^4 - 6x^2 - 8x - 3 = (x+1)^3 \cdot (1 \cdot x - 3) = 0$

$\Rightarrow \quad x_{1/2/3} = -1, \quad x_4 = 3$

$\Rightarrow \quad x_4$ in t_2 einsetzen $\Rightarrow \quad y = -8$

$\Rightarrow$ Weiterer Schnittpunkt heißt $P(3 \mid -8)$

• Flächenberechnung

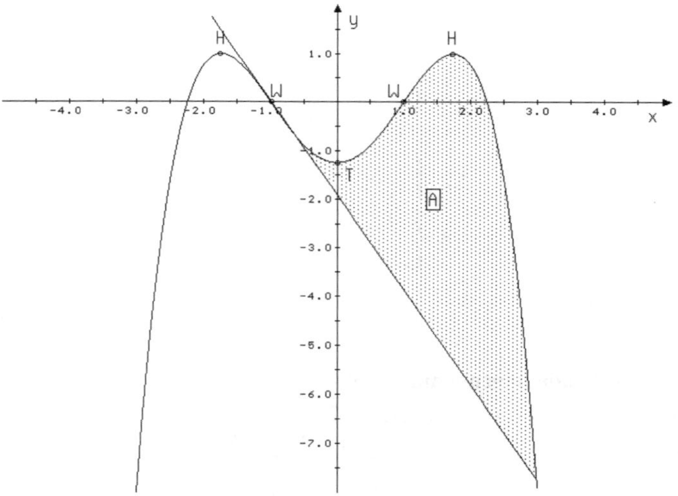

$$
\begin{aligned}
A &= \int_{-1}^{3}(f(x)-t_2)\,dx \\
&= \int_{-1}^{3}\left(-\frac{1}{4}x^4+\frac{3}{2}x^2-\frac{5}{4}-(-2x-2)\right)dx \\
&= \left[-\frac{1}{20}x^5+\frac{1}{2}x^3-\frac{5}{4}x+x^2+2x\right]_{-1}^{3} \\
&= \left[-\frac{1}{20}x^5+\frac{1}{2}x^3+x^2+\frac{3}{4}x\right]_{-1}^{3} \\
&= \left(-\frac{1}{20}\cdot 3^5+\frac{1}{2}\cdot 27+9+\frac{3}{4}\cdot 3\right)-\left(\frac{1}{20}-\frac{1}{2}+1-\frac{3}{4}\right) \\
&= -\frac{243}{20}+\frac{27}{2}+9+\frac{9}{4}-\frac{1}{20}+\frac{1}{2}-1+\frac{3}{4} \\
&= \frac{-243+270+180+45-1+10-20+15}{20} \\
&= \frac{256}{20}=\frac{128}{10}=\frac{64}{5}=12{,}8\text{ FE}
\end{aligned}
$$

gesuchter Flächeninhalt: $\underline{\underline{A=12{,}8\text{ FE}}}$

d) Extremwertaufgabe

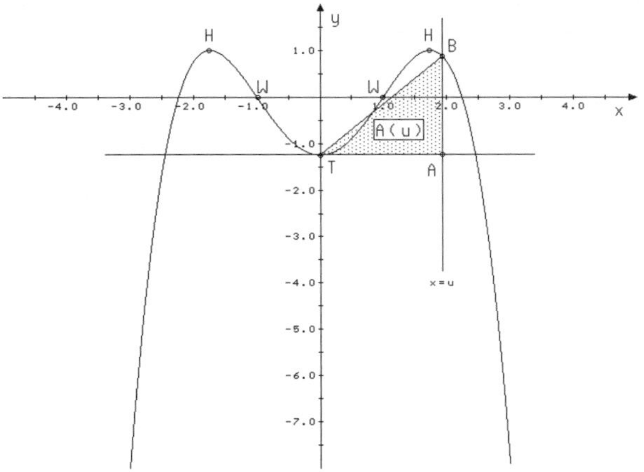

gesucht: maximale Fläche eines Dreiecks

Fläche eines Dreiecks: $A=\frac{1}{2}g\cdot h$

hier gilt: $g=u$

$h=y_B-y_A=f(u)-\left(-\frac{5}{4}\right)$

$$\Rightarrow \quad A(u) = \frac{1}{2} \cdot u \cdot \left(f(u) + \frac{5}{4} \right)$$
$$= \frac{1}{2} u \cdot \left(-\frac{1}{4} u^4 + \frac{3}{2} u^2 - \frac{5}{4} + \frac{5}{4} \right)$$
$$= -\frac{1}{8} u^5 + \frac{3}{4} u^3, \quad D_A = [0, \sqrt{6}]$$
$$A'(u) = -\frac{5}{8} u^4 + \frac{9}{4} u^2$$
$$A''(u) = -\frac{5}{2} u^3 + \frac{9}{2} u$$

Extremwert: $A'(u) = 0$

$$-\frac{5}{8} u^4 + \frac{9}{4} u^2 = 0$$
$$u^2 \left(-\frac{5}{8} u^4 + \frac{9}{4} \right) = 0$$
$$u_{1/2} = 0$$
$$\frac{5}{8} u^2 = \frac{9}{4}$$
$$u^2 = \frac{18}{5} = 3{,}6$$
$$u_{3/4} = \pm \sqrt{\frac{18}{5}}$$

$A''(0) = 0$, keine Aussage möglich

$$A''\left(\sqrt{\frac{18}{5}} \right) = -\frac{5}{2} \left(\sqrt{\frac{18}{5}} \right)^3 + \frac{9}{2} \sqrt{\frac{18}{5}} \approx -8{,}5 < 0$$

$\Rightarrow$ rel. Maximum für $u = \sqrt{\frac{18}{5}}$

- Randwerte

  $u = 0$ und $u = \sqrt{6}$

$$\Rightarrow \quad A(0) = 0$$
$$A(\sqrt{6}) = -\frac{1}{8} \cdot 6 \cdot 6 \cdot \sqrt{6} + \frac{3}{4} 6\sqrt{6}$$
$$= -4{,}5\sqrt{6} + 4{,}5\sqrt{6} = 0$$
$$A\left(\sqrt{\frac{18}{5}} \right) = -\frac{1}{8} \cdot \frac{18}{5} \cdot \frac{18}{5} \cdot \sqrt{\frac{18}{5}} + \frac{3}{4} \cdot \frac{18}{5} \cdot \sqrt{\frac{18}{5}}$$
$$= \frac{27}{25} \sqrt{\frac{18}{5}}$$
$$A\left(\sqrt{\frac{18}{5}} \right) > A(0) \quad \text{und} \quad A\left(\sqrt{\frac{18}{5}} \right) > A(\sqrt{6})$$

$\Rightarrow$ absolutes Maximum für $u = \sqrt{\frac{18}{5}}$

Berufliche Gymnasien Baden-Württemberg
Grundkurs Mathematik – Abiturprüfung 1997
Gruppe I Analysis – Aufgabe 2

Gegeben ist die Funktion f durch

$$f(x) = 2(\ln x)^2; \quad x \in \mathbb{R}_+^*.$$

K ist das Schaubild von f.

a) Zeigen Sie, daß gilt:

$$f''(x) = \frac{4}{x^2}(1 - \ln x).$$

(4 Korrekturpunkte)

b) Untersuchen Sie K auf gemeinsame Punkte mit der x-Achse, Extrem- und Wendepunkte.

Zeichnen Sie K im Intervall $\left[\frac{1}{4}; 9\right]$ (1 LE = 1 cm). (8 Korrekturpunkte)

c) Zeigen Sie, daß F mit

$$F(x) = 2x \cdot (\ln x)^2 - 4x \cdot \ln x + 4x; \quad x \in \mathbb{R}_+^*.$$

(3 Korrekturpunkte)

eine Stammfunktion von f ist.

d) Gegeben ist die Funktion g durch

$$g(x) = 4 \ln x; \quad x \in \mathbb{R}_+^*.$$

G ist das Schaubild von g.

Zeichnen Sie G im Intervall $\left[\frac{1}{2}; 9\right]$ in das Achsenkreuz von Teilaufgabe b) ein.

Berechnen Sie den Inhalt der Fläche, die von G und K im 1. Quadranten eingeschlossen wird.

(8 Korrekturpunkte)

e) Für welches u mit $1 \leq u \leq e^2$ wird der Flächeninhalt des Dreiecks OAB mit $O(0 \mid 0)$, $A(u \mid f(u))$ und $B(u \mid g(u))$ am größten?
Bestimmen Sie den maximalen Flächeninhalt. (7 Korrekturpunkte)

Lösung

a) Ableitungen

$$f(x) = 2(\ln x)^2$$

$$f'(x) = 2 \cdot 2 \cdot (\ln x) \cdot \frac{1}{x}$$

$$= \frac{4}{x} \cdot \ln x$$

$$f''(x) = \frac{4}{x} \cdot \frac{1}{x} + \left(-\frac{4}{x^2} \cdot \ln x \right)$$

$$= \frac{4}{x^2}(1 - \ln x) \qquad \text{q.e.d.}$$

b) Kurvendiskussion

- Gemeinsame Punkte mit der x-Achse, $f(x) = 0$

$$2(\ln x)^2 = 0$$

$$\ln x = 0$$

$x_{1/2} = 1$ (doppelte Nullstelle, also Extrempunkt)

$\Rightarrow \quad N_{1/2}(1 \mid 0)$

- Extrempunkte, $f'(x) = 0, \quad f''(x) \gtrless 0$

$$\frac{4}{x} \cdot \ln x = 0$$

$$\ln x = 0$$

$$x = 1$$

$f(1) = 0$ (siehe Nullstelle)

$f''(1) = 4(1 - 0) = 4 > 0 \quad \Rightarrow \quad T(1 \mid 0)$

- Wendepunkte $f''(x) = 0, \quad f'''(x) \neq 0$ oder VZW von $f''(x)$

$$\frac{4}{x^2}(1 - \ln x) = 0$$

$$\ln x = 1$$

$x = e$ (einfache Nullstelle von $f''(x)$)

$f(e) = 2\,(\ln e)^2 = 2 \cdot 1 = 2$

Da $x = e$ einfache Nullstelle von $f''(x)$ ist, liegt an dieser Stelle ein VZW von $f''(x)$ vor.

$\Rightarrow$ Wendestelle

$\Rightarrow \quad W(e \mid 2)$

- Schaubild

  zusätzliche Wertetabelle

x	0,25	1	2	3	4	5	6	7	8	9
y	3,84	0	0,96	2,41	3,84	5,18	6,42	7,57	8,65	9,66

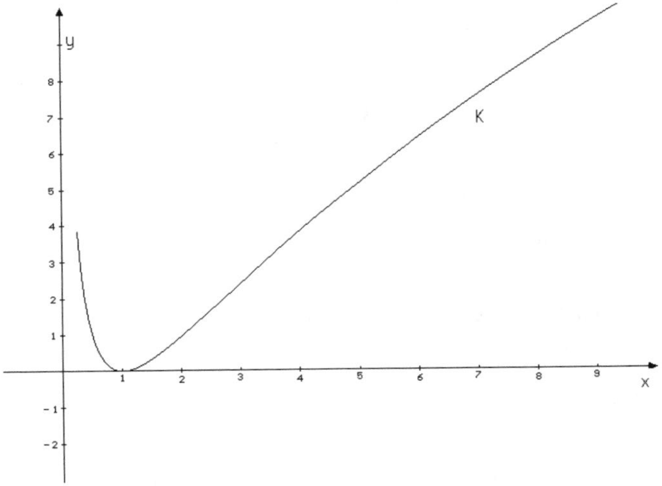

c) Stammfunktion

1. Möglichkeit: $F'(x) = f(x)$

2. Möglichkeit: $\int f(x)dx = F(x) + c$

Rechnung nach der 1. Möglichkeit:

$$F(x) = 2x(\ln x)^2 - 4x\ln x + 4x$$

$$F'(x) = 2(\ln x)^2 + \left(2x \cdot 2\ln x \cdot \frac{1}{x}\right) - \left(4 \cdot \ln x + 4x \cdot \frac{1}{x}\right) + 4$$

$$= 2(\ln x)^2 + 4\ln x - 4\ln x - 4 + 4$$

$$= 2(\ln x)^2 \qquad \text{q.e.d.}$$

2. Möglichkeit (nicht verlangt):

$\int 2(\ln x)^2\,dx$ (Produktintegration)

$= 2\int \ln x \cdot \ln x\,dx$

Nebenrechnung (oder siehe Formelsammlung):

$$\int \ln x\,dx = \int \underset{v'}{1} \cdot \underset{u}{\ln x}\,dx$$

$$u = \ln x \quad v' = 1$$
$$u' = \frac{1}{x} \qquad v = x$$

$$\Rightarrow \quad \int 1 \cdot \ln x \, dx = x \ln x - \int \frac{1}{x} \cdot x \, dx$$
$$= x \ln x - \int 1 \, dx$$
$$= x \ln x - x$$

$$\Rightarrow \quad \int \underset{\substack{\downarrow \\ u}}{\ln x} \cdot \underset{\substack{\downarrow \\ v'}}{\ln x} \, dx \qquad u = \ln x \quad v' = \ln x$$
$$u' = \frac{1}{x} \qquad v = x \cdot \ln x - x$$

$$= \ln x (x \ln x - x) - \int \frac{1}{x}(x \ln x - x) \, dx$$
$$= x(\ln x)^2 - x \ln x - \int (\ln x - 1) \, dx$$
$$= x(\ln x)^2 - x \ln x - (x \ln x - x) + x + c$$
$$= x(\ln x)^2 - 2x \ln x + 2x + c$$

$$\Rightarrow \quad 2\int (\ln x)^2 \, dx = 2x(\ln x)^2 - 4x \ln x + 4x + c \qquad \text{q.e.d.}$$

d) Flächenberechnung

Wertetafel für G

x	$\frac{1}{2}$	1	2	3	4	5	6	7	8	9
y	–2,77	0	2,77	4,39	5,55	6,44	7,17	7,78	8,32	8,79

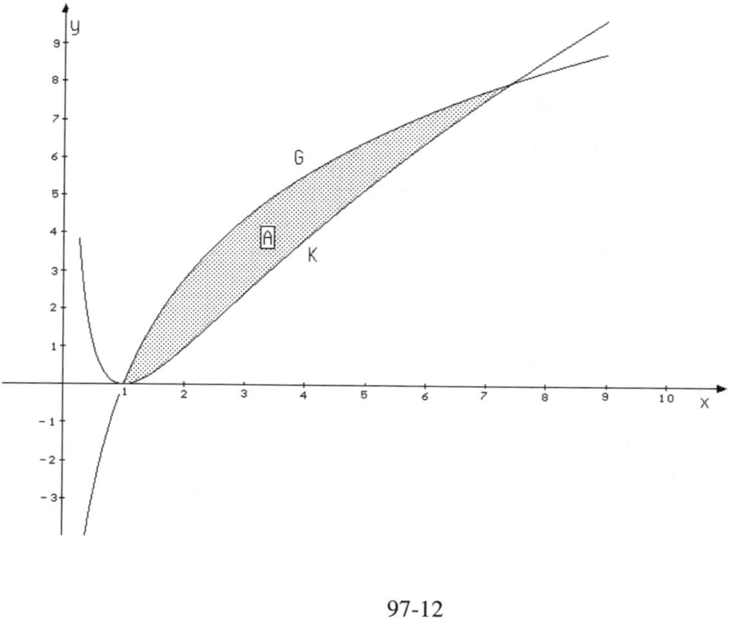

- Schnittpunkte von K und G

$$2(\ln x)^2 = 4\ln x$$
$$2(\ln x)^2 - 4\ln x = 0$$
$$\ln x(2\ln x - 4) = 0$$

1. $\ln x = 0$
   $x_1 = 1$ (y-Wert unnötig)
2. $2\ln x = 4$
   $\ln x = 2$
   $x_2 = e^2$ (y-Wert unnötig)

$$\Rightarrow \quad A = \int_1^{e^2} (4\ln x - 2(\ln x)^2)dx$$
$$= [4(x\ln x - x) - (2x(\ln x)^2 - 4x\ln x + 4x)]_1^{e^2}$$
$$= [4x\ln x - 4x - 2x(\ln x)^2 + 4x\ln x - 4x]_1^{e^2}$$
$$= [8x\ln x - 8x - 2x(\ln x)^2]_1^{e^2}$$
$$= 8e^2 \cdot 2 - 8e^2 - 2e^2(2)^2 - (8\cdot 0 - 8 - 2\cdot 0)$$
$$= 16e^2 - 8e^2 - 8e^2 + 8$$
$$= 8$$

gesuchte Fläche: $\underline{\underline{A = 8 \text{ FE}}}$

e) Extremwertaufgabe

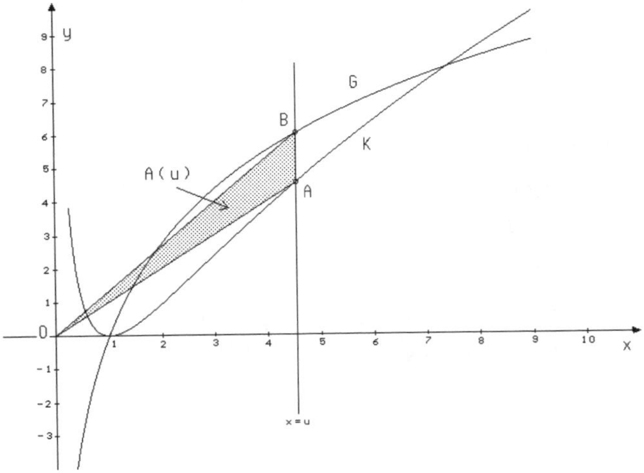

Fläche eines Dreiecks: $A = \frac{1}{2} \cdot c \cdot h_c$

$$\text{mit} \quad c = g(u) - f(u)$$
$$h_c = u$$

$$\Rightarrow \quad A(u) = \frac{1}{2} u \cdot (4 \ln u - 2(\ln u)^2)$$
$$= u(2 \ln u - 2(\ln u)^2), \quad D_A = [1, e^2]$$
$$A'(u) = 2 \ln u - (\ln u)^2 + u\left(2 \cdot \frac{1}{u} - 2(\ln u) \cdot \frac{1}{u}\right)$$
$$= 2 \ln u - (\ln u)^2 + 2 - 2 \ln u$$
$$= 2 - (\ln u)^2$$
$$A''(u) = -2(\ln u) \cdot \frac{1}{u}$$

- Extremstelle, $A'(u) = 0$

$$2 - (\ln u)^2 = 0$$
$$(\ln u)^2 = 2$$
$$\ln u = \pm\sqrt{2}$$
$$u_1 = e^{\sqrt{2}}$$
$$u_2 = e^{-\sqrt{2}} \notin D_A$$
$$A''(e^{\sqrt{2}}) = -2 \cdot \ln(e^{\sqrt{2}}) \ \frac{1}{e^{\sqrt{2}}} < 0 \ \Rightarrow \ \text{relatives Maximum}$$

- Randwerte

$$u_1 = 1, \quad u_2 = e^2$$
$$\Rightarrow \quad A(1) = 1(2 \cdot 0 - 0) = 0$$
$$A(e^2) = e^2(2 \cdot 2 - (2)^2) = 0$$
$$A(e^{\sqrt{2}}) = e^{\sqrt{2}}(2 \cdot \sqrt{2} - (\sqrt{2})^2)$$
$$= e^{\sqrt{2}}(2\sqrt{2} - 2) \approx 3{,}41$$

Ergebnis: Für $u = e^{\sqrt{2}}$ wird die Fläche des Dreiecks am größten.
Die maximale Fläche beträgt $A = e\sqrt{2}(2\sqrt{2} - 2)$ FE $\approx 3{,}41$ FE.

Berufliche Gymnasien Baden-Württemberg
Grundkurs Mathematik – Abiturprüfung 1997
Gruppe II Matrizen – Aufgabe 1

Gegeben sind die Matrizen $\mathbf{A}_t$, $\mathbf{B}_s$ und der Vektor $\mathbf{c}$ durch

$$\mathbf{A}_t = \begin{pmatrix} 1 & -2 & 2 \\ t & -3 & 6 \\ -1 & t+1 & 0 \end{pmatrix}, \quad \mathbf{B}_s = \begin{pmatrix} 0 & s & 4 \\ 4 & 6 & 0 \\ -1 & -4 & 2 \end{pmatrix} \quad \text{und} \quad \mathbf{c} = \begin{pmatrix} 1 \\ 6 \\ 3 \end{pmatrix}; \quad s, t \in \mathbb{R}.$$

a) Bestimmen Sie den Lösungsvektor des Gleichungssystems

$$\mathbf{A}_1 \cdot \mathbf{x} = \mathbf{c}.$$

(2 Korrekturpunkte)

b) Für welche Werte von t hat das lineare Gleichungssystem

$$\mathbf{A}_t \cdot \mathbf{x} = \mathbf{c}$$

- unendlich viele Lösungen
- keine Lösung
- genau eine Lösung?

(9 Korrekturpunkte)

c) Bestimmen sie t so, daß gilt:

$$\mathbf{A}_t \cdot \begin{pmatrix} x_1 \\ x_2 \\ x_3 \end{pmatrix} = \mathbf{c} \quad \text{und} \quad x_1 = x_2 = x_3.$$

(4 Korrekturpunkte)

d) Gegeben ist die Matrizengleichung

$$(\mathbf{A}_1 \cdot \mathbf{X}^T)^T - 3 \cdot \mathbf{E} = \mathbf{A}_2 - \mathbf{X} \cdot \mathbf{B}_1.$$

Zeigen Sie durch Umformungen, daß gilt:

$$\mathbf{X} = (\mathbf{A}_2 + 3 \cdot \mathbf{E}) \cdot (\mathbf{A}_1{}^T + \mathbf{B}_1)^{-1}.$$

Berechnen Sie **X**.

(11 Korrekturpunkte)

e) Berechnen Sie s so, daß gilt: $\text{Rg}(\mathbf{B}_s) = 2$. (4 Korrekturpunkte)

Lösung

Gegeben: $\mathbf{A}_t = \begin{pmatrix} 1 & -2 & 2 \\ t & -3 & 6 \\ -1 & t+1 & 0 \end{pmatrix}$; $\mathbf{B}_s = \begin{pmatrix} 0 & s & 4 \\ 4 & 6 & 0 \\ -1 & -4 & 2 \end{pmatrix}$; $\mathbf{c} = \begin{pmatrix} 1 \\ 6 \\ 3 \end{pmatrix}$; $s, t \in \mathbb{R}$

a) Lösung zu $\mathbf{A}_1 \cdot \mathbf{x} = \mathbf{c}$

$$\left(\begin{array}{ccc|c} 1 & -2 & 2 & 1 \\ 1 & -3 & 6 & 6 \\ -1 & 2 & 0 & 3 \end{array}\right) \quad |\cdot(-1) \quad |$$

$$\left(\begin{array}{ccc|c} 1 & -2 & 2 & 1 \\ 0 & -1 & 4 & 5 \\ 0 & 0 & 2 & 4 \end{array}\right) \quad |\cdot(-2) \quad |\cdot(-1) \quad |:2$$

$$\left(\begin{array}{ccc|c} 1 & -2 & 0 & -3 \\ 0 & -1 & 0 & -3 \\ 0 & 0 & 1 & 2 \end{array}\right) \quad |\cdot(-2) \quad |\cdot(-1)$$

$$\left(\begin{array}{ccc|c} 1 & 0 & 0 & 3 \\ 0 & 1 & 0 & 3 \\ 0 & 0 & 1 & 2 \end{array}\right) \quad \Rightarrow \quad \mathbf{x}_1 = \begin{pmatrix} 3 \\ 3 \\ 2 \end{pmatrix}$$

b) Lösbarkeit von $\mathbf{A}_t \cdot \mathbf{x} = \mathbf{c}$

$$\left(\begin{array}{ccc|c} 1 & -2 & 2 & 1 \\ t & -3 & 6 & 6 \\ -1 & t+1 & 0 & 3 \end{array}\right) \quad |\cdot(-t) \quad |$$

$$\left(\begin{array}{ccc|c} 1 & -2 & 2 & 1 \\ 0 & 2t-3 & -2t+6 & -t+6 \\ 0 & t-1 & 2 & 4 \end{array}\right) \quad \begin{array}{l} \\ |\cdot(-t+1) \\ |\cdot(2t-3) \end{array}$$

Fallunterscheidung:

1. $t = \frac{3}{2}$: $\left(\begin{array}{ccc|c} 1 & -2 & 2 & 1 \\ 0 & 0 & 3 & \frac{9}{2} \\ 0 & \frac{1}{2} & 2 & 4 \end{array}\right)$

$$\left.\begin{array}{r} \operatorname{rg}(\mathbf{A}_{\frac{3}{2}}) = 3 \\ \operatorname{rg}(\mathbf{A}_{\frac{3}{2}} \mid \mathbf{c}) = 3 \end{array}\right\} \text{Das LGS ist für } t = \frac{3}{2} \text{ eindeutig lösbar.}$$

2. $t \neq \frac{3}{2}$: $\left(\begin{array}{ccc|c} 1 & -2 & 2 & 1 \\ 0 & 2t-3 & -2t+6 & -t+6 \\ 0 & 0 & 2t^2-4t & t^2+t-6 \end{array}\right)$

$$\left(\begin{array}{ccc|c} 1 & -2 & 2 & 1 \\ 0 & 2t-3 & -2t+6 & -t+6 \\ 0 & 0 & 2\cdot t(t-2) & (t+3)(t-2) \end{array}\right)$$

t	rg ($\mathbf{A}_t$)	rg ($\mathbf{A}_t \mid \mathbf{c}$)	Lösbarkeit
0	2	3	unlösbar
2	2	2	unendlich viele Lösungen
$\frac{3}{2}$	3	3	eindeutig lösbar (vgl. 1. Fall)
sonst	3	3	eindeutig lösbar

c) Gesucht: Parameter t so, daß $\mathbf{A}_t \cdot \mathbf{x} = \mathbf{c}$ und $x_1 = x_2 = x_3 = x$

Lösung: $\mathbf{x} = \begin{pmatrix} x_1 \\ x_2 \\ x_3 \end{pmatrix} = \begin{pmatrix} x \\ x \\ x \end{pmatrix} = x \cdot \begin{pmatrix} 1 \\ 1 \\ 1 \end{pmatrix} = \begin{pmatrix} 1 \\ 1 \\ 1 \end{pmatrix} \cdot x$

$$\mathbf{A}_t \cdot \mathbf{x} = \begin{pmatrix} 1 & -2 & 2 \\ t & -3 & 6 \\ -1 & t+1 & 0 \end{pmatrix} \cdot \begin{pmatrix} 1 \\ 1 \\ 1 \end{pmatrix} \cdot x = \begin{pmatrix} 1 \\ t+3 \\ t \end{pmatrix} \cdot x = \begin{pmatrix} 1 \\ 6 \\ 3 \end{pmatrix}$$

1. Zeile: $x = 1$
2. Zeile: $(t+3) \cdot x = 6$
3. Zeile: $t \cdot x = 3 \Rightarrow t \cdot 1 = 3 \Rightarrow t = 3$

Probe mit 2. Zeile: $(t+3) \cdot x \overset{?}{=} 6 \checkmark$

<u>Ergebnis</u>: $t = 3$ (und $\mathbf{x}^T = (1; 1; 1)$)

d) Lösung einer Matrizengleichung

- $(\mathbf{A}_1 \cdot \mathbf{X}^T)^T - 3 \cdot \mathbf{E} = \mathbf{A}_2 - \mathbf{X} \cdot \mathbf{B}_1$

$$\mathbf{X} \cdot \mathbf{A}_1^T + \mathbf{X} \cdot \mathbf{B}_1 = \mathbf{A}_2 + 3 \cdot \mathbf{E}$$
$$\mathbf{X} \cdot (\mathbf{A}_1^T + \mathbf{B}_1) = \mathbf{A}_2 + 3 \cdot \mathbf{E}$$
$$\mathbf{X} = (\mathbf{A}_2 + 3 \cdot \mathbf{E}) \cdot (\mathbf{A}_1^T + \mathbf{B}_1)^{-1}$$

- Rechnungen

$$\mathbf{A}_1^T + \mathbf{B}_1 = \begin{pmatrix} 1 & 1 & -1 \\ -2 & -3 & 2 \\ 2 & 6 & 0 \end{pmatrix} + \begin{pmatrix} 0 & 1 & 4 \\ 4 & 6 & 0 \\ -1 & -4 & 2 \end{pmatrix} = \begin{pmatrix} 1 & 2 & 3 \\ 2 & 3 & 2 \\ 1 & 2 & 2 \end{pmatrix}$$

$$(\mathbf{A}_1^{\mathrm{T}}+\mathbf{B}_1)^{-1}:\quad \left(\begin{array}{ccc|ccc}1&2&3&1&0&0\\2&3&2&0&1&0\\1&2&2&0&0&1\end{array}\right)\begin{array}{l}|\cdot(-2)\quad|\cdot(-1)\\ \longleftarrow\\ \longleftarrow\end{array}$$

$$\left(\begin{array}{ccc|ccc}1&2&3&1&0&0\\0&-1&-4&-2&1&0\\0&0&-1&-1&0&1\end{array}\right)\begin{array}{l}\longleftarrow\\ \longleftarrow\\ |\cdot(-4)\quad|\cdot 3\end{array}$$

$$\left(\begin{array}{ccc|ccc}1&2&0&-2&0&3\\0&-1&0&2&1&-4\\0&0&-1&-1&0&1\end{array}\right)\begin{array}{l}\leftarrow\\ |\cdot 2\\ \end{array}$$

$$\left(\begin{array}{ccc|ccc}1&0&0&2&2&-5\\0&-1&0&2&1&-4\\0&0&-1&-1&0&1\end{array}\right)\quad\Rightarrow\quad(\mathbf{A}_1^{\mathrm{T}}+\mathbf{B}_1)^{-1}=\begin{pmatrix}2&2&-5\\-2&-1&4\\1&0&-1\end{pmatrix}$$

$$\mathbf{A}_2+3\mathbf{E}=\begin{pmatrix}1&-2&2\\2&-3&6\\-1&3&0\end{pmatrix}+\begin{pmatrix}3&0&0\\0&3&0\\0&0&3\end{pmatrix}=\begin{pmatrix}4&-2&2\\2&0&6\\-1&3&3\end{pmatrix}$$

$$\mathbf{X}=(\mathbf{A}_2+3\mathbf{E})\cdot(\mathbf{A}_1^{\mathrm{T}}+\mathbf{B}_1)^{-1}=\begin{pmatrix}4&-2&2\\2&0&6\\-1&3&3\end{pmatrix}\cdot\begin{pmatrix}2&2&-5\\-2&-1&4\\1&0&-1\end{pmatrix}=\begin{pmatrix}14&10&-30\\10&4&-16\\-5&-5&14\end{pmatrix}$$

d) Rangbestimmung $(\mathrm{rg}(\mathbf{B}_s)\overset{!}{=}2)$

$$\mathbf{B}_s:\ \begin{array}{c}\rightarrow\\ \\ \rightarrow\end{array}\begin{pmatrix}0&s&4\\4&6&0\\-1&-4&2\end{pmatrix}\quad\begin{array}{l}\\ \leftarrow\\ |\cdot 4\end{array}$$

$$\begin{pmatrix}-1&-4&2\\0&-10&8\\0&s&4\end{pmatrix}\quad\begin{array}{l}\\ |\cdot s\\ |\cdot 10\leftarrow\end{array}$$

$$\begin{pmatrix}-1&-4&2\\0&-10&8\\0&0&8s+40\end{pmatrix}\quad\Rightarrow\quad \mathrm{rg}(\mathbf{B}_s)=2\ \text{ für }\ 8s+40=0\quad\Rightarrow\quad\underline{\underline{s=-5}}$$

Berufliche Gymnasien Baden-Württemberg
Grundkurs Mathematik – Abiturprüfung 1997
Gruppe II Matrizen – Aufgabe 2

Drei Werke der Elektronik-Branche sind nach dem Leontief-Modell miteinander verbunden. Beispielsweise werden die im Werk A hergestellten Steuerungselemente teilweise im Werk A selbst, wie auch vom Werk B zur Chip-Produktion und vom Werk C bei seiner Automatenherstellung benötigt. Außerdem beliefern die Werke den Markt. Die derzeitige Produktion in ME ist

Werk A: 650 Werk B: 800 Werk C: 600.

Die gegenseitige Verflechtung zeigt folgende Tabelle:

	Werk A	Werk B	Werk C	Marktabgabe
Werk A	u	160	120	240
Werk B	260	v	150	310
Werk C	260	160	w	0

Zur Produktion benötigen die Werke Strom und Wasser. Der Verbrauch zur Herstellung je einer ME beträgt:

	Werk A	Werk B	Werk C
Strom (kWh)	1,6	0,2	2,4
Wasser (m^3)	0,4	0,13	1,2

Die Versorgungsunternehmen berechnen für

1 kWh Strom: 0,15 DM

1 m^3 Wasser: 3,00 DM.

a) Berechnen Sie für die derzeitige Produktion die Gesamtkosten für Strom und Wasser.
(3 Korrekturpunkte)

b) Ermitteln Sie für die Verflechtungstabelle die Mengen u, v und w.
Bestimmen Sie die Inputmatrix **A**. (4 Korrekturpunkte)

c) Berechnen sie die Inverse von (**E** – **A**).

Kontrolle: $(\mathbf{E}-\mathbf{A})^{-1}=\frac{1}{30}\cdot\begin{pmatrix}58 & 18 & 23\\ 38 & 48 & 28\\ 44 & 24 & 64\end{pmatrix}$. (5 Korrekturpunkte)

d) Die Automaten des Werkes C werden jetzt auch am Markt nachgefragt. Werk C gibt deshalb 60 ME an den Markt ab; die Marktabgabe der Werke A und B ändert sich nicht. Um wieviel Prozent ändert sich die Produktion in den einzelnen Werken?
(5 Korrekturpunkte)

e) Eine Analyse des Produktionsprozesses zeigt, daß sich sowohl die Produktion der Werke A und B als auch der Stromverbrauch von Werk B in gewissen Grenzen variabel mit einer Anpassungsgröße a angeben lassen:

Produktion (ME): $x_1 = 900 - 125a$

$x_2 = 400a$

$x_3 = 600$

Strom- und Wasserverbrauch:

	Werk A	Werk B	Werk C
Strom (kWh)	1,6	0,2a – 0,2	2,4
Wasser (m^3)	0,4	0,13	1,2

Definieren Sie einen sinnvollen Zahlenbereich für die Größe a.
Berechnen Sie a so, daß die Gesamtkosten für Strom undWasser minimal werden.
Geben Sie den zugehörigen Produktions- und Marktabgabevektor an.

(13 Korrekturpunkte)

Lösung

Gegeben: Produktion $\mathbf{x} = \begin{pmatrix} 650 \\ 800 \\ 600 \end{pmatrix}$

Verflechtungstabelle

	A	B	C	Markt **y**	Produktion **x**
A	u	160	120	240	650
B	260	v	150	310	800
C	260	160	w	0	600

Verbrauch

	A	B	C
s	1,6	0,2	2,4
w	0,4	0,13	1,2

Kostenvektor $\mathbf{k}^T = (0{,}15;\quad 3)$

a) Gesucht: Gesamtkosten für Strom und Wasser

Lösung:

$$K_{ges} = (0{,}15;\quad 3) \cdot \begin{pmatrix} 1{,}6 & 0{,}2 & 2{,}4 \\ 0{,}4 & 0{,}13 & 1{,}2 \end{pmatrix} \cdot \begin{pmatrix} 650 \\ 800 \\ 600 \end{pmatrix}$$

$$= (1{,}44;\quad 0{,}42;\quad 3{,}96) \cdot \begin{pmatrix} 650 \\ 800 \\ 600 \end{pmatrix}$$

$$= 3648$$

b) Gesucht: u, v, w, **A**

Es ist

$$u = x_{11} = x_1 - y_1 - x_{12} - x_{13} = 650 - 240 - 160 - 120 = 130$$
$$v = x_{22} = x_2 - y_2 - x_{21} - x_{23} = 800 - 310 - 260 - 150 = 80$$
$$w = x_{33} = x_3 - y_3 - x_{31} - x_{32} = 600 - 0 - 260 - 160 = 180$$

Also:

	A	B	C	**y**	**x**
A	130	160	120	240	650
B	260	80	150	310	800
C	260	160	180	0	600
$\mathbf{x}^T$	650	800	600		
	0,2	0,2	0,2		
A	0,4	0,1	0,25		
	0,4	0,2	0,3		

Beachte: $a_{ij} = \dfrac{x_{ij}}{x_j}$

c) Gesucht: $(\mathbf{E}-\mathbf{A})^{-1}$

Lösung:

$$\left(\begin{array}{ccc|ccc} 0{,}8 & -0{,}2 & -0{,}2 & 1 & 0 & 0 \\ -0{,}4 & 0{,}9 & -0{,}25 & 0 & 1 & 0 \\ -0{,}4 & -0{,}2 & 0{,}7 & 0 & 0 & 1 \end{array}\right) \begin{array}{l} |\cdot 10 \\ |\cdot 20 \\ |\cdot 10 \end{array}$$

$$\left(\begin{array}{ccc|ccc} 8 & -2 & -2 & 10 & 0 & 0 \\ -8 & 18 & -5 & 0 & 20 & 0 \\ -4 & -2 & 7 & 0 & 0 & 10 \end{array}\right) \begin{array}{l} \leftarrow \\ \leftarrow \\ |\cdot(-2) \quad |\cdot 2 \end{array}$$

$$\left(\begin{array}{ccc|ccc} -4 & -2 & 7 & 0 & 0 & 10 \\ 0 & 22 & -19 & 0 & 20 & -20 \\ 0 & -6 & 12 & 10 & 0 & 20 \end{array}\right) \begin{array}{l} \\ |\cdot 3 \leftarrow \\ |\cdot 11 \end{array}$$

$$\left(\begin{array}{ccc|ccc} -4 & -2 & 7 & 0 & 0 & 10 \\ 0 & -6 & 12 & 10 & 0 & 20 \\ 0 & 0 & 75 & 110 & 60 & 160 \end{array}\right) \begin{array}{l} \\ |:(-2) \\ |:5 \end{array}$$

$$\left(\begin{array}{ccc|ccc} -4 & -2 & 7 & 0 & 0 & 10 \\ 0 & 3 & -6 & -5 & 0 & -10 \\ 0 & 0 & 15 & 22 & 12 & 32 \end{array}\right) \begin{array}{l} \qquad |\cdot(-15) \leftarrow \\ |\cdot 5 \leftarrow \\ |\cdot 2 \quad |\cdot 7 \end{array}$$

$$\left(\begin{array}{ccc|ccc} 60 & 30 & 0 & 154 & 84 & 74 \\ 0 & 15 & 0 & 19 & 24 & 14 \\ 0 & 0 & 15 & 22 & 12 & 32 \end{array}\right) \begin{array}{l} \leftarrow \\ |\cdot(-2) \\ \end{array}$$

$$\left(\begin{array}{ccc|ccc} 60 & 0 & 0 & 116 & 36 & 46 \\ 0 & 15 & 0 & 19 & 24 & 14 \\ 0 & 0 & 15 & 22 & 12 & 32 \end{array}\right) \begin{array}{l} |:2 \\ |\cdot 2 \\ |\cdot 2 \end{array}$$

$$\Rightarrow \quad (\mathbf{E}-\mathbf{A})^{-1} = \frac{1}{30}\begin{pmatrix} 58 & 18 & 23 \\ 38 & 48 & 28 \\ 44 & 24 & 64 \end{pmatrix}$$

d) Gegeben: Änderung des Marktes $\Delta\mathbf{y} = (0;\ 0;\ 60)^T$

Gesucht: Änderung der Produktion $\Delta\mathbf{x}$ in Prozent.

Lösung: 1. Möglichkeit

Wegen $(\mathbf{E}-\mathbf{A})\cdot\Delta\mathbf{x} = \Delta\mathbf{y}$ folgt

$$\Delta\mathbf{x} = (\mathbf{E}-\mathbf{A})^{-1}\cdot\Delta\mathbf{y} = \frac{1}{30}\begin{pmatrix} 58 & 18 & 23 \\ 38 & 48 & 28 \\ 44 & 24 & 64 \end{pmatrix}\cdot\begin{pmatrix} 0 \\ 0 \\ 60 \end{pmatrix} = \begin{pmatrix} 46 \\ 56 \\ 128 \end{pmatrix}$$

Damit gilt für die prozentualen Änderungen von $\mathbf{x}$:

x_1 ändert sich um $\frac{46}{650} \cdot 100 \approx 7{,}08\%$;

x_2 ändert sich um $\frac{56}{800} \cdot 100 = 7{,}00\%$;

x_3 ändert sich um $\frac{128}{600} \cdot 100 \approx 21{,}33\%$.

2. Möglichkeit (umständlich)

alter Marktvektor $\mathbf{y}_a = \begin{pmatrix} 240 \\ 310 \\ 0 \end{pmatrix}$

alter Produktionsvektor $\mathbf{x}_a = \begin{pmatrix} 650 \\ 800 \\ 600 \end{pmatrix}$

neuer Marktvektor $\mathbf{y}_n = \begin{pmatrix} 240 \\ 310 \\ 60 \end{pmatrix}$

neuer Produktionsvektor $\mathbf{x}_n = (\mathbf{E} - \mathbf{A})^{-1} \cdot \mathbf{y}_n$

$$= \frac{1}{30} \cdot \begin{pmatrix} 58 & 18 & 23 \\ 38 & 48 & 28 \\ 44 & 24 & 64 \end{pmatrix} \cdot \begin{pmatrix} 240 \\ 310 \\ 60 \end{pmatrix} = \begin{pmatrix} 696 \\ 856 \\ 728 \end{pmatrix}$$

Änderung der Produktion $\Delta\mathbf{x} = \mathbf{x}_n - \mathbf{x}_a = \begin{pmatrix} 696 \\ 856 \\ 728 \end{pmatrix} - \begin{pmatrix} 650 \\ 800 \\ 600 \end{pmatrix} = \begin{pmatrix} 46 \\ 56 \\ 128 \end{pmatrix}$

Änderung der Produktion in %:

x_1 ändert sich um $\frac{46}{650} \cdot 100 \approx 7{,}08\%$;

x_2 ändert sich um $\frac{56}{800} \cdot 100 = 7{,}00\%$;

x_3 ändert sich um $\frac{128}{600} \cdot 100 \approx 21{,}33\%$.

e) Gesucht: Minimale Gesamtkosten

Lösung: • Zahlenbereich für a:

$$\left.\begin{array}{lll} x_1 = 900 - 125a \overset{!}{\geq} 0 & \Rightarrow & a \leq \frac{900}{125} \\ x_2 = 400 \cdot a \overset{!}{\geq} 0 & \Rightarrow & a \geq 0 \\ 0{,}2 \cdot a - 0{,}2 \overset{!}{\geq} 0 & \Rightarrow & a \geq 1 \end{array}\right\} \quad a \in \left[1; \frac{36}{5}\right]$$

- Gesamtkosten (vgl. Teilaufgabe a)

$$K_{ges}(a) = (0{,}15; 3) \cdot \begin{pmatrix} 1{,}6 & 0{,}2a - 0{,}2 & 2{,}4 \\ 0{,}4 & 0{,}13 & 1{,}2 \end{pmatrix} \cdot \begin{pmatrix} 900 - 125a \\ 400a \\ 600 \end{pmatrix}$$

$$= (1{,}44; 0{,}03a + 0{,}36; 3{,}96) \cdot \begin{pmatrix} 900 - 125a \\ 400a \\ 600 \end{pmatrix}$$

$$= 12a^2 - 36a + 3672$$
$$= 12(a^2 - 3a + 306)$$
$$= 12\left(a^2 - 3a + \left(\frac{3}{2}\right)^2 - \frac{9}{4} + 306\right) \quad \left(\left(\frac{3}{2}\right)^2 = \text{quadratische Ergänzung}\right)$$

$$K_{ges}(a) = 12\left(a - \frac{3}{2}\right)^2 + 3645; \quad a \in \left[1; \frac{36}{5}\right]$$

Das Schaubild von K_{ges} ist eine nach oben geöffnete Parabel; deren Scheitel $S\left(\frac{3}{2} \,\middle|\, 3645\right)$ bestimmt das absolute Minimum von K_{ges}.

Für $a = \frac{3}{2}$ ist der zugehörige Produktionsvektor

$$\mathbf{x} = (712{,}5; \quad 600; \quad 600)^T$$

und der dazugehörige Marktabgabevektor

$$\mathbf{y} = (\mathbf{E} - \mathbf{A}) \cdot \mathbf{x}$$
$$= \begin{pmatrix} 0{,}8 & -0{,}2 & -0{,}2 \\ -0{,}4 & 0{,}9 & -0{,}25 \\ -0{,}4 & -0{,}2 & 0{,}7 \end{pmatrix} \cdot \begin{pmatrix} 712{,}5 \\ 600 \\ 600 \end{pmatrix}$$
$$= \begin{pmatrix} 330 \\ 105 \\ 15 \end{pmatrix}$$

Hinweis: Mit Hilfe der Bedingungen $K'_{ges}(a) = 0$; $K''_{ges}(a) > 0$ erhält man dasselbe Ergebnis. Rechnen Sie nach!

c) mit PSF

Berufliche Gymnasien Baden-Württemberg
Grundkurs Mathematik – Abiturprüfung 1998
Gruppe I Analysis – Aufgabe 1

Für jedes positive reelle t ist die Funktion f_t gegeben durch

$$f_t(x) = \frac{1}{2}(x^2 - 4t^2) \cdot (2x + t); \quad x \in \mathbb{R}.$$

K_t ist das Schaubild von f_t.

a) Untersuchen Sie K_1 auf Achsenschnittpunkte, Hoch-, Tief- und Wendepunkte.
Zeichnen Sie K_1 im Bereich $-2{,}5 \le x \le 2{,}5$ mit 1 LE = 1 cm.
(10 Korrekturpunkte)

b) Die Parallele zur x-Achse durch den Tiefpunkt von K_1 schneidet K_1 außerdem im Punkt S.
Bestimmen Sie die Koordinaten von S.
Berechnen Sie den Inhalt der Fläche, die von K_1 und dieser Geraden begrenzt wird.
(6 Korrekturpunkte)

c) K_t schneidet die positive x-Achse im Punkt N_t.
Zeigen Sie, dass der Inhalt der Fläche, die von der Normalen von K_t in N_t und den Koordinatenachsen begrenzt wird, unabhängig von t ist. (7 Korrekturpunkte)

d) Eine Parabel dritter Ordnung geht durch den Punkt $P(0 \mid -16)$ und besitzt für $x = 1$ die Steigung -11. Der Punkt $Q(2 \mid -36)$ ist der Tiefpunkt der Parabel.
Bestimmen Sie die Gleichung dieser Parabel.
Prüfen Sie, ob es ein t gibt, für welches K_t mit der Parabel übereinstimmt.
(7 Korrekturpunkte)

Lösung

a) Kurvendiskussion

$$f_t(x) = \frac{1}{2}(x^2 - 4t^2) \cdot (2x + t), \quad x \in \mathbb{R}, t \in \mathbb{R}_+^*$$

t = 1:

$$f_1(x) = \frac{1}{2}(x^2 - 4) \cdot (2x + 1)$$
$$= \frac{1}{2}(2x^3 + x^2 - 8x - 4)$$
$$= x^3 + \frac{1}{2}x^2 - 4x - 2$$

- Ableitungen:

$$f_1'(x) = 3x^2 + x - 4$$
$$f_1''(x) = 6x + 1$$
$$f_1'''(x) = 6$$

- Schnittpunkte mit der x-Achse (f(x) = 0):

$$\frac{1}{2}(x^2-4)\cdot(2x+1)=0$$

1. Faktor = 0 $\Rightarrow$ $x^2-4=0$

$$x_1=2$$
$$x_2=-2$$

2. Faktor = 0 $\Rightarrow$ $2x+1=0$

$$x_3=-\frac{1}{2}$$

$$\Rightarrow N_1(2|0), N_2(-2|0), N_3\left(-\frac{1}{2}\middle|0\right)$$

- Schnittpunkte mit der y-Achse (x = 0):

$f_1(0)=-2 \Rightarrow S(0|-2)$

- Hoch-, Tiefpunkte $(f'(x)=0, f''(x) \gtrless 0)$:

$$3x^2+x-4=0$$

$$x_{1,2}=\frac{-1\pm\sqrt{1-4\cdot3\cdot(-4)}}{6}$$
$$=\frac{-1\pm\sqrt{49}}{6}$$
$$x_1=\frac{-1+7}{6}=1$$
$$x_2=\frac{-1-7}{6}=-\frac{4}{3}$$
$$f(1)=1+\frac{1}{2}-4-2=-\frac{9}{2}$$
$$f''(1)=6+1=7>0 \qquad \Rightarrow T\left(1\middle|-\frac{9}{2}\right)$$

$$f\left(-\frac{4}{3}\right)=\left(-\frac{4}{3}\right)^3+\frac{1}{2}\left(-\frac{4}{3}\right)^2-4\left(-\frac{4}{3}\right)-2$$
$$=-\frac{64}{27}+\frac{1}{2}\cdot\frac{16}{9}+\frac{16}{3}-2$$
$$=\frac{-64+24+144-54}{27}$$
$$=\frac{50}{27}$$

$-8+1=-7$

$$f''\left(-\frac{4}{3}\right)=6\cdot\left(-\frac{4}{3}\right)+1=-\frac{24}{3}+1=-\frac{20}{3}<0 \qquad \Rightarrow H\left(-\frac{4}{3}\middle|\frac{50}{27}\right)$$

- Wendepunkte $(f''(x)=0, f'''(x)\neq 0)$:

$$6x+1=0$$

$$x=-\frac{1}{6}$$

$$f\left(-\frac{1}{6}\right)=\left(-\frac{1}{6}\right)^3+\frac{1}{2}\left(-\frac{1}{6}\right)^2-4\left(-\frac{1}{6}\right)-2$$

$$=-\frac{1}{216}+\frac{1}{2}\cdot\frac{1}{36}+\frac{4}{6}-2$$

$$=\frac{-1+3+144-432}{216}$$

$$=\frac{-286}{216}=-\frac{143}{108}$$

$$f'''\left(-\frac{1}{6}\right)=6\neq 0 \qquad \Rightarrow \quad W\left(-\frac{1}{6}\middle|-\frac{143}{108}\right)$$

- Zeichnung:

  $N_1(2 \mid 0)$, $N_2(-2 \mid 0)$, $N_3(-0{,}5 \mid 0)$

  $T(1 \mid -4{,}5)$, $H(-1{,}33 \mid 1{,}85)$

  $W(-0{,}17 \mid -1{,}32)$

- Zusätzliche Wertetabelle:

x	–2,5	–1	2,5
y	–4,5	1,5	6,75

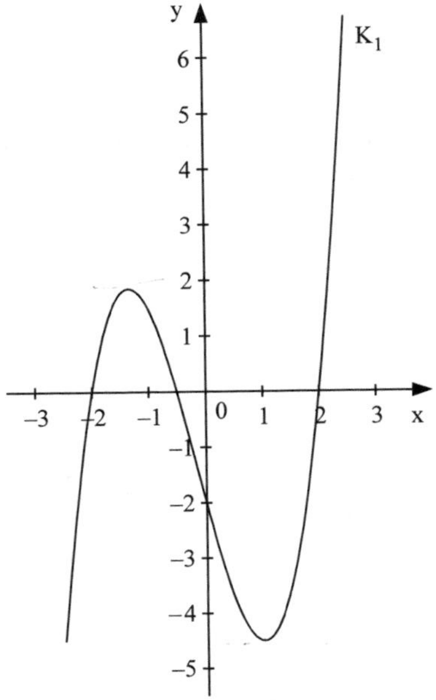

b) Berechnung eines Schnittpunkts:

$$T(1|-4{,}5) \Rightarrow f(x_S) = -4{,}5$$

$$\Rightarrow \quad x_S{}^3 + 0{,}5x_S{}^2 - 4x_S - 2 = -4{,}5$$

$$\Rightarrow \quad x_S{}^3 + 0{,}5x_S{}^2 - 4x_S + 2{,}5 = 0$$

Die Lösung x = 1 ist bekannt (Tiefpunkt).

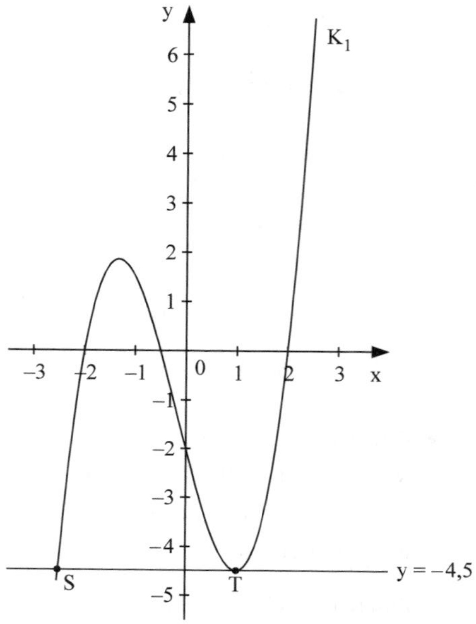

1. Möglichkeit:

Polynomdivision durch (x – 1):

$$(x^3 + 0{,}5x^2 - 4x + 2{,}5) : (x-1) = x^2 + 1{,}5x - 2{,}5$$
$$-(x^3 - x^2)$$
$$1{,}5x^2 - 4x$$
$$-(1{,}5x^2 - 1{,}5x)$$
$$-2{,}5x + 2{,}5$$
$$-2{,}5x + 2{,}5$$
$$0$$

$$x^2 + \frac{3}{2}x - \frac{5}{2} = 0$$

$$x_{2,3} = -\frac{3}{4} \pm \sqrt{\frac{9}{16} + \frac{5}{2}}$$

$$= -\frac{3}{4} \pm \sqrt{\frac{9+40}{16}}$$

$$x_2 = -\frac{3}{4} + \frac{7}{4} = 1$$

$$x_3 = -\frac{3}{4} - \frac{7}{4} = -\frac{5}{2}$$

$\Rightarrow \quad x^3 + 0{,}5x^2 - 4x + 2{,}5 = (x-1)(x-1)\left(x + \frac{5}{2}\right)$

$\Rightarrow$ x-Wert des zweiten Schnittpunkts ist $-\frac{5}{2}$

$\Rightarrow \quad f\left(-\frac{5}{2}\right) = -\frac{9}{2} \qquad\qquad \Rightarrow \quad S\left(-\frac{5}{2} \middle| -\frac{9}{2}\right)$

2. Möglichkeit: HORNER-Schema:

	$1 \cdot x^3 +$	$0{,}5 \cdot x^2$	$-4 \cdot x +$	$2{,}5$	$= 0$
	↓	↓	↓	↓	
	1	0,5	−4	2,5	
x = 1		1	1,5	−2,5	
	1	1,5	−2,5	**[0]**	
	↓	↓	↓		
	$1 \cdot x^2 +$	$1{,}5 \cdot x -$	$2{,}5$	$= 0$	

$x_{2,3} = \ldots$ (Rechnung siehe oben)

- Flächenberechnung

  Skizze:

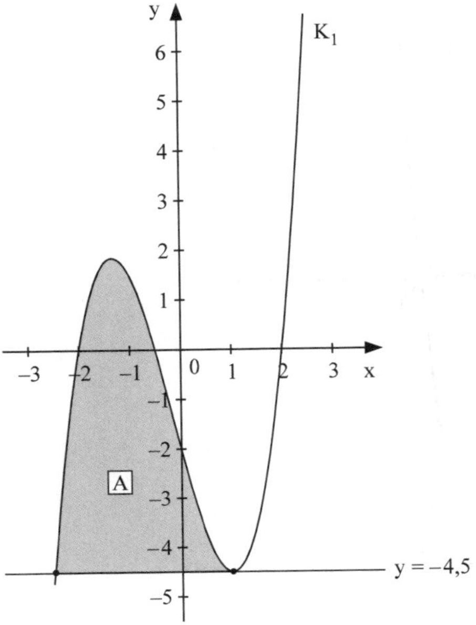

$$A = \int_{-2,5}^{1} (f_1(x) - (-4,5))\,dx$$

$$= \int_{-2,5}^{1} (x^3 + 0,5x^2 - 4x - 2 + 4,5)\,dx$$

$$= \int_{-2,5}^{1} (x^3 + 0,5x^2 - 4x + 2,5)\,dx$$

$$= \left[\frac{1}{4}x^4 + \frac{1}{6}x^3 - 2x^2 + \frac{5}{2}x\right]_{-2,5}^{1}$$

$$= \left(\frac{1}{4} + \frac{1}{6} - 2 + \frac{5}{2}\right) - \left(\frac{1}{4}\left(-\frac{5}{2}\right)^4 + \frac{1}{6}\left(-\frac{5}{2}\right)^3 - 2\left(-\frac{5}{2}\right)^2 + \frac{5}{2}\left(-\frac{5}{2}\right)\right)$$

$$= \frac{11}{12} - \left(\frac{1}{4} \cdot \frac{625}{16} - \frac{1}{6} \cdot \frac{125}{8} - 2 \cdot \frac{25}{4} - \frac{25}{4}\right)$$

$$= \frac{11}{12} - \left(-\frac{2225}{192}\right)$$

$$= \frac{2401}{192}\,\text{FE} \approx \underline{\underline{12,51\,\text{FE}}}$$

c) Flächenberechnung für allgemeines t:

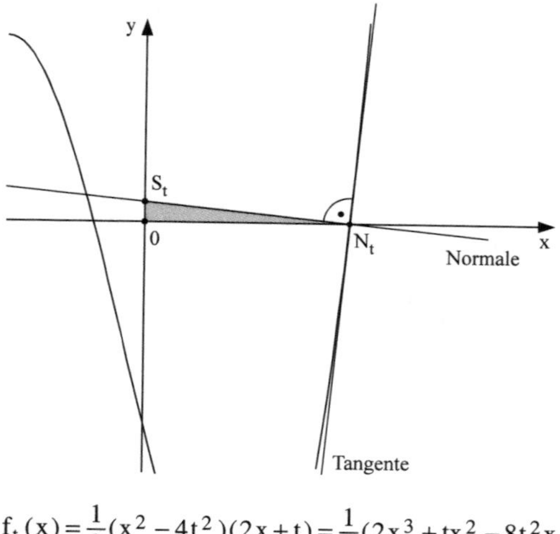

$$f_t(x) = \frac{1}{2}(x^2 - 4t^2)(2x + t) = \frac{1}{2}(2x^3 + tx^2 - 8t^2x - 4t^3)$$

$$f_t'(x) = \frac{1}{2}(6x^2 + 2tx - 8t^2)$$

- Berechnung der Normalengleichung:
  zunächst Berechnung von N_t:

$$f_t(x)=0 \quad \Rightarrow \quad \frac{1}{2}(x^2-4t^2)(2x+t)=0$$

$$\frac{1}{2}(x+2t)(x-2t)(2x+t)=0$$

$$x_1=-2t$$

$$x_2=+2t$$

$$x_3=-\frac{t}{2}$$

$$\Rightarrow \quad N_t(2t|0)$$

Steigung von f_t in N_t:

$$f_t'(2t)=3\cdot(2t)^2+t(2t)-4t^2$$

$$=12t^2+2t^2-4t^2$$

$$=10t^2$$

$\Rightarrow$ Steigung der Normalen:

$$m_N\cdot m_T=-1$$

$$m_N=-\frac{1}{m_T}=-\frac{1}{10t^2}$$

$\Rightarrow$ Gleichung der Normalen z. B. mit Punkt-Steigungs-Form:

$$-\frac{1}{10t^2}=\frac{y-0}{x-2t}$$

$$y=-\frac{1}{10t^2}x+\frac{1}{5t}$$

$\Rightarrow$ Fläche des Dreiecks ON_tS_t:

g = x-Wert von N_t

h = y-Wert von S_t = y-Achsenabschnitt der Normalengleichung

$\Rightarrow$ $A=\frac{1}{2}\cdot g\cdot h=\frac{1}{2}\cdot 2t\cdot\frac{1}{5t}=\frac{1}{5}$, also unabhängig von t.

d) Aufstellen einer Funktionsgleichung:

Parabel 3. Ordnung:

$$g(x) = ax^3 + bx^2 + cx + d$$
$$g'(x) = 3ax^2 + 2bx + c$$

Bedingungen:

(1)	$P(0 \mid -16)$	$\Rightarrow$	$g(0) = -16$	$\Rightarrow$	$d = -16$
(2)	Steigung -11	$\Rightarrow$	$g'(1) = -11$	$\Rightarrow$	$3a + 2b + c = -11$
(3)	$Q(2 \mid -36)$	$\Rightarrow$	$g(2) = -36$	$\Rightarrow$	$8a + 4b + 2c - 16 = -36$
(4)	$T(2 \mid -36)$	$\Rightarrow$	$g'(2) = 0$	$\Rightarrow$	$12a + 4b + c = 0$

Lösung z. B. mit Gauß-Verfahren:

$$\begin{array}{ccc|c} a & b & c & \\ \hline 3 & 2 & 1 & -11 \\ 8 & 4 & 2 & -20 \\ 12 & 4 & 1 & 0 \end{array}$$

oder einfacher:

$$\begin{array}{ccc|c} c & b & a & \\ \hline 1 & 2 & 3 & -11 \\ 2 & 4 & 8 & -20 \\ 1 & 4 & 12 & 0 \end{array} \quad \begin{array}{l} \mid \cdot (-2) \quad \mid \cdot (-1) \end{array}$$

$$\left(\begin{array}{ccc|c} 1 & 2 & 3 & -11 \\ 0 & 0 & 2 & 2 \\ 0 & 2 & 9 & 11 \end{array}\right)$$

aus Zeile 2 $\Rightarrow$ $a = 1$

aus Zeile 3 $\Rightarrow$ $2b = 11 - 9$

$b = 1$

aus Zeile 1 $\Rightarrow$ $c = -11 - 2 - 3 = -16$

$\Rightarrow$ $g(x) = x^3 + x^2 - 16x - 16$

- Bestimmung von t:

  Vergleiche Koeffizienten von

  $$f_t(x) = x^3 + 0{,}5tx^2 - 4t^2x - 2t^3$$

  mit

  $$g(x) = x^3 + x^2 - 16x - 16$$

  $$\left.\begin{array}{llll} \Rightarrow & 0{,}5t = 1 & \Rightarrow & t = 2 \\ \wedge & -4t^2 = -16 & \Rightarrow & t_{1,2} = \pm 2 \\ \wedge & -2t^3 = -16 & \Rightarrow & t = 2 \end{array}\right\} \Rightarrow t = 2$$

  $\Rightarrow$ Für t = 2 stimmt K_t mit der Parabel überein.

Berufliche Gymnasien Baden-Württemberg
Grundkurs Mathematik – Abiturprüfung 1998
Gruppe I Analysis – Aufgabe 2

Für jedes $t \in \mathbb{R}_+^*$ ist die Funktion f_t gegeben durch

$$f_t(x) = (tx+2) \cdot e^{\frac{x}{t}}; \quad x \in \mathbb{R}.$$

K_t ist das Schaubild von f_t.

a) Untersuchen Sie K_2 auf Achsenschnittpunkte, Hoch-, Tief- und Wendepunkte.
Zeichnen Sie K_2 im Bereich $-8 \le x \le 1$ mit 1 LE = 1 cm.
(10 Korrekturpunkte)

b) Vom Ursprung werden an K_2 die Tangenten gelegt.
Berechnen Sie die Koordinaten der zugehörigen Berührpunkte und stellen Sie die Gleichungen der Tangenten auf. (7 Korrekturpunkte)

c) Zeigen Sie, dass die Funktion F_2 mit

$$F_2(x) = (4x-4) \cdot e^{\frac{x}{2}}; \quad x \in \mathbb{R}$$

eine Stammfunktion von f_2 ist.
Berechnen Sie den Inhalt der von den Koordinatenachsen und K_2 eingeschlossenen Fläche.
(5 Korrekturpunkte)

d) Weisen Sie nach, dass K_t für alle $t \in \mathbb{R}_+^*$ genau einen Tiefpunkt T besitzt.
Für welche Werte von t besitzt K_t einen Tiefpunkt mit der Abszisse -3?
(8 Korrekturpunkte)

Lösung

Gegeben: $f_t(x) = (tx+2) \cdot e^{\frac{x}{t}}, \quad x \in \mathbb{R}, \quad t \in \mathbb{R}_+^*$

a) Kurvendiskussion für t = 2

- Ableitungen:

$$f_2(x) = (2x+2) \cdot e^{\frac{1}{2}x} = 2(x+1) \cdot e^{\frac{1}{2}x}$$

$$f_2'(x) = 2 \cdot e^{\frac{1}{2}x} + (2x+2) \cdot \frac{1}{2} e^{\frac{1}{2}x}$$

$$= e^{\frac{1}{2}x}(2+x+1)$$

$$= e^{\frac{1}{2}x}(x+3)$$

$$f_2''(x) = e^{\frac{1}{2}x} \cdot 1 + \frac{1}{2} e^{\frac{1}{2}x}(x+3)$$
$$= e^{\frac{1}{2}x}\left(1 + \frac{1}{2}x + \frac{3}{2}\right)$$
$$= e^{\frac{1}{2}x}\left(\frac{1}{2}x + \frac{5}{2}\right)$$
$$= \frac{1}{2} e^{\frac{1}{2}x}(x+5)$$

- Schnittpunkt mit der x-Achse ($f_2(x) = 0$):

$$2(x+1)e^{\frac{1}{2}x} = 0$$
$$x = -1 \qquad \Rightarrow \quad N(-1 \mid 0)$$

- Schnittpunkt mit der y-Achse ($x = 0$):

$$f_2(0) = 2 \qquad \Rightarrow \quad S(0 \mid 2)$$

- Hoch-, Tiefpunkte ($f_2'(x) = 0, f_2''(x) \gtrless 0$):

$$e^{\frac{1}{2}x}(x+3) = 0$$
$$x = -3$$
$$f_2(-3) = 2 \cdot (-2) \cdot e^{-\frac{3}{2}} = -4 \cdot e^{-\frac{3}{2}}$$
$$f_2''(-3) = \frac{1}{2} e^{\frac{1}{2} \cdot (-3)} \cdot (-3+5)$$
$$= e^{-\frac{3}{2}} > 0 \qquad \Rightarrow \quad T\left(-3 \middle| -4e^{-\frac{3}{2}}\right)$$

- Wendepunkte ($f_2''(x) = 0, f_2'''(x) \neq 0$ oder VZW von $f_2''(x)$):

$$\frac{1}{2} e^{\frac{1}{2}x}(x+5) = 0$$
$$x = -5$$
$$f_2(-5) = 2 \cdot (-5+1) \cdot e^{\frac{1}{2}(-5)}$$
$$= -8 \cdot e^{-\frac{5}{2}}$$

$x = -5$ ist einfache Nullstelle von $f''(x)$,

$$\Rightarrow \quad W\left(-5 \middle| -8 \cdot e^{-\frac{5}{2}}\right)$$

- Zeichnung:
  N(–1 | 0), S(0 | 2), T(–3 | –0,89)
  W(–5 | –0,66)

  ergänzende Wertetabelle:

x	–7	–6	–4	–2	1
y	–0,36	–0,50	–0,81	–0,74	6,59

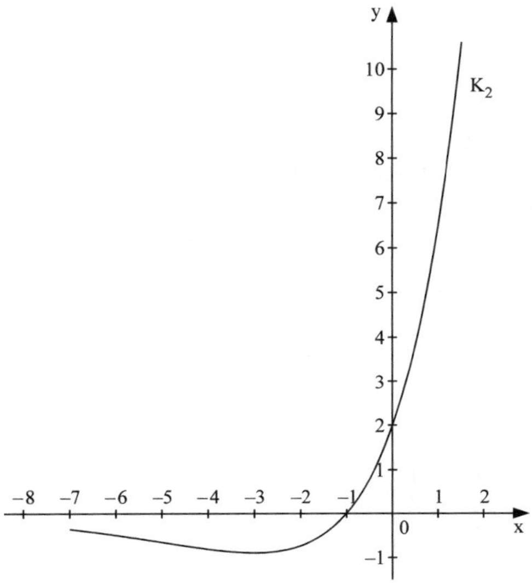

b) Tangenten an Kurve legen

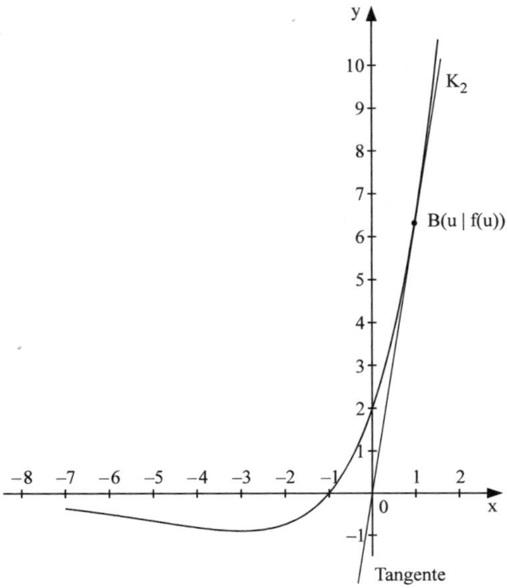

$O(0 \mid 0)$

Berührpunkt $B(u \mid f_2(u)) = B\left(u \,\middle|\, 2(u+1)e^{\frac{1}{2}u}\right)$

$$\left.\begin{array}{l} m_{OB} = \dfrac{2(u+1)e^{\frac{1}{2}u} - 0}{u-0} \\ f_2'(u) = (u+3)e^{\frac{1}{2}u} \end{array}\right\} m_{OB} = f_2'(u)$$

$$\Rightarrow \quad \frac{2(u+1)e^{\frac{1}{2}u}}{u} = (u+3)e^{\frac{1}{2}u} \qquad |\cdot u$$

$$2(u+1)e^{\frac{1}{2}u} = (u^2+3u)e^{\frac{1}{2}u} \qquad |: e^{\frac{1}{2}u}$$

$$2u+2 = u^2+3u$$

$$u^2+u-2 = 0$$

$$u_{1,2} = -\frac{1}{2} \pm \sqrt{\frac{1}{4}+2}$$

$$u_1 = -\frac{1}{2}+\frac{3}{2} = 1$$

$$u_2 = -\frac{1}{2}-\frac{3}{2} = -2$$

$$f_2(1) = 4 \cdot e^{\frac{1}{2}} \quad \Rightarrow \quad \underline{\underline{B_1\left(1 \,\middle|\, 4 \cdot e^{\frac{1}{2}}\right)}}$$

$$f_2(-2) = -2e^{-1} \quad \Rightarrow \quad \underline{\underline{B_2(-2 \mid -2e^{-1})}}$$

Tangentengleichungen:

$$f_2'(1) = 4 \cdot e^{\frac{1}{2}} \quad \Rightarrow \quad \underline{\underline{t_1:\ y = 4 \cdot e^{\frac{1}{2}} \cdot x}}$$

$$f_2'(-2) = e^{-1} \quad \Rightarrow \quad \underline{\underline{t_2:\ y = e^{-1} \cdot x}}$$

c) Stammfunktion, Fläche:

$F_2(x) = (4x-4)e^{\frac{1}{2}x}$ soll Stammfunktion von $f_2(x) = 2(x+1)e^{\frac{1}{2}x}$ sein.

Zwei Möglichkeiten:

a) Integration von $f_2(x)$

b) Ableiten von $F_2(x)$

Möglichkeit b:

$$F_2'(x) = 4 \cdot e^{\frac{1}{2}x} + (4x-4) \cdot \frac{1}{2} e^{\frac{1}{2}x}$$
$$= e^{\frac{1}{2}x}(4+2x-2)$$
$$= e^{\frac{1}{2}x}(2x+2)$$
$$= f_2(x) \qquad \text{q. e. d.}$$

- Fläche zwischen Koordinatenachsen und K_2

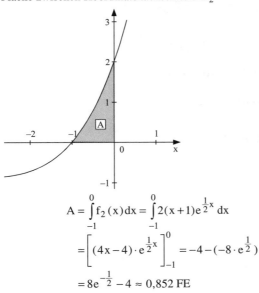

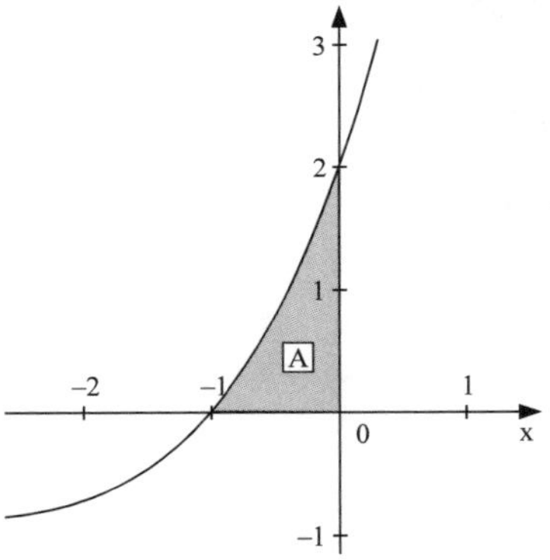

$$A = \int_{-1}^{0} f_2(x)\,dx = \int_{-1}^{0} 2(x+1)e^{\frac{1}{2}x}\,dx$$
$$= \left[(4x-4) \cdot e^{\frac{1}{2}x} \right]_{-1}^{0} = -4 - (-8 \cdot e^{\frac{1}{2}})$$
$$= 8e^{-\frac{1}{2}} - 4 \approx 0{,}852 \text{ FE}$$

d) Tiefpunkt von K_t

$$f_t(x) = (tx+2)e^{\frac{x}{t}}$$
$$f_t'(x) = t \cdot e^{\frac{x}{t}} + (tx+2) \cdot \frac{1}{t} e^{\frac{x}{t}}$$
$$= e^{\frac{x}{t}} \left(t + x + \frac{2}{t} \right)$$

$$f_t''(x) = e^{\frac{x}{t}} \cdot 1 + \frac{1}{t} e^{\frac{x}{t}} \left(t + x + \frac{2}{t} \right)$$
$$= e^{\frac{x}{t}} \left(1 + 1 + \frac{x}{t} + \frac{2}{t^2} \right)$$
$$= e^{\frac{x}{t}} \left(\frac{x}{t} + 2 + \frac{2}{t^2} \right)$$

Tiefpunkt: $f_t'(x) = 0$

$$\Rightarrow \quad e^{\frac{x}{t}}\left(t + x + \frac{2}{t}\right) = 0$$

$$x = -t - \frac{2}{t} \quad \text{(genau eine Lösung für alle Werte von t)}$$

$$f_t''\left(-t - \frac{2}{t}\right) = f_t''\left(\frac{-t^2 - 2}{t}\right)$$

$$= e^{\frac{-t^2-2}{t^2}}\left(\frac{-t^2 - 2}{t^2} + 2 + \frac{2}{t^2}\right)$$

$$= e^{-1-\frac{2}{t^2}}\left(-1 - \frac{2}{t^2} + 2 + \frac{2}{t^2}\right)$$

$$= e^{-1-\frac{2}{t^2}} > 0 \quad \Rightarrow \quad T$$

$$\Rightarrow \quad T\left(-t - \frac{2}{t} \,\middle|\, f\left(-t - \frac{2}{t}\right)\right) \text{ ist einziger Tiefpunkt.}$$

- Tiefpunkt mit Abszisse (x-Wert) –3?

$$-t - \frac{2}{t} = -3 \quad |\cdot t$$

$$-t^2 - 2 = -3t$$

$$t^2 - 3t + 2 = 0$$

$$t_{1,2} = \frac{3}{2} \pm \sqrt{\frac{9}{4} - 2}$$

$$t_1 = \frac{3}{2} + \frac{1}{2} = 2$$

$$t_2 = \frac{3}{2} - \frac{1}{2} = 1$$

$\Rightarrow$ Für t = 1 oder t = 2 hat K_t einen Tiefpunkt mit der Abszisse –3.

Berufliche Gymnasien Baden-Württemberg
Grundkurs Mathematik – Abiturprüfung 1998
Gruppe II Matrizen – Aufgabe 1

Eine Spielzeugfirma stellt aus drei Rohstoffen R_1, R_2 und R_3 Steckteile (Frontteile Z_1, Mittelteile Z_2 und Heckteile Z_3) für Spielzeugautos her.

Der Hersteller verkauft als Endprodukte E_1, E_2, E_3 und E_4 Packungen mit Steckteilen, bietet aber auch die einzelnen Steckteile zum Verkauf an.

Die beiden folgenden Matrizen geben an, wieviele ME der einzelnen Rohstoffe für jeweils ein Steckteil benötigt werden bzw. wieviele Steckteile in die einzelnen Endprodukte eingehen.

	Z_1	Z_2	Z_3
R_1	1	2	3
R_2	2	2	5
R_3	1	1	2

	E_1	E_2	E_3	E_4
Z_1	1	1	1	2
Z_2	0	1	3	4
Z_3	1	1	1	2

Die Kosten (in DM) für je 1 ME der Rohstoffe und für die Produktion von je 1 Steckteil bzw. von je 1 Endprodukt sind durch folgende Vektoren gegeben:

$$\mathbf{k}_R = \begin{pmatrix} \frac{1}{20} & \frac{1}{20} & \frac{1}{20} \end{pmatrix}^T, \quad \mathbf{k}_Z = \begin{pmatrix} \frac{4}{10} & \frac{3}{10} & \frac{2}{10} \end{pmatrix}^T, \quad \mathbf{k}_E = \begin{pmatrix} \frac{4}{20} & \frac{3}{20} & \frac{5}{20} & \frac{6}{20} \end{pmatrix}^T$$

Der Verkaufspreis je Steckteil beträgt einheitlich 1 DM.
Die Endprodukte E_1, E_2, E_3 und E_4 werden für 2 DM, 3 DM, 5 DM bzw. 7 DM pro Stück verkauft.

a) Wieviele Steckteile lassen sich aus 2600 ME von R_1, 3900 ME von R_2 und 1700 ME von R_3 herstellen? (4 Korrekturpunkte)

b) Berechnen Sie die Matrix, die den Rohstoffbedarf je Endprodukt angibt.
Bestimmen Sie den Vektor für die gesamten variablen Herstellungskosten je Endprodukt E_1, E_2, E_3 und E_4. (7 Korrekturpunkte)

c) Ein Großhändler erteilt einen Auftrag über 1000 Endprodukte E_1, 1000 Endprodukte E_2, 300 E_3 und 400 E_4. Außerdem bestellt er je 500 Steckteile Z_1, Z_2 und Z_3.
Berechnen Sie den bei diesem Gesamtauftrag erzielten Gewinn, wenn Fixkosten in Höhe von 1575 DM zu berücksichtigen sind. (8 Korrekturpunkte)

d) Ein Hersteller von Überraschungseiern bestellt insgesamt 50 000 Steckteile, um sie als Inhalt für die Überraschungseier zu verwenden.
Er verlangt, dass in der Lieferung gleich viele Front- und Heckteile enthalten sind.
Zum Zeitpunkt der Bestellung stehen im Rohstofflager nur noch 163 000 ME von R_2 zur Verfügung. Die Rohstoffe R_1 und R_3 sind ausreichend vorhanden.
Berechnen Sie, wieviele Front- und Heckteile unter den gegebenen Bedingungen höchstens geliefert werden können. Wieviele Mittelteile enthält dann die Lieferung? (6 Korrekturpunkte)

e) Ein Lagerbestand von 5000 Z_1, 8600 Z_2 und 5000 Z_3 soll restlos und nur zur Produktion von Endprodukten E_2 und E_3 verarbeitet werden.
Berechnen Sie, wieviele Endprodukte E_2 und E_3 sich daraus herstellen lassen. (5 Korrekturpunkte)

Lösung

Gegeben:

$$\mathbf{A}_{RZ} = \begin{pmatrix} 1 & 2 & 3 \\ 2 & 2 & 5 \\ 1 & 1 & 2 \end{pmatrix}$$ Rohstoff-Zwischenprodukt-Matrix
Hinweis: Zwischenprodukt = Steckteile

$$\mathbf{A}_{ZE} = \begin{pmatrix} 1 & 1 & 1 & 2 \\ 0 & 1 & 3 & 4 \\ 1 & 1 & 1 & 2 \end{pmatrix}$$ Zwischenprodukt -Endprodukt-Matrix

$$\mathbf{kr}_R^T = \left(\frac{1}{20}; \ \frac{1}{20}; \ \frac{1}{20} \right)$$ Kosten der Rohstoffe

$$\mathbf{kp}_Z^T = \left(\frac{4}{10}; \ \frac{3}{10}; \ \frac{2}{10} \right)$$ Kosten der Produktion der Zwischenprodukte

$$\mathbf{kp}_E^T = \left(\frac{4}{20}; \ \frac{3}{20}; \ \frac{5}{20}; \ \frac{6}{20} \right)$$ Kosten der Produktion der Endprodukte

$\mathbf{p}_Z^T = (1; \ 1; \ 1)$ Preis der Zwischenprodukte

$\mathbf{p}_E^T = (2; \ 3; \ 5; \ 7)$ Preis der Endprodukte

a) Gesucht: Anzahl der Zwischenprodukte $\mathbf{x}_Z$ bei gegebenem Rohstoffvektor $\mathbf{r}_R^T = (2600; 3900; 1700)$

Lösung: $\mathbf{A}_{RZ} \cdot \mathbf{x}_Z = \mathbf{r}_R$

$$\left(\begin{array}{ccc|c} 1 & 2 & 3 & 2600 \\ 2 & 2 & 5 & 3900 \\ 1 & 1 & 2 & 1700 \end{array} \right) \quad |\cdot(-2) \quad |\cdot(-1)$$

$$\left(\begin{array}{ccc|c} 1 & 2 & 3 & 2600 \\ 0 & -2 & -1 & -1300 \\ 0 & -1 & -1 & -900 \end{array} \right) \quad |\cdot(-2)$$

$$\left(\begin{array}{ccc|c} 1 & 2 & 3 & 2600 \\ 0 & -1 & -1 & -900 \\ 0 & 0 & 1 & 500 \end{array} \right) \quad |\cdot(-3)$$

$$\left(\begin{array}{ccc|c} 1 & 2 & 0 & 1100 \\ 0 & -1 & 0 & -400 \\ 0 & 0 & 1 & 500 \end{array} \right) \quad |\cdot 2$$

$$\left(\begin{array}{ccc|c} 1 & 0 & 0 & 300 \\ 0 & -1 & 0 & -400 \\ 0 & 0 & 1 & 500 \end{array} \right) \Rightarrow \mathbf{x}_Z = \begin{pmatrix} 300 \\ 400 \\ 500 \end{pmatrix}$$

Ergebnis: Von Z_1 lassen sich 300 Stück herstellen.
Von Z_2 lassen sich 400 Stück herstellen.
Von Z_3 lassen sich 500 Stück herstellen.

b) Gesucht: • $\mathbf{A}_{RE}$, die Rohstoff-Endprodukt-Matrix
• $\mathbf{kv}_E$, die variablen Herstellkosten der Endprodukte

Lösung: • $\mathbf{A}_{RE} = \mathbf{A}_{RZ} \cdot \mathbf{A}_{ZE}$

$$= \begin{pmatrix} 1 & 2 & 3 \\ 2 & 2 & 5 \\ 1 & 1 & 2 \end{pmatrix} \cdot \begin{pmatrix} 1 & 1 & 1 & 2 \\ 0 & 1 & 3 & 4 \\ 1 & 1 & 1 & 2 \end{pmatrix}$$

$$= \begin{pmatrix} 4 & 6 & 10 & 16 \\ 7 & 9 & 13 & 22 \\ 3 & 4 & 6 & 10 \end{pmatrix}$$

• $\mathbf{kv}_E^T = \mathbf{kr}_R^T \cdot \mathbf{A}_{RE} + \mathbf{kp}_Z^T \cdot \mathbf{A}_{ZE} + \mathbf{kp}_E^T$

Zwischenrechnung:

$$\boldsymbol{kr}_R^T \cdot \boldsymbol{A}_{RE} = \frac{1}{20} \cdot (1;\ 1;\ 1) \cdot \begin{pmatrix} 4 & 6 & 10 & 16 \\ 7 & 9 & 13 & 22 \\ 3 & 4 & 6 & 10 \end{pmatrix} = \frac{1}{20} \cdot (14;\ 19;\ 29;\ 48)$$

$$\boldsymbol{kp}_Z^T \cdot \boldsymbol{A}_{ZE} = \frac{1}{10} \cdot (4;\ 3;\ 2) \cdot \begin{pmatrix} 1 & 1 & 1 & 2 \\ 0 & 1 & 3 & 4 \\ 1 & 1 & 1 & 2 \end{pmatrix} = \frac{1}{10} \cdot (6;\ 9;\ 15;\ 24)$$

$$\Rightarrow \quad \mathbf{kv}_E = \frac{1}{20} \cdot \begin{pmatrix} 14 \\ 19 \\ 29 \\ 48 \end{pmatrix} + \frac{1}{10} \cdot \begin{pmatrix} 6 \\ 9 \\ 15 \\ 24 \end{pmatrix} + \frac{1}{20} \cdot \begin{pmatrix} 4 \\ 3 \\ 5 \\ 6 \end{pmatrix} = \frac{1}{20} \cdot \begin{pmatrix} 30 \\ 40 \\ 64 \\ 102 \end{pmatrix} = \begin{pmatrix} 1{,}5 \\ 2 \\ 3{,}2 \\ 5{,}1 \end{pmatrix}$$

Ergebnis: Die variablen Kosten für E_1 betragen 1,50 DM.
Die variablen Kosten für E_2 betragen 2,00 DM.
Die variablen Kosten für E_3 betragen 3,20 DM.
Die variablen Kosten für E_4 betragen 5,10 DM.

c) Gewinnrechnung

- Berechnung der Kosten

$K_{ges} = K_E + K_Z + K_R + K_{fix}$

Dabei bedeuten

K_E die (variablen) Kosten zur Herstellung der Endprodukte
K_Z die Kosten zur Herstellung der Zwischenprodukte
K_R die Kosten für die benötigten Rohstoffe
K_{fix} die Fixkosten

Ferner ist

$\mathbf{b}_E = (1000; 1000; 300; 400)^T$ der Bestellvektor der Endprodukte
$\mathbf{b}_Z = (500; 500; 500)^T$ der Bestellvektor der Zwischenprodukte

Zwischenrechnungen:

$$K_E = \boldsymbol{kv}_E^T \cdot \boldsymbol{b}_E = (1{,}50;\ 2{,}00;\ 3{,}20;\ 5{,}10) \cdot \begin{pmatrix} 1000 \\ 1000 \\ 300 \\ 400 \end{pmatrix} = 6500$$

$$K_Z = \boldsymbol{kp}_Z^T \cdot \boldsymbol{b}_Z = \frac{1}{10} \cdot (4;\ 3;\ 2) \cdot 500 \cdot \begin{pmatrix} 1 \\ 1 \\ 1 \end{pmatrix} = 450$$

$$K_R = \boldsymbol{kr}_R^T \cdot \boldsymbol{A}_{RZ} \cdot \boldsymbol{b}_Z = \boldsymbol{kr}_R^T \cdot \begin{pmatrix} 1 & 2 & 3 \\ 2 & 2 & 5 \\ 1 & 1 & 2 \end{pmatrix} \cdot 500 \cdot \begin{pmatrix} 1 \\ 1 \\ 1 \end{pmatrix} = \boldsymbol{kr}_R^T \cdot 500 \cdot \begin{pmatrix} 6 \\ 9 \\ 4 \end{pmatrix}$$

$$= \frac{1}{20}\,(1;\,1;\,1) \cdot 500 \cdot \begin{pmatrix} 6 \\ 9 \\ 4 \end{pmatrix} = 475$$

Damit erhält man

$$\begin{aligned} K_{ges} &= K_E + K_Z + K_R + K_{fix} \\ &= 6500 + 450 + 475 + 1575 \\ &= 9000 \end{aligned}$$

- Berechnung des Erlöses

$$E_{ges} = E_E + E_Z$$

Dabei bedeuten
E_E der Erlös aus dem Verkauf der Endprodukte.
E_Z der Erlös aus dem Verkauf der Zwischenprodukte.

Zwischenrechnungen:

$$E_E = \boldsymbol{p}_E^T \cdot \boldsymbol{b}_E = (2;\,3;\,5;\,7) \cdot \begin{pmatrix} 1000 \\ 1000 \\ 300 \\ 400 \end{pmatrix} = 9300$$

$$E_Z = \boldsymbol{p}_Z^T \cdot \boldsymbol{b}_Z = (1;\,1;\,1) \cdot 500 \cdot \begin{pmatrix} 1 \\ 1 \\ 1 \end{pmatrix} = 1500$$

Damit erhält man

$$\begin{aligned} E_{ges} &= E_E + E_Z \\ &= 9300 + 1500 \\ &= 10800 \end{aligned}$$

- Berechnung des Gewinns

$$\begin{aligned} G &= E_{ges} - K_{ges} \\ &= 10800 - 9000 \\ &= 1800 \end{aligned}$$

Ergebnis: Der Gewinn beträgt 1800 DM.

d) Rohstoffbedarf für eine Lieferung

$$\mathbf{r}_R = \mathbf{A}_{RZ} \cdot \mathbf{b}_Z$$

Dabei ist

$\mathbf{b}_Z = \begin{pmatrix} z_1 \\ z_2 \\ z_3 \end{pmatrix}$ die Bestellmenge an Zwischenprodukten. Aufgrund der Angaben gilt $z_1 + z_2 + z_3 = 50000$ und $z_3 = z_1$, d. h. $z_2 = 50000 - 2 \cdot z_1$.

$\mathbf{r}_R = \begin{pmatrix} r_1 \\ r_2 \\ r_3 \end{pmatrix}$ der Bedarf an Rohstoffen. Es gilt $r_2 \leq 163000$.

Man erhält

$$\mathbf{r}_R = \mathbf{A}_{RZ} \cdot \mathbf{b}_Z = \begin{pmatrix} 1 & 2 & 3 \\ 2 & 2 & 5 \\ 1 & 1 & 2 \end{pmatrix} \cdot \begin{pmatrix} z_1 \\ 50000 - 2 \cdot z_1 \\ z_1 \end{pmatrix} = \begin{pmatrix} 100000 \\ 3 \cdot z_1 + 100000 \\ z_1 + 50000 \end{pmatrix}$$

Aus der Bedingung $\quad r_2 \le 163000$

folgt $\quad 3 \cdot z_1 + 100000 \le 163000$

$\Rightarrow \quad z_1 \le 21000$

Hieraus ergibt sich für $z_1 = 21000$

$z_2 = 50000 - 2 \cdot z_1 = 50000 - 42000 = 8000.$

Ergebnis: Mit der Rohstoffmenge von $r_2 = 163000$ ME (r_1, r_3 sind beliebig groß) lassen sich
von Z_1 die Stückzahl $z_1 = 21000$ herstellen,
von Z_2 die Stückzahl $z_2 = 8000$ herstellen und
von Z_3 die Stückzahl $z_3 = 21000$ herstellen.

e) Berechnung von Endprodukten

Ansatz $\quad \mathbf{A}_{ZE} \cdot \mathbf{x}_E = \mathbf{b}_Z$

Dabei bedeuten

$\mathbf{x}_E = (e_1; e_2; e_3; e_4)^T$ der (gesuchte) Produktionsvektor der Endprodukte; laut Vorgabe ist $e_1 = e_4 = 0$, d. h. $\mathbf{x}_E = (0; e_2; e_3; 0)$.

$\mathbf{b}_Z = (z_1; z_2; z_3)^T = (5000; 8600; 5000)^T$ der (gegebene) Bestand an Zwischenprodukten

Zur Lösung des LGS $\mathbf{A}_{ZE} \cdot \mathbf{x}_E = \mathbf{b}_Z$ gibt es zwei Möglichkeiten:

1. Weg (Standard):

$$\mathbf{A}_{ZE} \cdot \mathbf{x}_E = \mathbf{b}_Z$$

$$\left(\begin{array}{cccc|c} 1 & 1 & 1 & 2 & 5000 \\ 0 & 1 & 3 & 4 & 8600 \\ 1 & 1 & 1 & 2 & 5000 \end{array}\right) \quad |\cdot(-1) \text{ (Zeile 1 zu Zeile 3)}$$

$$\left(\begin{array}{cccc|c} 1 & 1 & 1 & 2 & 5000 \\ 0 & 1 & 3 & 4 & 8600 \\ 0 & 0 & 0 & 0 & 0 \end{array}\right)$$

Wegen der vier Unbekannten e_1, e_2, e_3, e_4 fügt man eine weitere Nullzeile ein:

$$\left(\begin{array}{cccc|c} 1 & 1 & 1 & 2 & 5000 \\ 0 & 1 & 3 & 4 & 8600 \\ 0 & 0 & 0 & 0 & 0 \\ 0 & 0 & 0 & 0 & 0 \end{array}\right)$$

und ergänzt die Variablen e_3, e_4:

$$\left(\begin{array}{cccc|c} 1 & 1 & 1 & 2 & 5000 \\ 0 & 1 & 3 & 4 & 8600 \\ 0 & 0 & 1 & 0 & e_3 \\ 0 & 0 & 0 & 1 & e_4 \end{array}\right) \quad |\cdot(-4) \quad |\cdot(-2) \quad |\cdot(-3) \quad |\cdot(-1)$$

$$\left(\begin{array}{cccc|c} 1 & 1 & 0 & 0 & 5000-e_3-2e_4 \\ 0 & 1 & 0 & 0 & 8600-3e_3-4e_4 \\ 0 & 0 & 1 & 0 & e_3 \\ 0 & 0 & 0 & 1 & e_4 \end{array}\right) \begin{array}{l} \leftarrow \\ |\cdot(-1) \\ \\ \\ \end{array}$$

$$\left(\begin{array}{cccc|c} 1 & 0 & 0 & 0 & -3600+2e_3+2e_4 \\ 0 & 1 & 0 & 0 & 8600-3e_3-4e_4 \\ 0 & 0 & 1 & 0 & e_3 \\ 0 & 0 & 0 & 1 & e_4 \end{array}\right)$$

Dies ergibt zunächst den Lösungsvektor

$$\mathbf{x}_E = \begin{pmatrix} e_1 \\ e_2 \\ e_3 \\ e_4 \end{pmatrix} = \begin{pmatrix} -3600+2e_3+2e_4 \\ 8600-3e_3-4e_4 \\ e_3 \\ e_4 \end{pmatrix}$$

und wegen der Bedingung $e_1 = e_4 = 0$ folgt

$$e_4 = 0$$
$$e_1 = -3600+2e_3+2\cdot 0 \overset{!}{=} 0 \quad \Rightarrow \quad e_3 = 1800$$
$$e_2 = 8600-3\cdot 1800-4\cdot 0 = 3200$$

<u>Ergebnis</u>: Von E_2 können $e_2 = 3200$ Stück hergestellt werden.
Von E_3 können $e_3 = 1800$ Stück hergestellt werden.

2. Weg: Wegen der speziellen Gestalt des Lösungsvektors berechnet man zunächst

$$\mathbf{A}_{ZE} \cdot \mathbf{x}_E = \begin{pmatrix} 1 & 1 & 1 & 2 \\ 0 & 1 & 3 & 4 \\ 1 & 1 & 1 & 2 \end{pmatrix} \cdot \begin{pmatrix} 0 \\ e_2 \\ e_3 \\ 0 \end{pmatrix} = \begin{pmatrix} e_2+e_3 \\ e_2+3e_3 \\ e_2+e_3 \end{pmatrix}$$

und setzt gleich

$$\mathbf{A}_{ZE} \cdot \mathbf{x}_E = \mathbf{b}_Z$$

$$\begin{pmatrix} e_2+e_3 \\ e_2+3e_3 \\ e_2+e_3 \end{pmatrix} = \begin{pmatrix} 5000 \\ 8600 \\ 5000 \end{pmatrix}$$

Dies führt auf das LGS (die 3. Zeile kann weggelassen werden)

$$\left(\begin{array}{cc|c} 1 & 1 & 5000 \\ 1 & 3 & 8600 \end{array}\right) \begin{array}{l} |\cdot(-1) \\ \leftarrow \end{array}$$

$$\left(\begin{array}{cc|c} 1 & 1 & 5000 \\ 0 & 2 & 3600 \end{array}\right) \begin{array}{l} \\ |:2 \end{array}$$

$$\left(\begin{array}{cc|c} 1 & 1 & 5000 \\ 0 & 1 & 1800 \end{array}\right) \begin{array}{l} \leftarrow \\ |\cdot(-1) \end{array}$$

$$\left(\begin{array}{cc|c} 1 & 0 & 3200 \\ 0 & 1 & 1800 \end{array}\right)$$

<u>Ergebnis</u>: wie oben 1. Weg.

Berufliche Gymnasien Baden-Württemberg
Grundkurs Mathematik – Abiturprüfung 1998
Gruppe II Matrizen – Aufgabe 2

Die Matrix $\mathbf{A}_t$ ist gegeben durch

$$\mathbf{A}_t = \begin{pmatrix} 2-t & -1 & 0 \\ -1 & 1 & 1 \\ 0 & 1 & 2-t \end{pmatrix} \quad \text{mit } t \in \mathbb{R}.$$

a) Bestimmen Sie den Lösungsvektor des homogenen linearen Gleichungssystems $\mathbf{A}_2 \cdot \mathbf{x} = \mathbf{o}$.
Bestimmen Sie diejenigen Werte von $s \in \mathbb{R}$ so, dass der Vektor $\mathbf{x}$ mit

$$\mathbf{x} = \begin{pmatrix} 1-s^2 \\ s^2-2 \\ -3+s^2 \end{pmatrix}$$

eine Lösung des Gleichungssystems $\mathbf{A}_2 \cdot \mathbf{x} = \mathbf{o}$ ist. (7 Korrekturpunkte)

b) Bestimmen Sie für $t = 3$ die Matrix $\mathbf{A}_3^{-1}$.

Lösen Sie die Gleichung $\mathbf{A}_3 \cdot \mathbf{x} = \begin{pmatrix} 3 \\ 5 \\ 1 \end{pmatrix}$ nach $\mathbf{x}$ auf und berechnen Sie $\mathbf{x}$.

(6 Korrekturpunkte)

c) Lösen Sie die Gleichung $\mathbf{A}_3^T + \mathbf{A}_3^T \cdot \mathbf{X}^T = \mathbf{A}_3$ nach $\mathbf{X}$ auf und berechnen Sie $\mathbf{X}$.
(6 Korrekturpunkte)

d) Für welche Werte von t hat das inhomogene lineare Gleichungssystem

$$\mathbf{A}_t \cdot \mathbf{x} = \mathbf{b}_t \quad \text{mit} \quad \mathbf{b}_t = \begin{pmatrix} 0 \\ t \\ t \end{pmatrix}$$

- keine Lösung
- genau eine Lösung
- unendlich viele Lösungen?

Bestimmen Sie den Lösungsvektor im Falle der eindeutigen Lösbarkeit.
(11 Korrekturpunkte)

Lösung

Gegeben: $\mathbf{A}_t = \begin{pmatrix} 2-t & -1 & 0 \\ -1 & 1 & 1 \\ 0 & 1 & 2-t \end{pmatrix}; \quad t \in \mathbb{R}$

a) Gesucht:
1. Der Lösungsvektor zu $\mathbf{A}_2 \cdot \mathbf{x} = \mathbf{o}$
2. Der Parameter $s \in \mathbb{R}$ so, dass $\mathbf{x} = (1 - s^2; s^2 - 2; -3 + s^2)^T$ Lösung von $\mathbf{A}_2 \cdot \mathbf{x} = \mathbf{o}$ ist.

Lösung: 1. $\mathbf{A}_2 \cdot \mathbf{x} = \mathbf{o}$

$$\left(\begin{array}{ccc|c} 0 & -1 & 0 & 0 \\ -1 & 1 & 1 & 0 \\ 0 & 1 & 0 & 0 \end{array}\right)$$

$$\left(\begin{array}{ccc|c} -1 & 1 & 1 & 0 \\ 0 & 1 & 0 & 0 \\ 0 & 0 & 0 & 0 \end{array}\right)$$

$$\left(\begin{array}{ccc|c} -1 & 1 & 1 & 0 \\ 0 & 1 & 0 & 0 \\ 0 & 0 & 1 & r \end{array}\right) \begin{array}{l} \\ |\cdot(-1) \\ |\cdot(-1) \end{array}$$

$$\left(\begin{array}{ccc|c} -1 & 0 & 0 & -r \\ 0 & 1 & 0 & 0 \\ 0 & 0 & 1 & r \end{array}\right) \Rightarrow \mathbf{x}_2 = r \cdot \begin{pmatrix} 1 \\ 0 \\ 1 \end{pmatrix}; \quad r \in \mathbb{R}$$

2. $$\mathbf{A}_2 \cdot \mathbf{x} = \begin{pmatrix} 0 & -1 & 0 \\ -1 & 1 & 1 \\ 0 & 1 & 0 \end{pmatrix} \cdot \begin{pmatrix} 1-s^2 \\ s^2-2 \\ -3+s^2 \end{pmatrix} = \begin{pmatrix} -s^2+2 \\ 3s^2-6 \\ s^2-2 \end{pmatrix} \stackrel{!}{=} \begin{pmatrix} 0 \\ 0 \\ 0 \end{pmatrix}$$

Die drei Gleichungen

$-s^2 + 2 = 0$

$3s^2 - 6 = 0$

$s^2 - 2 = 0$

führen alle auf $s_{1,2} = \pm\sqrt{2}$.

b) Gesucht: 1. Die Inverse $\mathbf{A}_3^{-1}$

2. Die Lösung des LGS $\mathbf{A}_3 \cdot \mathbf{x} = \mathbf{b}$ mit $\mathbf{b} = \begin{pmatrix} 3 \\ 5 \\ 1 \end{pmatrix}$

Lösung: 1. $\mathbf{A}_3 \cdot \mathbf{X} = \mathbf{E}$

$$\left(\begin{array}{ccc|ccc} -1 & -1 & 0 & 1 & 0 & 0 \\ -1 & 1 & 1 & 0 & 1 & 0 \\ 0 & 1 & -1 & 0 & 0 & 1 \end{array}\right) \begin{array}{l} |\cdot(-1) \\ \\ \\ \end{array}$$

$$\left(\begin{array}{ccc|ccc} -1 & -1 & 0 & 1 & 0 & 0 \\ 0 & 2 & 1 & -1 & 1 & 0 \\ 0 & 1 & -1 & 0 & 0 & 1 \end{array}\right) \begin{array}{l} \\ \\ |\cdot(-2) \end{array}$$

$$\left(\begin{array}{ccc|ccc} -1 & -1 & 0 & 1 & 0 & 0 \\ 0 & 1 & -1 & 0 & 0 & 1 \\ 0 & 0 & 3 & -1 & 1 & -2 \end{array}\right) \begin{array}{l} \\ |\cdot 3 \\ | \end{array}$$

$$\left(\begin{array}{ccc|ccc} -1 & -1 & 0 & 1 & 0 & 0 \\ 0 & 3 & 0 & -1 & 1 & 1 \\ 0 & 0 & 3 & -1 & 1 & -2 \end{array}\right) \begin{array}{l} |\cdot 3 \leftarrow \\ | \end{array}$$

$$\left(\begin{array}{ccc|ccc} -3 & 0 & 0 & 2 & 1 & 1 \\ 0 & 3 & 0 & -1 & 1 & 1 \\ 0 & 0 & 3 & -1 & 1 & -2 \end{array}\right) \Rightarrow \mathbf{A}_3{}^{-1} = \frac{1}{3} \cdot \begin{pmatrix} -2 & -1 & -1 \\ -1 & 1 & 1 \\ -1 & 1 & -2 \end{pmatrix}$$

2. $\mathbf{A}_3 \cdot \mathbf{x} = \mathbf{b} \Rightarrow \mathbf{x} = \mathbf{A}_3{}^{-1} \cdot \mathbf{b}$

$$= \frac{1}{3} \cdot \begin{pmatrix} -2 & -1 & -1 \\ -1 & 1 & 1 \\ -1 & 1 & -2 \end{pmatrix} \cdot \begin{pmatrix} 3 \\ 5 \\ 1 \end{pmatrix}$$

$$= \begin{pmatrix} -4 \\ 1 \\ 0 \end{pmatrix}$$

c) Gesucht: Lösung einer Matrizengleichung

Lösung:

$$\mathbf{A}_3{}^T + \mathbf{A}_3{}^T \cdot \mathbf{X}^T = \mathbf{A}_3 \qquad |(\ldots)^T$$

$$\mathbf{A}_3 + \mathbf{X} \cdot \mathbf{A}_3 = \mathbf{A}_3{}^T \qquad |-\mathbf{A}_3$$

$$\mathbf{X} \cdot \mathbf{A}_3 = \mathbf{A}_3{}^T - \mathbf{A}_3 \qquad |\cdot \mathbf{A}_3{}^{-1}$$

$$\mathbf{X} = (\mathbf{A}_3{}^T - \mathbf{A}_3) \cdot \mathbf{A}_3{}^{-1}$$

$$\mathbf{A}_3 = \begin{pmatrix} -1 & -1 & 0 \\ -1 & 1 & 1 \\ 0 & 1 & -1 \end{pmatrix}$$

$$\mathbf{A}_3{}^T = \begin{pmatrix} -1 & -1 & 0 \\ -1 & 1 & 1 \\ 0 & 1 & -1 \end{pmatrix} = \mathbf{A}_3 \Rightarrow \mathbf{A}_3{}^T - \mathbf{A}_3{}^T = \mathbf{O}$$

$$\Rightarrow \qquad \mathbf{X} = \mathbf{O}$$

Ergebnis: $\mathbf{X} = \mathbf{O}$

d) Gesucht: Lösbarkeit des LGS $\mathbf{A}_t \cdot \mathbf{x} = \mathbf{b}_t$

Lösung: $\mathbf{A}_t \cdot \mathbf{x} = \mathbf{b}_t$

$$\begin{array}{l} \rightarrow \\ \rightarrow \\ \\ \end{array} \left(\begin{array}{ccc|c} 2-t & -1 & 0 & 0 \\ -1 & 1 & 1 & t \\ 0 & 1 & 2-t & t \end{array}\right) \begin{array}{l} \leftarrow \\ |\cdot(2-t) \\ \\ \end{array}$$

$$\begin{array}{l} \\ \rightarrow \\ \rightarrow \end{array} \left(\begin{array}{ccc|c} -1 & 1 & 1 & t \\ 0 & 1-t & 2-t & -t^2+2t \\ 0 & 1 & 2-t & t \end{array}\right) \begin{array}{l} \\ \leftarrow \\ |\cdot(t-1) \end{array}$$

$$\left(\begin{array}{ccc|c} -1 & 1 & 1 & t \\ 0 & 1 & 2-t & t \\ 0 & 0 & -t^2+2t & t \end{array}\right)$$

$$\left(\begin{array}{ccc|c} -1 & 1 & 1 & t \\ 0 & 1 & 2-t & t \\ 0 & 0 & t(2-t) & t \end{array}\right)$$

t	$Rg(\mathbf{A}_t)$	$Rg(\mathbf{A}_t \mid \mathbf{b}_t)$	Lösbarkeit
0	2	2	mehrdeutig lösbar
2	2	3	unlösbar
sonst	3	3	eindeutig lösbar

Lösungsvektor im Fall der eindeutigen Lösbarkeit ($t \neq 0; 2$):

$$\left(\begin{array}{ccc|c} -1 & 1 & 1 & t \\ 0 & 1 & 2-t & t \\ 0 & 0 & t(2-t) & t \end{array}\right) \quad \begin{array}{l} \\ \\ |:t \end{array}$$

$$\left(\begin{array}{ccc|c} -1 & 1 & 1 & t \\ 0 & 1 & 2-t & t \\ 0 & 0 & 2-t & 1 \end{array}\right) \quad \begin{array}{ll} & |\cdot(-2+t) \\ \leftarrow & \uparrow \\ |\cdot(-1) & | \end{array}$$

$$\left(\begin{array}{ccc|c} 2-t & -2+t & 0 & t^2-2t+1 \\ 0 & 1 & 0 & t-1 \\ 0 & 0 & 2-t & 1 \end{array}\right) \quad \begin{array}{l} \leftarrow \\ |\cdot(2-t) \\ \end{array}$$

$$\left(\begin{array}{ccc|c} 2-t & 0 & 0 & t-1 \\ 0 & 1 & 0 & t-1 \\ 0 & 0 & 2-t & 1 \end{array}\right) \Rightarrow \mathbf{x} = \begin{pmatrix} \frac{t-1}{2-t} \\ t-1 \\ \frac{1}{2-t} \end{pmatrix}$$

Berufliche Gymnasien Baden-Württemberg
Grundkurs Mathematik – Abiturprüfung 1999
Gruppe I Analysis – Aufgabe 1

Für jedes $t \in \mathbb{R}_+^*$ ist die Funktion f_t gegeben durch

$$f_t(x) = 6x \cdot e^{-tx} \quad \text{mit } x \in \mathbb{R}.$$

K_t ist das Schaubild von f_t.

a) Untersuchen Sie K auf Hoch-, Tief- und Wendepunkte.
Berechnen Sie die Gleichung der Wendetangente von K_1.
Zeichnen Sie K_1 und die Wendetangente für $-0{,}5 \le x \le 5$ mit 1 LE = 1 cm.
(11 Korrekturpunkte)

b) Weisen Sie nach, dass F_1 mit

$$F_1(x) = -6(x+1)e^{-x} \quad \text{mit } x \in \mathbb{R}$$

eine Stammfunktion von f_1 ist.
Die 1. Winkelhalbierende und das Schaubild K_1 schließen eine Fläche ein.
Berechnen Sie deren Inhalt. (7 Korrekturpunkte)

c) Zeigen Sie: $f_t''(x) = (-12t + 6t^2x)e^{-tx}$.
Bestätigen Sie rechnerisch, dass alle Wendepunkte von K_t auf der Geraden g mit der Gleichung $y = \frac{6}{e^2} \cdot x$ liegen. (7 Korrekturpunkte)

d) Die Gerade g (siehe Teil c) und die Wendetangente an K_t begrenzen zusammen mit der x-Achse ein Dreieck.
Berechnen Sie den Flächeninhalt A(t) dieses Dreiecks. (7 Korrekturpunkte)

Lösung

a) Kurvendiskussion

$t = 1 \quad \Rightarrow$

$f_1(x) = 6x \cdot e^{-x}, \qquad x \in \mathbb{R}$

- Ableitungen (Produktregel)

$$\begin{aligned} f_1'(x) &= 6 \cdot e^{-x} + 6x \cdot e^{-x} \cdot (-1) \\ &= e^{-x}(6-6x) \\ f_1''(x) &= e^{-x}(-6) + e^{-x} \cdot (-1) \cdot (6-6x) \\ &= e^{-x}(-6-6+6x) \\ &= e^{-x}(6x-12) \end{aligned}$$

$$f_1'''(x) = e^{-x}(6) + e^{-x}\cdot(-1)\cdot(6x-12)$$
$$= e^{-x}(6-6x+12)$$
$$= e^{-x}(18-6x)$$

(dritte Ableitung unnötig, siehe Wendepunkte)

- Extrempunkte ($f'(x) = 0$, $f''(x) \gtrless 0$)

$$e^{-x}(6-6x) = 0$$
$$e^{-x} \neq 0$$
$$6-6x = 0 \quad \Rightarrow \quad x = 1$$
$$f_1(1) = 6\cdot e^{-1} = \frac{6}{e}$$
$$f_1''(1) = -6\cdot e^{-1} = -\frac{6}{e} < 0 \quad \Rightarrow H$$

$$\Rightarrow \quad \underline{\underline{H\left(1 \,\middle|\, \frac{6}{e}\right)}}$$

- Wendepunkte ($f''(x) = 0$, VZW von $f''(x)$ oder $f'''(x) \neq 0$)

$$e^{-x}(6x-12) = 0$$
$$e^{-x} \neq 0$$
$$6x-12 = 0 \quad \Rightarrow \quad x = 2$$
$$f_1(2) = 12\cdot e^{-2} = \frac{12}{e^2}$$
$$f_1'''(2) = 6\cdot e^{-2} = \frac{6}{e^2} \neq 0$$

oder Vorzeichenwechsel von $f''(x)$ an der Stelle $x = 2$, da einfache Nullstelle von $f''(x)$ $\Rightarrow$ W.

$$\Rightarrow \quad \underline{\underline{W\left(2 \,\middle|\, \frac{12}{e^2}\right)}}$$

- Wendetangente (Tangente im Wendepunkt)

Steigung in W:

$$f'(2) = -\frac{6}{e^2}$$

Punkt-Steigungs-Form:

$$y - y_1 = m(x - x_1)$$
$$y - \frac{12}{e^2} = \frac{-6}{e^2}(x-2)$$

$$\Rightarrow \quad \underline{\underline{y = -\frac{6}{e^2}x + \frac{24}{e^2}}} \quad \text{(gesuchte Gleichung)}$$

• Schaubild

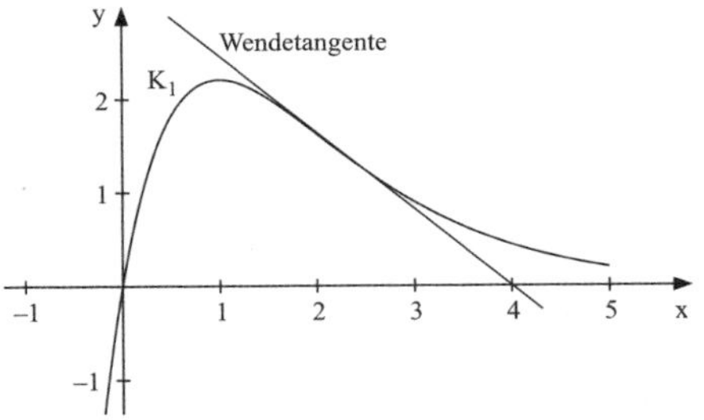

Wertetabelle

x	−0,5	0	0,5	1	1,5	2	2,5	3	3,5	4	4,5	5
y	−4,95	0	1,82	2,21	2,01	1,62	1,23	0,90	0,63	0,44	0,30	0,20

b) Stammfunktion

2 Möglichkeiten

1) $\int f_1(x)dx = F_1(x)$

2) $F_1'(x) = f_1(x)$

Berechnung von Möglichkeit 2:

$$F_1'(x) = -6 \cdot e^{-x} + (-6x-6) \cdot e^{-x} \cdot (-1)$$
$$= e^{-x}(-6+6x+6)$$
$$= e^{-x}(6x) \quad \text{q.e.d}$$

Flächenberechnung

• Skizze

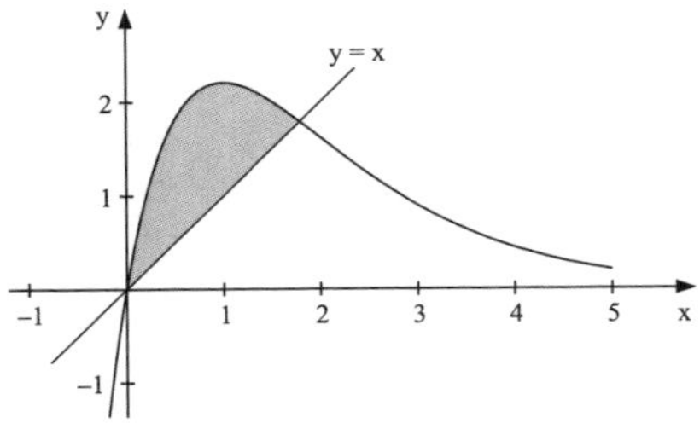

• Schnittstellen

$$x = e^{-x} \cdot 6x$$
$$0 = x(6e^{-x} - 1)$$
$$x_1 = 0$$
$$0 = 6e^{-x} - 1$$

$$1 = 6e^{-x}$$

$$\frac{1}{6} = e^{-x} \qquad | \ln$$

$$\ln\frac{1}{6} = -x$$

$$x = -\ln\frac{1}{6} = \ln 6$$

$$\Rightarrow \quad A = \int_0^{\ln 6} (6xe^{-x} - x)dx$$

$$= \left[-6(x+1)e^{-x} - \frac{1}{2}x^2\right]_0^{\ln 6}$$

$$= -6(\ln 6 + 1) \cdot \frac{1}{6} - \frac{1}{2}(\ln 6)^2 - (-6)$$

$$= -1(1 + \ln 6) - \frac{1}{2}(\ln 6)^2 + 6 \approx \underline{\underline{1{,}60 \text{ FE}}}$$

c) Ortskurve

- Ableitungen

$$f_t'(x) = 6 \cdot e^{-tx} + 6x \cdot e^{-tx} \cdot (-t)$$

$$= e^{-tx}(6 - 6tx)$$

$$f_t''(x) = e^{-tx}(-6t) + e^{-tx} \cdot (-t)(6 - 6tx)$$

$$= e^{-tx}(-6t - 6t + 6t^2x)$$

$$= \underline{\underline{e^{-tx}(6t^2x - 12t)}} \quad \text{q.e.d.}$$

- Wendepunkte

$$f_t''(x) = 0$$

$$0 = e^{-tx}(6t^2x - 12t)$$

$$e^{-tx} \neq 0$$

$$6t^2x - 12t = 0$$

$$6t^2x = 12t \qquad |:6t$$

$$tx = 2$$

$$x = \frac{2}{t}$$

$$f_t\left(\frac{2}{t}\right) = 6 \cdot \frac{2}{t} \cdot e^{-t \cdot \frac{2}{t}}$$

$$= \frac{12}{t} \cdot e^{-2} = \frac{12}{e^2 t}$$

$x = \frac{2}{t}$ ist einfache Nullstelle von $f_t''(x)$.

$\Rightarrow$ VZW. von $f_t''(x)$ an der Stelle $x = \frac{2}{t}$

$\Rightarrow \underline{\underline{W\left(\frac{2}{t} \,\middle|\, \frac{12}{e^2 t}\right)}}$

- Ortskurve

$x = \frac{2}{t} \quad \Rightarrow \quad t = \frac{2}{x}$

$\Rightarrow \quad \underline{\underline{y}} = \frac{12 \cdot x}{e^2 \cdot 2} = \underline{\underline{\frac{6}{e^2} x}}$ q.e.d.

d) Flächeninhalt eines Dreiecks

- Skizze

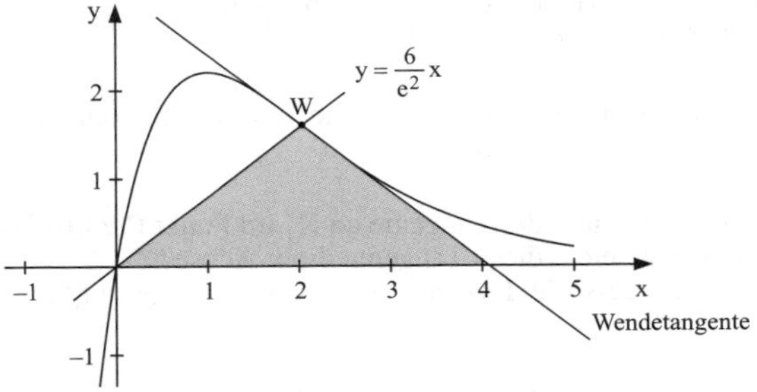

Schnitt der Wendetangente mit der x-Achse

$0 = -\frac{6}{e^2} x + \frac{24}{e^2}$

$\frac{6}{e^2} x = \frac{24}{e^2}$

$x = 4$ (Grundseite des Dreiecks)

$y = \frac{24}{e^2 t}$ (Höhe des Dreiecks)

$\Rightarrow \quad A = \frac{1}{2} g \cdot h$

$= \frac{1}{2} \cdot 4 \cdot \frac{12}{e^2 t}$

$\underline{\underline{A = \frac{24}{e^2 t}}}$

Berufliche Gymnasien Baden-Württemberg
Grundkurs Mathematik – Abiturprüfung 1999
Gruppe I Analysis – Aufgabe 2

Für alle reellen t und für $x \in \mathbb{R}_+^*$ ist die Funktion f_t gegeben durch

$$f_t(x) = x - t\ln(x).$$

K_t ist das Schaubild von f_t.

a) Weisen Sie nach, dass für alle $t \in \mathbb{R}$ die Schaubilder K_t genau einen Punkt gemeinsam haben.

Zeigen Sie $f_t''(x) = \frac{t}{x^2}$. (5 Korrekturpunkte)

b) Untersuchen Sie K_1 auf Hoch-, Tief- und Wendepunkte.
Zeichnen Sie K_1 für $0{,}1 \leq x \leq 5$ mit 1 LE = 1 cm. (5 Korrekturpunkte)

c) Berechnen Sie die Fläche, die durch die erste Winkelhalbierende, K_1 und die Gerade mit der Gleichung $x = 3$ begrenzt wird. (4 Korrekturpunkte)

d) Ermitteln Sie die Gleichung der Tangente an K_1 im Punkt $P(2 \mid f_1(2))$.
An welcher Stelle schneidet diese Tangente die x-Achse?
Bestimmen Sie t so, dass die Tangente an K_t im Punkt $Q(1 \mid f_t(1))$ die x-Achse bei $x = 2$ schneidet. (8 Korrekturpunkte)

e) Eine Parabel 3. Ordnung berührt K_1 im Punkt $Q(1 \mid 1)$ und die x-Achse im Punkt $R(2 \mid 0)$.
Bestimmen Sie die Gleichung dieser Parabel. (8 Korrekturpunkte)

Lösung

a) Gemeinsamer Punkt aller Schaubilder f_t

Setze $t_1 = a$ und $t_2 = b$, dann gleichsetzen

$$x - a\ln x = x - b\ln x$$
$$b\ln x - a\ln x = 0$$
$$\ln x(b-a) = 0 \qquad |:(b-a) \neq 0$$
$$\ln x = 0$$
$$x = 1$$
$$\Rightarrow \quad f_t(1) = 1 - t \cdot \ln 1$$
$$= 1$$
$$\Rightarrow \quad \underline{\underline{P(1|1)}}$$

- Ableitungen

$$f_t'(x) = -\frac{t}{x} = -t\,x^{-1}$$
$$f_t''(x) = \frac{t}{x^2} \qquad \text{q. e. d.}$$

b) Kurvendiskussion

$$f_1(x) = x - \ln x$$
$$f_1'(x) = 1 - \frac{1}{x}$$
$$f_1''(x) = \frac{1}{x^2}$$

$f_1'''(x)$ unnötig, weil $f_1''(x) \neq 0$ für alle $x \in D$

- Extrempunkte ($f'(x) = 0$, $f''(x) \gtrless 0$)

$$1 - \frac{1}{x} = 0$$
$$1 = \frac{1}{x}$$
$$x = 1$$
$$f(1) = 1$$
$$f''(1) = 1 > 0 \quad \Rightarrow T$$
$$\Rightarrow \quad \underline{\underline{T(1|1)}}$$

- Wendepunkte ($f''(x) = 0$, $f'''(x) \neq 0$)

$\frac{1}{x^2} \neq 0 \Rightarrow$ <u>keine</u> Wendepunkte

- Schaubild

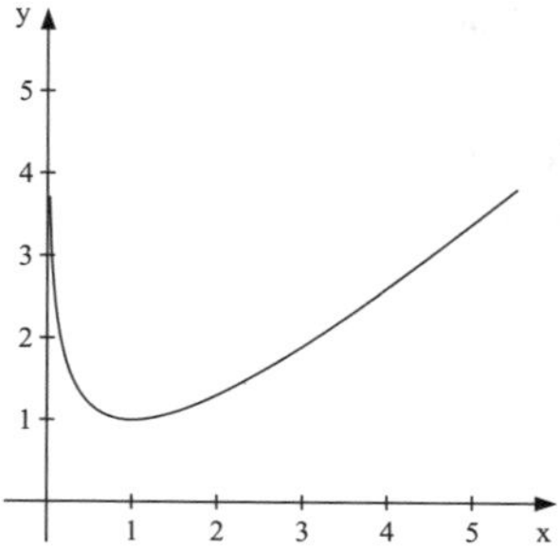

Wertetabelle

x	0,1	0,5	1	2	3	4	5
y	2,40	1,19	1	1,31	1,90	2,61	3,39

c) Flächenberechnung

- Skizze

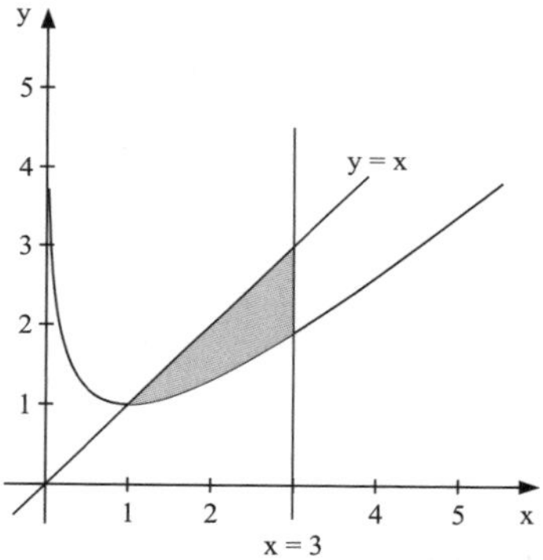

- Fläche

Schnitt von $y = x - \ln x$ mit $y = x$

$$x = x - \ln x$$
$$\ln x = 0$$
$$x = 1$$

$$A = \int_1^3 (x - (x - \ln x))\, dx$$
$$= \int_1^3 \ln x \, dx = [x \cdot \ln x - x]_1^3$$
$$= 3 \cdot \ln 3 - 3 - (1 \cdot \ln 1 - 1)$$
$$= 3\ln 3 - 3 + 1$$
$$= 3\ln 3 - 2 \approx \underline{\underline{1,30\ \text{FE}}}$$

d) Tangentengleichung

$P(2 | f_1(2) = P(2 | 2 - \ln 2)$

Steigung in P:

$f_1'(2) = 1 - \frac{1}{2} = \frac{1}{2}$

Punkt-Steigungsform:

$$y - y_1 = m(x - x_1)$$

$$y - (2 - \ln 2) = \frac{1}{2}(x - 2)$$

$$y = \frac{1}{2}x + 1 - \ln 2 \quad \text{(gesuchte Gleichung)}$$

- Schnitt mit der x-Achse (y = 0)

$$\frac{1}{2}x + 1 - \ln 2 = 0$$

$$\frac{1}{2}x = \ln 2 - 1$$

$$\underline{\underline{x = 2\ln 2 - 2}} \quad \text{(gesuchte Stelle)}$$

- Tangente an K_t in Q

$Q(1 | f_1(1)) = Q(1 | 1)$

$f_1'(1) = 1 - t$

Punkt-Steigungs-Form

$$y - y_1 = m(x - x_1)$$

$$y - 1 = (1 - t)(x - 1)$$

$$y = (1 - t)x + t$$

Schnitt mit der x-Achse (y = 0, x = 2)

$$(1 - t)x + t = 0$$

$$(1 - t) \cdot 2 + t = 0$$

$$2 - 2t + t = 0$$

$$\underline{\underline{2 = t}}$$

e) Aufstellen der Gleichung einer ganzrationalen Funktion

Bedingungen:

$y = \quad g(x) = ax^3 + bx^2 + cx + d$

$\qquad g'(x) = 3ax^2 + 2bx + c$

(1)	Q(1 | 1)	$\Rightarrow$	$g(1) = 1$	$\Rightarrow$	$a + b + c + d = 1$
(2)	R(2 | 0)	$\Rightarrow$	$g(2) = 0$	$\Rightarrow$	$8a + 4b + 2c + d = 0$
(3)	Berührung in Q	$\Rightarrow$	$g'(1) = f_1'(1)$	$\Rightarrow$	$3a + 2b + c = 0$
(4)	Berührung der x-Achse in R	$\Rightarrow$	$g'(2) = 0$	$\Rightarrow$	$12a + 4b + c = 0$

- LGS, Berechnung nach Gauß

$$\left(\begin{array}{cccc|c} 1 & 1 & 1 & 1 & 1 \\ 8 & 4 & 2 & 1 & 0 \\ 3 & 2 & 1 & 0 & 0 \\ 12 & 4 & 1 & 0 & 0 \end{array}\right) \quad \cdot(-8) \quad \cdot(-3) \quad \cdot(-12)$$

(Zeile 1 mal (-8) zu Zeile 2, mal (-3) zu Zeile 3, mal (-12) zu Zeile 4 addiert)

$$\left(\begin{array}{cccc|c} 1 & 1 & 1 & 1 & 1 \\ 0 & -4 & -6 & -7 & -8 \\ 0 & -1 & -2 & -3 & -3 \\ 0 & -8 & -11 & -12 & -12 \end{array}\right) \quad \begin{array}{l} \\ \cdot(-2) \\ \cdot(-4) \\ \\ \end{array}$$

(Zeile 2 mal (-2) zu Zeile 4 addiert; Zeile 3 mal (-4) zu Zeile 2 addiert)

$$\left(\begin{array}{cccc|c} 1 & 1 & 1 & 1 & 1 \\ 0 & -4 & -6 & -7 & -8 \\ 0 & 0 & 2 & 5 & 4 \\ 0 & 0 & 1 & 2 & 4 \end{array}\right) \quad \begin{array}{l} \\ \cdot(-1) \\ \\ \cdot(-2) \end{array}$$

(Zeile 3 zu Zeile 4 mal (-2) addiert)

$$\left(\begin{array}{cccc|c} 1 & 1 & 1 & 1 & 1 \\ 0 & 4 & 6 & 7 & 8 \\ 0 & 0 & 2 & 5 & 4 \\ 0 & 0 & 0 & 1 & -4 \end{array}\right) \quad \Rightarrow \quad d = -4$$

$\Rightarrow \quad 2c = 4 + 5 \cdot 4$

$\qquad c = 12$

$\Rightarrow \quad 4b = 8 - 6 \cdot 12 + 7 \cdot 4$

$\qquad b = -9$

$\Rightarrow \quad a = 1 + 9 - 12 + 4$

$\qquad a = 2$

$\Rightarrow \quad \underline{\underline{y = 2x^3 - 9x^2 + 12x - 4}}$ (gesuchte Gleichung)

außer d).

Berufliche Gymnasien Baden-Württemberg
Grundkurs Mathematik – Abiturprüfung 1999
Gruppe II Matrizen – Aufgabe 1

Die Zweigwerke A, B und C sind nach dem Leontief-Modell miteinander verflochten.
Im derzeitigen Produktionszeitraum beliefern sie sich und den Markt nach folgender Input-Output-Tabelle:

	A	B	C	Markt	Produktion
A	10	20	a	10	50
B	40	b	5	5	100
C	40	20	20	c	d

Zu dieser Tabelle gehört folgende Inputmatrix **A**:

$$\mathbf{A} = \begin{pmatrix} e & 0{,}2 & 0{,}1 \\ 0{,}8 & 0{,}5 & f \\ 0{,}8 & 0{,}2 & 0{,}2 \end{pmatrix}$$

a) Berechnen Sie a, b, c und d der Input-Output-Tabelle sowie e und f der Inputmatrix **A**.
(6 Korrekturpunkte)

b) Es sei

$$\mathbf{E} - \mathbf{A} = \begin{pmatrix} 0{,}8 & -0{,}2 & -0{,}1 \\ -0{,}8 & 0{,}5 & -0{,}05 \\ -0{,}8 & -0{,}2 & 0{,}8 \end{pmatrix}$$

Berechnen Sie die Leontief-Inverse $(\mathbf{E} - \mathbf{A})^{-1}$

Die Abgabe an den Konsum soll $\mathbf{y} = \begin{pmatrix} 24 \\ 36 \\ 12 \end{pmatrix}$ betragen.

Berechnen Sie den Produktionsvektor **x**.
(7 Korrekturpunkte)

c) Die Produktionskosten für je eine ME der Produkte der jeweiligen Werke ergeben sich aus folgender Tabelle:

Werk	A	B	C
Kosten in DM je ME	50	100	80

Am Markt erzielt das Produkt des Werkes A einen Preis von 800 DM pro ME und das Produkt des Werkes C 600 DM je ME.

Berechnen Sie den Marktabgabevektor **y** und den Preis p für eine ME des Produktes von Werk B damit die Produktion $\mathbf{x} = (69 \quad 158 \quad 116)^T$ kostendeckend ist.
(7 Korrekturpunkte)

d) Die Geschäftsleitung plant für den nächsten Produktionszeitraum. Sie hat dabei folgende Daten zu berücksichtigen:

1. Die Produktion von Zweigwerk C soll 60 ME betragen.
2. Die Produktion des Zweigwerkes B ist in Mengeneinheiten doppelt so groß wie die Produktion des Zweigwerkes A.
3. Aufgrund der Marktlage ist mit einer Marktabgabe des Werkes C von Null zu rechnen.
4. Die Marktabgabe des Werkes A ist in ME doppelt so groß wie die des Werkes B.

Für die Produktion gilt die Matrix **E** – **A** aus Teilaufgabe b.

Berechnen Sie den Produktions- und Marktabgabevektor bei dieser Planung.

(10 Korrekturpunkte)

Lösung

Gegeben: Leontief-Modell mit

	A	B	C	Markt **y**	Produktion **x**
A	10	20	a	10	50
B	40	b	5	5	100
C	40	20	20	c	d

$$\mathbf{A} = \begin{pmatrix} e & 0{,}2 & 0{,}1 \\ 0{,}8 & 0{,}5 & f \\ 0{,}8 & 0{,}2 & 0{,}2 \end{pmatrix}$$

a) Gesucht: a, b, c, d, e, f

Lösung:

1. Zeile der Tabelle: $10+20+a+10=50 \quad \Rightarrow \quad a=10$

2. Zeile der Tabelle: $40+b+5+5=100 \quad \Rightarrow \quad b=50$

1. Zeile der Matrix **A**: $a_{11}=\frac{x_{11}}{x_1}$: $\quad e=\frac{10}{50} \quad \Rightarrow \quad e=0{,}2$

3. Zeile der Matrix **A**: $a_{33}=\frac{x_{33}}{x_3}$: $\quad 0{,}2=\frac{20}{d} \quad \Rightarrow \quad d=100$

2. Zeile der Matrix **A**: $a_{23}=\frac{x_{23}}{x_3}$: $\quad f=\frac{5}{100} \quad \Rightarrow \quad f=0{,}05$

3. Zeile der Tabelle: $40+20+20+c=100 \quad \Rightarrow \quad c=20$

Zusammenfassung (nicht verlangt):

	A	B	C	Markt $\mathbf{y}$	Produktion $\mathbf{x}$
A	10	20	10	10	50
B	40	50	5	5	100
C	40	20	20	20	100
$\mathbf{x}^T$	50	100	100		
	0,2	0,2	0,1		
A	0,8	0,5	0,05		
	0,8	0,2	0,2		

b) Gesucht: Leontief-Inverse $(\mathbf{E}-\mathbf{A})^{-1}$; Produktion $\mathbf{x}$, wenn $\mathbf{y} = \begin{pmatrix} 24 \\ 36 \\ 12 \end{pmatrix}$

Lösung: $\mathbf{E}-\mathbf{A} = \begin{pmatrix} 0{,}8 & -0{,}2 & -0{,}1 \\ -0{,}8 & 0{,}5 & -0{,}05 \\ -0{,}8 & -0{,}2 & 0{,}8 \end{pmatrix}$

- Inverse $(\mathbf{E}-\mathbf{A})^{-1}$

$$\left(\begin{array}{rrr|rrr} 0{,}8 & -0{,}2 & -0{,}1 & 1 & 0 & 0 \\ -0{,}8 & 0{,}5 & -0{,}05 & 0 & 1 & 0 \\ -0{,}8 & -0{,}2 & 0{,}8 & 0 & 0 & 1 \end{array}\right) \begin{array}{l} |\cdot 100 \\ |\cdot 100 \\ |\cdot 100 \end{array}$$

$$\left(\begin{array}{rrr|rrr} 80 & -20 & -10 & 100 & 0 & 0 \\ -80 & 50 & -5 & 0 & 100 & 0 \\ -80 & -20 & 80 & 0 & 0 & 100 \end{array}\right)$$

$$\left(\begin{array}{rrr|rrr} 80 & -20 & -10 & 100 & 0 & 0 \\ 0 & 30 & -15 & 100 & 100 & 0 \\ 0 & -40 & 70 & 100 & 0 & 100 \end{array}\right) \begin{array}{l} \\ |\cdot 4 \\ |\cdot 3 \end{array}$$

$$\left(\begin{array}{rrr|rrr} 80 & -20 & -10 & 100 & 0 & 0 \\ 0 & 30 & -15 & 100 & 100 & 0 \\ 0 & 0 & 150 & 700 & 400 & 300 \end{array}\right) \begin{array}{ll} & |\cdot 15 \\ |\cdot 10 & \\ | & | \end{array}$$

$$\left(\begin{array}{rrr|rrr} 1200 & -300 & 0 & 2200 & 400 & 300 \\ 0 & 300 & 0 & 1700 & 1400 & 300 \\ 0 & 0 & 150 & 700 & 400 & 300 \end{array}\right)$$

$$\left(\begin{array}{rrr|rrr} 1200 & 0 & 0 & 3900 & 1800 & 600 \\ 0 & 300 & 0 & 1700 & 1400 & 300 \\ 0 & 0 & 150 & 700 & 400 & 300 \end{array}\right) \begin{array}{l} |:100 \\ |\cdot 4/100 \\ |\cdot 8/100 \end{array}$$

$$\left(\begin{array}{ccc|ccc} 12 & 0 & 0 & 39 & 18 & 6 \\ 0 & 12 & 0 & 68 & 56 & 12 \\ 0 & 0 & 12 & 56 & 32 & 24 \end{array}\right)$$

Ergebnis: $(\mathbf{E}-\mathbf{A})^{-1} = \frac{1}{12} \cdot \begin{pmatrix} 39 & 18 & 6 \\ 68 & 56 & 12 \\ 56 & 32 & 24 \end{pmatrix}$

- Berechnung von **x**

$(\mathbf{E}-\mathbf{A}) \cdot \mathbf{x} = \mathbf{y} \quad \Rightarrow \quad \mathbf{x} = (\mathbf{E}-\mathbf{A})^{-1} \cdot \mathbf{y}$

$$= \frac{1}{12} \cdot \begin{pmatrix} 39 & 18 & 6 \\ 68 & 56 & 12 \\ 56 & 32 & 24 \end{pmatrix} \cdot \begin{pmatrix} 24 \\ 36 \\ 12 \end{pmatrix}$$

Ergebnis: $\mathbf{x} = \begin{pmatrix} 138 \\ 316 \\ 232 \end{pmatrix}$

c) **Gegeben:** $\mathbf{k}^T = (50;\ 100;\ 80)$ **K**osten der Produkte

$\mathbf{p}^T = (800;\ p;\ 600)$ **P**reis der Produkte

$\mathbf{x}^T = (69;\ 158;\ 116)$ **P**roduktionsvektor

Gesucht: **y** = Marktvektor

p = Preis für Produkt aus Zweigwerk B so, dass die Produktion **x** kostendeckend ist.

Lösung:

- y = Marktvektor:
  Wegen $(\mathbf{E}-\mathbf{A}) \cdot \mathbf{x} = \mathbf{y}$ gilt

$$\mathbf{y} = (\mathbf{E}-\mathbf{A}) \cdot \mathbf{x} = \begin{pmatrix} 0,8 & -0,2 & -0,1 \\ -0,8 & 0,5 & -0,05 \\ -0,8 & -0,2 & 0,8 \end{pmatrix} \cdot \begin{pmatrix} 69 \\ 158 \\ 116 \end{pmatrix} = \begin{pmatrix} 12 \\ 18 \\ 6 \end{pmatrix}$$

- p so, dass Produktion kostendeckend
  Wegen Gewinn = Erlös – Kosten
  also $G = E - K$
  gilt $G = \mathbf{p}^T \cdot \mathbf{y} - \mathbf{k}^T \cdot \mathbf{x}$

$$= (800;\ p;\ 600) \cdot \begin{pmatrix} 12 \\ 18 \\ 6 \end{pmatrix} - (50;\ 100;\ 80) \cdot \begin{pmatrix} 69 \\ 158 \\ 116 \end{pmatrix}$$

$$= 18 \cdot p + 13200 - 28530$$

$$= 18 \cdot p - 15330$$

Kostendeckung wird erreicht, wenn

$$G = 0$$

d. h. $0 = 18 \cdot p - 15330$

$$\Rightarrow \quad p = \frac{15330}{18} = 851{,}6 \approx 851{,}67$$

Ergebnis: Wenn p = 851,67 der Preis für das Produkt aus Werk B ist, wird Kostendeckung erreicht.

d) Gesucht: **x, y** unter den Bedingungen

- $x_3 = 60$
- $x_2 = 2 \cdot x_1$

$$\left.\right\} \mathbf{x} = \begin{pmatrix} x_1 \\ 2 \cdot x_1 \\ 60 \end{pmatrix}$$

- $y_3 = 0$
- $y_1 = 2 \cdot y_2$

$$\left.\right\} \mathbf{y} = \begin{pmatrix} 2 \cdot y_2 \\ y_2 \\ 0 \end{pmatrix}$$

Lösung: Wegen $(\mathbf{E} - \mathbf{A}) \cdot \mathbf{x} = \mathbf{y}$ folgt

$$\begin{pmatrix} 0{,}8 & -0{,}2 & -0{,}1 \\ -0{,}8 & 0{,}5 & -0{,}05 \\ -0{,}8 & -0{,}2 & 0{,}8 \end{pmatrix} \cdot \begin{pmatrix} x_1 \\ 2 \cdot x_1 \\ 60 \end{pmatrix} = \begin{pmatrix} 2 \cdot y_2 \\ y_2 \\ 0 \end{pmatrix}$$

$$0{,}8x_1 - 0{,}2 \cdot 2x_1 - 0{,}1 \cdot 60 = 2y_2$$
$$-0{,}8x_1 + 0{,}5 \cdot 2x_1 - 0{,}05 \cdot 60 = y_2$$
$$-0{,}8x_1 - 0{,}2 \cdot 2x_1 + 0{,}8 \cdot 60 = 0$$

bzw.

(1) $0{,}4 \cdot x_1 - 6 = 2 \cdot y_2$

(2) $0{,}2 \cdot x_1 - 3 = y_2$

(3) $-1{,}2 \cdot x_1 + 48 = 0 \Rightarrow x_1 = 40$

Einsetzen in (2):

(2) $0{,}2 \cdot 40 - 3 = y_2 \qquad \Rightarrow y_2 = 5$

Probe mit (1):

(1) $0{,}4 \cdot 40 - 6 \stackrel{?}{=} 2 \cdot 5$ ✓

Ergebnis: $\mathbf{x} = \begin{pmatrix} 40 \\ 80 \\ 60 \end{pmatrix}; \quad \mathbf{y} = \begin{pmatrix} 10 \\ 5 \\ 0 \end{pmatrix}$

Berufliche Gymnasien Baden-Württemberg
Grundkurs Mathematik – Abiturprüfung 1999
Gruppe II Matrizen – Aufgabe 2

Gegeben sind die Matrix $\mathbf{A}_t$ und der Vektor $\mathbf{b}_t$:

$$\mathbf{A}_t = \begin{pmatrix} 1 & 2 & 1-t \\ 1 & t+4 & 2-t \\ t & -4 & t-3 \end{pmatrix}; \quad \mathbf{b}_t = \begin{pmatrix} -t \\ 3-2t \\ -3-2t \end{pmatrix} \quad \text{mit } t \in \mathbb{R}.$$

a) Berechnen Sie die Lösung des LGS $\mathbf{A}_2 \cdot \mathbf{x} = \mathbf{b}_2$.
Für welche Werte von t hat das LGS $\mathbf{A}_t \cdot \mathbf{x} = \mathbf{b}_t$
genau eine, keine bzw. unendlich viele Lösungen? (10 Korrekturpunkte)

b) Für welchen Wert von t ist die Matrix $\mathbf{A}_t$ die Inverse von $\mathbf{A}^*$ mit

$$\mathbf{A}^* = \frac{1}{12} \cdot \begin{pmatrix} -6 & 6 & 6 \\ 1 & 1 & -1 \\ -16 & 8 & 4 \end{pmatrix} ?$$

(6 Korrekturpunkte)

c) Zeigen Sie, dass für $t \in \mathbb{R}^*$ die Matrizengleichung

$$\mathbf{A}_t^T \cdot \mathbf{X}^T = \mathbf{A}_0^T \cdot (\mathbf{X}^T + \mathbf{E})$$

die folgende Lösung hat:

$$\mathbf{X} = \mathbf{A}_0 \cdot (\mathbf{A}_t - \mathbf{A}_0)^{-1}.$$

Berechnen Sie **X**! (7 Korrekturpunkte)

d) Gegeben ist die Gleichung

$$\begin{pmatrix} 1 & 2 \\ 2 & -1 \\ 3 & 2 \end{pmatrix} \cdot \mathbf{B} = \begin{pmatrix} -1 & 1 \\ 3 & -3 \\ 1 & -1 \end{pmatrix}.$$

Von welchem Typ muss die Matrix **B** sein?
Warum kann die Gleichung nicht nach **B** aufgelöst werden?
Berechnen Sie **B** so, dass die Gleichung erfüllt wird. (7 Korrekturpunkte)

Lösung

Gegeben: $A_t = \begin{pmatrix} 1 & 2 & 1-t \\ 1 & t+4 & 2-t \\ t & -4 & t-3 \end{pmatrix}$; $\quad b_t = \begin{pmatrix} -t \\ 3-2t \\ -3-2t \end{pmatrix}$, $\quad t \in \mathbb{R}$

a) Lösung der LGSe $A_2x = b_2$ und $A_tx = b_t$

- $A_2x = b_2$:

$$\left(\begin{array}{ccc|c} 1 & 2 & -1 & -2 \\ 1 & 6 & 0 & -1 \\ 2 & -4 & -1 & -7 \end{array}\right) \quad |\cdot(-1) \quad |\cdot(-2)$$

$$\left(\begin{array}{ccc|c} 1 & 2 & -1 & -2 \\ 0 & 4 & 1 & 1 \\ 0 & -8 & 1 & -3 \end{array}\right) \quad |\cdot 2$$

$$\left(\begin{array}{ccc|c} 1 & 2 & -1 & -2 \\ 0 & 4 & 1 & 1 \\ 0 & 0 & 3 & -1 \end{array}\right) \quad |\cdot 3 \quad |\cdot(-3)$$

$$\left(\begin{array}{ccc|c} 3 & 6 & 0 & -7 \\ 0 & -12 & 0 & -4 \\ 0 & 0 & 3 & -1 \end{array}\right) \quad |\cdot\frac{1}{2}$$

$$\left(\begin{array}{ccc|c} 3 & 0 & 0 & -9 \\ 0 & -12 & 0 & -4 \\ 0 & 0 & 3 & -1 \end{array}\right) \quad \Rightarrow \quad x_2 = \frac{1}{3}\cdot\begin{pmatrix} -9 \\ 1 \\ -1 \end{pmatrix}$$

- $A_tx = b_t$:

$$\left(\begin{array}{ccc|c} 1 & 2 & 1-t & -t \\ 1 & t+4 & 2-t & 3-2t \\ t & -4 & t-3 & -3-2t \end{array}\right) \quad |\cdot(-1) \quad |\cdot(-t)$$

$$\left(\begin{array}{ccc|c} 1 & 2 & 1-t & -t \\ 0 & t+2 & 1 & 3-t \\ 0 & -2t-4 & t^2-3 & t^2-2t-3 \end{array}\right) \quad |\cdot(+2)$$

$$\left(\begin{array}{ccc|c} 1 & 2 & 1-t & -t \\ 0 & t+2 & 1 & 3-t \\ 0 & 0 & t^2-1 & t^2-4t+3 \end{array}\right)$$

$$\left(\begin{array}{ccc|c} 1 & 2 & 1-t & -t \\ 0 & t+2 & 1 & 3-t \\ 0 & 0 & (t-1)(t+1) & (t-1)(t-3) \end{array}\right)$$

Fallunterscheidung:

1. $t = -2$:

$$\left(\begin{array}{ccc|c} 1 & 2 & 3 & 2 \\ 0 & 0 & 1 & 5 \\ 0 & 0 & 3 & 15 \end{array}\right) \quad \begin{array}{l} \\ |\cdot(-3) \\ \leftarrow \end{array}$$

$$\left(\begin{array}{ccc|c} 1 & 2 & 3 & 2 \\ 0 & 0 & 1 & 5 \\ 0 & 0 & 0 & 0 \end{array}\right)$$

2. $t = -1$:

$$\left(\begin{array}{ccc|c} 1 & 2 & 2 & 1 \\ 0 & 1 & 1 & 4 \\ 0 & 0 & 0 & 8 \end{array}\right)$$

3. $t = 1$:

$$\left(\begin{array}{ccc|c} 1 & 2 & 0 & -1 \\ 0 & 3 & 1 & 2 \\ 0 & 0 & 0 & 0 \end{array}\right)$$

Zusammenfassung:

t	Rg($\mathbf{A}_t$)	Rg($\mathbf{A}_t \mid \mathbf{b}_t$)	Lösungen
–2	2	2	unendlich viele
–1	2	3	keine
1	2	2	unendlich viele
sonst	3	3	genau eine

b) Bestimmung von t so, dass $\mathbf{A}_t$ Inverse von $\mathbf{A}^*$ ist mit $\mathbf{A}^* = \frac{1}{12} \cdot \begin{pmatrix} -6 & 6 & 6 \\ 1 & 1 & -1 \\ -16 & 8 & 4 \end{pmatrix}$

1. Weg: Wenn $\mathbf{A}_t$ Inverse von $\mathbf{A}^*$ sein soll, gilt $\mathbf{A}^* \cdot \mathbf{A}_t = \mathbf{E}$:

$$\frac{1}{12} \cdot \begin{pmatrix} -6 & 6 & 6 \\ 1 & 1 & -1 \\ -16 & 8 & 4 \end{pmatrix} \cdot \begin{pmatrix} 1 & 2 & 1-t \\ 1 & t+4 & 2-t \\ t & -4 & t-3 \end{pmatrix} = \begin{pmatrix} 1 & 0 & 0 \\ 0 & 1 & 0 \\ 0 & 0 & 1 \end{pmatrix} \qquad |\cdot 12$$

$$\begin{pmatrix} 6t & 6t-12 & 6t-12 \\ -t+2 & t+10 & -3t+6 \\ 4t-8 & 8t-16 & 12t-12 \end{pmatrix} = \begin{pmatrix} 12 & 0 & 0 \\ 0 & 12 & 0 \\ 0 & 0 & 12 \end{pmatrix}$$

Ergebnis: $t = 2$ (**Alle** Matrixelemente müssen überprüft werden!)

2. Weg: Die Überlegung $\mathbf{A}_t \cdot \mathbf{A}^* \stackrel{!}{=} \mathbf{E}$ (vgl. 1. Weg) führt ebenfalls zu $t = 2$; rechnen Sie nach!

3. Weg: Wenn $\mathbf{A}_t$ Inverse von $\mathbf{A}^*$ ist: $\mathbf{A}_t^{-1} = \mathbf{A}^*$,
dann ist umgekehrt $\mathbf{A}^*$ Inverse von $\mathbf{A}_t$: $(\mathbf{A}^*)^{-1} = \mathbf{A}_t$.
Also berechnet man $(\mathbf{A}^*)^{-1}$ und vergleicht anschließend mit $\mathbf{A}_t$:

$$(\mathbf{A}^* \,|\, \mathbf{E})$$

$$\left(\begin{array}{ccc|ccc} -\frac{6}{12} & \frac{6}{12} & -\frac{6}{12} & 1 & 0 & 0 \\ \frac{1}{12} & \frac{1}{12} & -\frac{1}{12} & 0 & 1 & 0 \\ -\frac{16}{12} & \frac{8}{12} & \frac{4}{12} & 0 & 0 & 1 \end{array}\right) \begin{array}{l} |\cdot 12 \\ |\cdot 12 \\ |\cdot 12 \end{array}$$

$$\begin{array}{c} \updownarrow \\ \\ \\ \end{array}\left(\begin{array}{ccc|ccc} -6 & 6 & 6 & 12 & 0 & 0 \\ 1 & 1 & -1 & 0 & 12 & 0 \\ -16 & 8 & 4 & 0 & 0 & 12 \end{array}\right) \begin{array}{l} \leftarrow \\ |\cdot 6 \quad |\cdot 16 \\ \leftarrow \end{array}$$

$$\left(\begin{array}{ccc|ccc} 1 & 1 & -1 & 0 & 12 & 0 \\ 0 & 12 & 0 & 12 & 72 & 0 \\ 0 & 24 & -12 & 0 & 192 & 12 \end{array}\right) \begin{array}{l} \\ |\cdot(-2) \\ \leftarrow \end{array}$$

$$\left(\begin{array}{ccc|ccc} 1 & 1 & -1 & 0 & 12 & 0 \\ 0 & 12 & 0 & 12 & 72 & 0 \\ 0 & 0 & -12 & -24 & 48 & 12 \end{array}\right) \begin{array}{l} \\ |:12 \\ |:(-12) \end{array}$$

$$\left(\begin{array}{ccc|ccc} 1 & 1 & -1 & 0 & 12 & 0 \\ 0 & 1 & 0 & 1 & 6 & 0 \\ 0 & 0 & 1 & 2 & -4 & -1 \end{array}\right) \begin{array}{l} \leftarrow \\ \\ | \uparrow \end{array}$$

$$\left(\begin{array}{ccc|ccc} 1 & 1 & 0 & 2 & 8 & -1 \\ 0 & 1 & 0 & 1 & 6 & 0 \\ 0 & 0 & 1 & 2 & -4 & -1 \end{array}\right) \begin{array}{l} \leftarrow \\ |\cdot(-1) \\ \\ \end{array}$$

$$\left(\begin{array}{ccc|ccc} 1 & 0 & 0 & 1 & 2 & -1 \\ 0 & 1 & 0 & 1 & 6 & 0 \\ 0 & 0 & 1 & 2 & -4 & -1 \end{array}\right) \Rightarrow (\mathbf{A}^*)^{-1} = \begin{pmatrix} 1 & 2 & -1 \\ 1 & 6 & 0 \\ 2 & -4 & -1 \end{pmatrix}$$

Der **elementweise** Vergleich $(\mathbf{A}^*)^{-1} = \mathbf{A}_t$ liefert:

$$\begin{pmatrix} 1 & 2 & -1 \\ 1 & 6 & 0 \\ 2 & -4 & -1 \end{pmatrix} = \begin{pmatrix} 1 & 2 & 1-t \\ 1 & t+4 & 2-t \\ t & -4 & t-3 \end{pmatrix} \Rightarrow t = 2$$

4. Weg: Man berechnet $(\mathbf{A}_t)^{-1}$ und vergleicht mit $\mathbf{A}^*$. Wegen der schwierigen Rechnungen – Inverse einer Matrix, die von einem Parameter t abhängt – ist dies so ziemlich das Dümmste, was man tun kann. Aber für Unentwegte:

$$(\mathbf{A}_t \,|\, \mathbf{E})$$

$$\left(\begin{array}{ccc|ccc} 1 & 2 & 1-t & 1 & 0 & 0 \\ 1 & t+4 & 2-t & 0 & 1 & 0 \\ t & -4 & t-3 & 0 & 0 & 1 \end{array}\right) \quad \begin{array}{l} |\cdot(-1) \quad |\cdot(-t) \\ \leftarrow \text{(Zeile 1} \cdot (-1)\text{)} \\ \leftarrow \text{(Zeile 1} \cdot (-t)\text{)} \end{array}$$

$$\left(\begin{array}{ccc|ccc} 1 & 2 & 1-t & 1 & 0 & 0 \\ 0 & t+2 & 1 & -1 & 1 & 0 \\ 0 & -2t-4 & t^2-3 & -t & 0 & 1 \end{array}\right) \quad \begin{array}{l} \\ |\cdot 2 \\ \leftarrow \end{array}$$

$$\left(\begin{array}{ccc|ccc} 1 & 2 & 1-t & 1 & 0 & 0 \\ 0 & t+2 & 1 & -1 & 1 & 0 \\ 0 & 0 & t^2-1 & -t-2 & 2 & 1 \end{array}\right)$$

Fallunterscheidung (vgl. auch Teilaufgabe a):

1. $t=-2$:
$$\left(\begin{array}{ccc|ccc} 1 & 2 & 3 & 1 & 0 & 0 \\ 0 & 0 & 1 & -1 & 1 & 0 \\ 0 & 0 & 3 & 0 & 2 & 1 \end{array}\right)$$
Wegen $\mathrm{Rg}(\mathbf{A}_{-2}) = 2 < 3$ gibt es keine Inverse zu $\mathbf{A}_{-2}$.

2. $t=-1$:
$$\left(\begin{array}{ccc|ccc} 1 & 2 & 2 & 1 & 0 & 0 \\ 0 & 1 & 1 & -1 & 1 & 0 \\ 0 & 0 & 0 & -1 & 2 & 1 \end{array}\right)$$
Wegen $\mathrm{Rg}(\mathbf{A}_{-1}) = 2 < 3$ gibt es keine Inverse zu $\mathbf{A}_{-1}$.

3. $t=1$:
$$\left(\begin{array}{ccc|ccc} 1 & 2 & 0 & 1 & 0 & 0 \\ 0 & 3 & 1 & -1 & 1 & 0 \\ 0 & 0 & 0 & -3 & 2 & 1 \end{array}\right)$$
Wegen $\mathrm{Rg}(\mathbf{A}_1) = 2 < 3$ gibt es keine Inverse zu $\mathbf{A}_1$.

4. $t \neq -2; -1; 1$:

$$\left(\begin{array}{ccc|ccc} 1 & 2 & 1-t & 1 & 0 & 0 \\ 0 & t+2 & 1 & -1 & 1 & 0 \\ 0 & 0 & t^2-1 & -t-2 & 2 & 1 \end{array}\right) \quad \begin{array}{l} |\cdot(t+1) \uparrow \\ |\cdot(t^2-1) \leftarrow \\ |\cdot(-1) \end{array}$$

$$\left(\begin{array}{ccc|ccc} t+1 & 2(t+1) & 0 & -1 & 2 & 1 \\ 0 & (t+2)(t^2-1) & 0 & -t^2+t+3 & t^2-3 & -1 \\ 0 & 0 & t^2-1 & -t-2 & 2 & 1 \end{array}\right)$$

$$\left(\begin{array}{ccc|ccc} t+1 & 2(t+1) & 0 & -1 & 2 & 1 \\ 0 & (t+2)(t+1)(t-1) & 0 & -t^2+t+3 & t^2-3 & -1 \\ 0 & 0 & t^2-1 & -t-2 & 2 & 1 \end{array}\right) \begin{array}{l} |\cdot(t+2)(t-1) \\ |\cdot(-2) \\ |\cdot(t+2) \end{array}$$

$$\left(\begin{array}{ccc|ccc} (t+2)(t+1)(t-1) & 0 & 0 & t^2-3t-4 & 2t+2 & t^2+t \\ 0 & (t+2)(t+1)(t-1) & 0 & -t^2+t+3 & t^2-3 & -1 \\ 0 & 0 & (t+2)(t+1)(t-1) & -(t+2)^2 & 2(t+2) & t+2 \end{array}\right)$$

$$\Rightarrow \quad \mathbf{A}_t^{-1} = \frac{1}{(t+2)(t+1)(t-1)} \cdot \begin{pmatrix} t^2-3t-4 & 2t+2 & t^2+t \\ -t^2+t+3 & t^2-3 & -1 \\ -(t+2)^2 & 2(t+2) & t+2 \end{pmatrix}$$

$$\stackrel{!}{=} \frac{1}{12} \cdot \begin{pmatrix} -6 & 6 & 6 \\ 1 & 1 & -1 \\ -16 & 8 & 4 \end{pmatrix} = \mathbf{A}^*$$

Man setzt (beispielsweise) gleich

$$(\mathbf{A}_t^{-1})_{33} = (\mathbf{A}^*)_{33}$$

$$\Leftrightarrow \quad \frac{t+2}{(t+2)(t+1)(t-1)} = \frac{4}{12}$$

$$\Leftrightarrow \quad \frac{1}{t^2-1} = \frac{1}{3}$$

$$\Leftrightarrow \quad 3 = t^2 - 1$$

$$\Leftrightarrow \quad t^2 = 4$$

$$\Rightarrow \quad t_{1,2} = \pm 2$$

Wegen $t \in \mathbb{R} \setminus \{-2; -1; 1\}$ ist nur $t = +2$ zulässig. Die Probe mit **allen (!)** anderen Matrixelementen liefert das

Ergebnis: $t = 2$ (geschafft!)

c) Gesucht ist $\mathbf{X}$ in $\mathbf{A}_t^T \cdot \mathbf{X}^T = \mathbf{A}_0^T \cdot (\mathbf{X}^T + \mathbf{E})$

- Lösung der Matrizengleichung

1. Weg: Lösung der Matrizengleichung auf direktem Weg

$$\begin{aligned} \mathbf{A}_t^T \cdot \mathbf{X}^T &= \mathbf{A}_0^T \cdot (\mathbf{X}^T + \mathbf{E}) && |(...)^T \\ \mathbf{X} \cdot \mathbf{A}_t &= (\mathbf{X} + \mathbf{E}) \cdot \mathbf{A}_0 && \\ \mathbf{X} \cdot \mathbf{A}_t &= \mathbf{X} \cdot \mathbf{A}_0 + \mathbf{A}_0 && |-\mathbf{X} \cdot \mathbf{A}_0 \\ \mathbf{X} \cdot (\mathbf{A}_t - \mathbf{A}_0) &= \mathbf{A}_0 && |\cdot(\mathbf{A}_t - \mathbf{A}_0)^{-1} \\ \mathbf{X} &= \mathbf{A}_0 \cdot (\mathbf{A}_t - \mathbf{A}_0)^{-1} && \end{aligned}$$

Dabei wurde vorausgesetzt, dass die Inverse $(\mathbf{A}_t - \mathbf{A}_0)^{-1}$ existiert.

2. Weg: Einsetzen der gegebenen Lösung; hier langwieriger.

Es ist: $\mathbf{X} = \mathbf{A}_0 \cdot (\mathbf{A}_t - \mathbf{A}_0)^{-1}$

$$\Rightarrow \quad \mathbf{X}^T = [\mathbf{A}_0 \cdot (\mathbf{A}_t - \mathbf{A}_0)^{-1}]^T = [(\mathbf{A}_t - \mathbf{A}_0)^{-1}]^T \cdot \mathbf{A}_0^T = (\mathbf{A}_t^T - \mathbf{A}_0^T)^{-1} \cdot \mathbf{A}_0^T$$

Einsetzen in $\mathbf{A}_t^T \cdot \mathbf{X}^T = \mathbf{A}_0^T \cdot (\mathbf{X}^T + \mathrm{E})$

$$\mathbf{A}_t^T \cdot (\mathbf{A}_t^T - \mathbf{A}_0^T)^{-1} \cdot \mathbf{A}_0^T \overset{?}{=} \mathbf{A}_0^T \cdot [(\mathbf{A}_t^T - \mathbf{A}_0^T)^{-1} \cdot \mathbf{A}_0^T + \mathbf{E}]$$

$$\mathbf{A}_t^T \cdot (\mathbf{A}_t^T - \mathbf{A}_0^T)^{-1} \cdot \mathbf{A}_0^T \overset{?}{=} \mathbf{A}_0^T \cdot (\mathbf{A}_t^T - \mathbf{A}_0^T)^{-1} \cdot \mathbf{A}_0^T + \mathbf{A}_0^T \qquad \Big| \cdot (\mathbf{A}_0^T)^{-1}$$

$$\mathbf{A}_t^T \cdot (\mathbf{A}_t^T - \mathbf{A}_0^T)^{-1} \overset{?}{=} \mathbf{A}_0^T \cdot (\mathbf{A}_t^T - \mathbf{A}_0^T)^{-1} + \mathbf{E} \qquad \Big| \cdot (\mathbf{A}_t^T - \mathbf{A}_0^T)$$

$$\mathbf{A}_t^T \overset{?}{=} \mathbf{A}_0^T + (\mathbf{A}_t^T - \mathbf{A}_0^T)$$

$$\mathbf{A}_t^T \overset{?}{=} \mathbf{A}_t^T \ \checkmark$$

- Berechnung von **X**

1. Weg (mit Berechnung der Inversen $(\mathbf{A}_t - \mathbf{A}_0)^{-1}$):

$$\mathbf{A}_t - \mathbf{A}_0 = \begin{pmatrix} 1 & 2 & 1-t \\ 1 & t+4 & 2-t \\ t & -4 & t-3 \end{pmatrix} - \begin{pmatrix} 1 & 2 & 1 \\ 1 & 4 & 2 \\ 0 & -4 & -3 \end{pmatrix} = \begin{pmatrix} 0 & 0 & -t \\ 0 & t & -t \\ t & 0 & t \end{pmatrix}; \qquad t \in \mathbb{R}^*$$

Inverse: (Zeile 1 und Zeile 3 vertauschen)

$$\left(\begin{array}{ccc|ccc} 0 & 0 & -t & 1 & 0 & 0 \\ 0 & t & -t & 0 & 1 & 0 \\ t & 0 & t & 0 & 0 & 1 \end{array}\right)$$

$$\left(\begin{array}{ccc|ccc} t & 0 & t & 0 & 0 & 1 \\ 0 & t & -t & 0 & 1 & 0 \\ 0 & 0 & -t & 1 & 0 & 0 \end{array}\right) \quad \begin{array}{l} \leftarrow \\ \leftarrow \\ | \cdot (-1) \quad | \end{array}$$

$$\left(\begin{array}{ccc|ccc} t & 0 & 0 & 1 & 0 & 1 \\ 0 & t & 0 & -1 & 1 & 0 \\ 0 & 0 & -t & 1 & 0 & 0 \end{array}\right)$$

$$\Rightarrow \quad (\mathbf{A}_t - \mathbf{A}_0)^{-1} = \frac{1}{t} \cdot \begin{pmatrix} 1 & 0 & 1 \\ -1 & 1 & 0 \\ -1 & 0 & 0 \end{pmatrix}; \qquad t \in \mathbb{R}^*$$

$$\Rightarrow \quad \mathbf{X} = \mathbf{A}_0 \cdot (\mathbf{A}_t - \mathbf{A}_0)^{-1}$$

$$= \begin{pmatrix} 1 & 2 & 1 \\ 1 & 4 & 2 \\ 0 & -4 & -3 \end{pmatrix} \cdot \frac{1}{t} \cdot \begin{pmatrix} 1 & 0 & 1 \\ -1 & 1 & 0 \\ -1 & 0 & 0 \end{pmatrix}$$

$$= \frac{1}{t} \cdot \begin{pmatrix} 1 & 2 & 1 \\ 1 & 4 & 2 \\ 0 & -4 & -3 \end{pmatrix} \cdot \begin{pmatrix} 1 & 0 & 1 \\ -1 & 1 & 0 \\ -1 & 0 & 0 \end{pmatrix}$$

$$\mathbf{X} = \frac{1}{t} \cdot \begin{pmatrix} -2 & 2 & 1 \\ -5 & 4 & 1 \\ 7 & -4 & 0 \end{pmatrix}; \qquad t \in \mathbb{R}^*$$

2. Weg (ohne Berechnung der Inversen):

Aus der Definitionsgleichung für $\mathbf{X}$ folgt:

$$\mathbf{X} = \mathbf{A}_0 \cdot (\mathbf{A}_t - \mathbf{A}_0)^{-1} \quad \big| \cdot (\mathbf{A}_t - \mathbf{A}_0)$$

$$\mathbf{X} \cdot (\mathbf{A}_t - \mathbf{A}_0) = \mathbf{A}_0$$

Diese Gleichung ist für die Anwendung des Gauß-Verfahrens ungeeignet, aber Transponieren (**Trick**) hilft weiter:

$$\mathbf{X} \cdot (\mathbf{A}_t - \mathbf{A}_0) = \mathbf{A}_0 \quad \big| (...)^{\mathrm{T}}$$

$$(\mathbf{A}_t - \mathbf{A}_0)^{\mathrm{T}} \cdot \mathbf{X}^{\mathrm{T}} = \mathbf{A}_0^{\mathrm{T}}$$

Wegen

$$\mathbf{A}_t - \mathbf{A}_0 = \begin{pmatrix} 1 & 2 & 1-t \\ 1 & t+4 & 2-t \\ t & -4 & t-3 \end{pmatrix} - \begin{pmatrix} 1 & 2 & 1 \\ 1 & 4 & 2 \\ 0 & -4 & -3 \end{pmatrix} = \begin{pmatrix} 0 & 0 & -t \\ 0 & t & -t \\ t & 0 & t \end{pmatrix}$$

ist

$$(\mathbf{A}_t - \mathbf{A}_0)^{\mathrm{T}} = \begin{pmatrix} 0 & 0 & t \\ 0 & t & 0 \\ -t & -t & t \end{pmatrix}$$

und man erhält das LGS $(\mathbf{A}_t - \mathbf{A}_0)^{\mathrm{T}} \cdot \mathbf{X}^{\mathrm{T}} = \mathbf{A}_0^{\mathrm{T}}$ bzw.

$$\left(\begin{array}{ccc|ccc} 0 & 0 & t & 1 & 1 & 0 \\ 0 & t & 0 & 2 & 4 & -4 \\ -t & -t & t & 1 & 2 & -3 \end{array}\right) \quad \text{(Zeile 1 und 3 tauschen)}$$

$$\left(\begin{array}{ccc|ccc} -t & -t & t & 1 & 2 & -3 \\ 0 & t & 0 & 2 & 4 & -4 \\ 0 & 0 & t & 1 & 1 & 0 \end{array}\right) \quad \big| \cdot (-1)$$

$$\left(\begin{array}{ccc|ccc} -t & -t & 0 & 0 & 1 & -3 \\ 0 & t & 0 & 2 & 4 & -4 \\ 0 & 0 & t & 1 & 1 & 0 \end{array}\right) \quad \big|$$

$$\left(\begin{array}{ccc|ccc} -t & 0 & 0 & 2 & 5 & -7 \\ 0 & t & 0 & 2 & 4 & -4 \\ 0 & 0 & t & 1 & 1 & 0 \end{array}\right)$$

$$\Rightarrow \quad \mathbf{X}^{\mathrm{T}} = \frac{1}{t} \begin{pmatrix} -2 & -5 & 7 \\ 2 & 4 & -4 \\ 1 & 1 & 0 \end{pmatrix}; \qquad t \in \mathbb{R}^*$$

Erneutes Transponieren:

$$\Rightarrow \quad \mathbf{X} = \frac{1}{t} \begin{pmatrix} -2 & 2 & 1 \\ -5 & 4 & 1 \\ 7 & -4 & 0 \end{pmatrix}; \qquad t \in \mathbb{R}^*$$

d) Lösung einer Matrizengleichung

Gegeben:
$$\underbrace{\begin{pmatrix} 1 & 2 \\ 2 & -1 \\ 3 & 2 \end{pmatrix}}_{\mathbf{A}_{(3,2)}} \cdot \mathbf{B} = \underbrace{\begin{pmatrix} -1 & 1 \\ 3 & -3 \\ 1 & -1 \end{pmatrix}}_{\mathbf{C}_{(3,2)}}$$

- Typ der Matrix **B**

  Wenn **B** vom Typ (2,2) ist, ist die Gleichung $\mathbf{A}_{(3,2)} \cdot \mathbf{B}_{(2,2)} = \mathbf{C}_{(2,2)}$ erfüllbar.

- Auflösen nach **B**

  Eine Gleichung der Bauart $\mathbf{A} \cdot \mathbf{B} = \mathbf{C}$ kann nach B aufgelöst werden, wenn die Inverse $\mathbf{A}^{-1}$ existiert: $\mathbf{B} = \mathbf{A}^{-1} \cdot \mathbf{C}$.
  Eine Inverse ist jedoch nur für quadratische Matrizen definiert. Weil $\underline{\mathbf{A}}_{(3,2)}$ <u>keine quadratische</u> <u>Matrix</u> ist, kann die Gleichung $\mathbf{A}_{(3,2)} \cdot \mathbf{B}_{(2,2)} = \mathbf{C}_{(3,2)}$ nicht nach $\mathbf{B}_{(2,2)}$ aufgelöst werden.

- Berechnung von $\mathbf{B}_{(2,2)}$

  $\mathbf{A}_{(3,2)} \cdot \mathbf{B}_{(2,2)} = \mathbf{C}_{(2,2)}$

$$\left(\begin{array}{rr|rr} 1 & 2 & -1 & 1 \\ 2 & -1 & 3 & -3 \\ 3 & 2 & 1 & -1 \end{array}\right) \quad \begin{array}{l} | \cdot (-2) \quad | \cdot (-3) \\ \leftarrow \text{(Zeile 1)} \\ \leftarrow \text{(Zeile 1)} \end{array}$$

$$\left(\begin{array}{rr|rr} 1 & 2 & -1 & 1 \\ 0 & -5 & 5 & -5 \\ 0 & -4 & 4 & -4 \end{array}\right) \quad \begin{array}{l} \\ | : (-5) \\ | : (-4) \end{array}$$

$$\left(\begin{array}{rr|rr} 1 & 2 & -1 & 1 \\ 0 & 1 & -1 & 1 \\ 0 & 1 & -1 & 1 \end{array}\right) \quad \begin{array}{l} \leftarrow \text{(Zeile 2)} \\ | \cdot (-1) \quad | \cdot (-2) \\ \leftarrow \text{(Zeile 2)} \end{array}$$

$$\left(\begin{array}{rr|rr} 1 & 0 & 1 & -1 \\ 0 & 1 & -1 & 1 \\ 0 & 0 & 0 & 0 \end{array}\right)$$

$$\left(\begin{array}{rr|rr} 1 & 0 & 1 & -1 \\ 0 & 1 & -1 & 1 \end{array}\right)$$

Ergebnis: $\mathbf{B}_{(2,2)} = \begin{pmatrix} 1 & -1 \\ -1 & 1 \end{pmatrix}$

Hinweise: 1. Das Gauß-Verfahren liefert neben der Lösung für **B** „automatisch" den Typ von **B**: (2,2).

2. Der Ansatz $\mathbf{B}_{(2,2)} = \begin{pmatrix} a & b \\ c & d \end{pmatrix}$ ergibt wegen

$$\mathbf{A}_{(3,2)} \cdot \mathbf{B}_{(2,2)} = \begin{pmatrix} 1 & 2 \\ 2 & -1 \\ 3 & 2 \end{pmatrix} \cdot \begin{pmatrix} a & b \\ c & d \end{pmatrix} \stackrel{!}{=} \begin{pmatrix} -1 & 1 \\ 3 & -3 \\ 1 & -1 \end{pmatrix} = \mathbf{C}_{(3,2)}$$

die beiden LGSe für a, b, c, d (rechnen Sie nach!).

$$\begin{array}{c} \begin{array}{cc} a & c \end{array} \\ \left(\begin{array}{rr|r} 1 & 2 & -1 \\ 2 & -1 & 3 \\ 3 & 2 & 1 \end{array}\right) \end{array} \quad \text{bzw.} \quad \begin{array}{c} \begin{array}{cc} b & d \end{array} \\ \left(\begin{array}{rr|r} 1 & 2 & 1 \\ 2 & -1 & -3 \\ 3 & 2 & -1 \end{array}\right) \end{array}$$

mit den Lösungen
$a = 1; c = -1$ bzw. $b = -1; d = -1$
also ebenfalls $\mathbf{B}_{(2,2)} = \begin{pmatrix} 1 & -1 \\ -1 & 1 \end{pmatrix}$.

Berufliche Gymnasien Baden-Württemberg
Grundkurs Mathematik – Abiturprüfung 2000
Gruppe I Analysis – Aufgabe 1

Für jedes $t \in \mathbb{R}$ ist die Funktion f_t gegeben durch

$$f_t(x) = (x + t) \cdot e^{0,5x + 1} \quad \text{mit } x \in \mathbb{R}$$

K_t ist das Schaubild von f_t.

a) Untersuchen Sie K_{-2} auf Schnittpunkte mit den Achsen, Extrem- und Wendepunkte.
Zeichnen Sie K_{-2} für $-6 \le x \le 2,5$ mit 1 LE = 1 cm.

(10 Korrekturpunkte)

b) Zeigen Sie, dass F mit

$$F(x) = (2x - 8) \cdot e^{0,5x + 1} \quad \text{und } x \in \mathbb{R}$$

eine Stammfunktion von f_{-2} ist.
Die Normale von K_{-2} im Wendepunkt $W(-2 \mid -4)$ und das Schaubild K_{-2} schließen eine Fläche ein. Berechnen Sie deren Inhalt.

(9 Korrekturpunkte)

c) Die Gerade mit der Gleichung $x = u$ mit $u \le 0$ schneidet die x-Achse im Punkt P und K_{-2} im Punkt Q. Der Ursprung und die Punkte P und Q sind Eckpunkte eines Dreiecks. Bestimmen Sie u so, dass der Flächeninhalt dieses Dreiecks maximal wird.

(6 Korrekturpunkte)

d) Für welches t hat der Wendepunkt von K_t die Ordinate $-4e$?

(5 Korrekturpunkte)

Lösung

a) **Kurvendiskussion**

$f_t(x) = (x + t) \cdot e^{0,5x+1}$

$f_{-2}(x) = (x - 2) \cdot e^{0,5x+1}$

- Ableitungen

$$f_{-2}'(x) = 1 \cdot e^{0,5x+1} + (x-2) \cdot \frac{1}{2} \cdot e^{0,5x+1}$$
$$= e^{0,5x+1}\left(1 + \frac{1}{2}x - 1\right)$$
$$= \frac{1}{2}x \cdot e^{0,5x+1}$$

$$f_{-2}''(x) = \frac{1}{2} \cdot e^{0,5x+1} + \frac{1}{2}x \cdot \frac{1}{2} \cdot e^{0,5x+1}$$
$$= \left(\frac{1}{2} + \frac{1}{4}x\right) \cdot e^{0,5x+1}$$

$$f_{-2}'''(x) = \frac{1}{4} \cdot e^{0,5x+1} + \left(\frac{1}{2} + \frac{1}{4}x\right) e^{0,5x+1} \cdot \frac{1}{2}$$
$$= e^{0,5x+1}\left(\frac{1}{4} + \frac{1}{4} + \frac{1}{8}x\right)$$
$$= \left(\frac{1}{2} + \frac{1}{8}x\right) \cdot e^{0,5x+1}$$

(3. Ableitung unnötig, siehe Wendepunkte!)

- Schnittpunkte mit der x-Achse, $f_{-2}(x) = 0$

$0 = (x-2) \cdot e^{0,5x+1}$

$0 = x - 2$

$x_1 = 2$ $\qquad$ $(e^{0,5x+1} \neq 0)$

$\Rightarrow$ $\qquad$ $N(2 \mid 0)$

- Schnittpunkte mit der y-Achse, x = 0

$f_{-2}(0) = (0-2) \cdot e^1$

$= -2\,e$

$\Rightarrow$ $\qquad$ $S_y(0 \mid -2\,e)$

- Extrempunkte, $f_{-2}'(x) = 0$, $f_{-2}''(x) \gtrless 0$

$$0 = \frac{1}{2}x \cdot e^{0,5x+1}$$

$$x_1 = 0 \qquad (e^{0,5x+1} \neq 0)$$

$$f_{-2}(0) = -2e \qquad \text{(siehe Schnittpunkt mit y-Achse)}$$

$$f''_{-2}(0) = \frac{1}{2}e > 0 \qquad \Rightarrow \text{Tiefpunkt}$$

$$\Rightarrow \qquad T(0 \mid -2e)$$

- Wendepunkte, $f_{-2}''(x) = 0$, $f_{-2}'''(x) \neq 0$ oder Vorzeichenwechsel von $f_{-2}''(x)$

$$0 = \left(\frac{1}{4}x + \frac{1}{2}\right) \cdot e^{0,5x+1}$$

$$0 = \frac{1}{4}x + \frac{1}{2}$$

$$x_1 = -2 \qquad (e^{0,5x+1} \neq 0)$$

$$f_{-2}(-2) = (-2-2)e^{-1+1}$$

$$= -4 \cdot e^0$$

$$= -4$$

$$f'''_{-2}(-2) = \left(\frac{1}{2} + \frac{1}{8}(-2)\right) \cdot e^{-1+1}$$

$$= +\frac{1}{4} \neq 0 \qquad \Rightarrow \quad \text{Wendepunkt}$$

oder:
$x = -2$ ist einfache Nullstelle von $f_{-2}''(x)$
$\Rightarrow$ Vorzeichenwechsel von $f_{-2}''(x)$ bei $x = -2$
$\Rightarrow$ Wendepunkt
$\Rightarrow$ $W(-2 \mid -4)$

- Schaubild

ergänzende Wertetabelle:

x	−6	−5	−4	−3	−2	−1	0	1	2	2,5
y	−1,08	−1,56	−2,21	−3,03	−4	−4,95	−5,44	−4,48	0	4,74

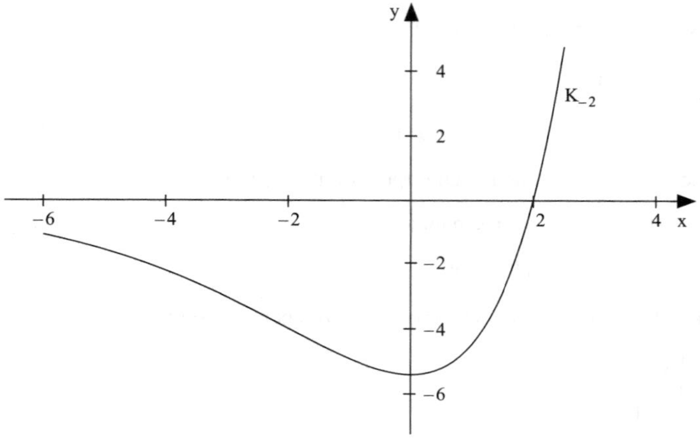

b) Stammfunktion, Fläche

- Bestätigung der Stammfunktion F

  1. Möglichkeit:

  $F'(x) = f_{-2}(x)$

  $F(x) = (2x-8)\cdot e^{0,5x+1}$

  $F'(x) = 2\cdot e^{0,5x+1} + (2x-8)\cdot e^{0,5x+1}\cdot\frac{1}{2}$

  $\quad = (2+x-4)\cdot e^{0,5x+1}$

  $\quad = (x-2)\cdot e^{0,5x+1}$

  $\quad = f_{-2}(x) \qquad$ q. e. d

  2. Möglichkeit:

  Produktintegration:
  $u = x-2 \qquad v' = e^{0,5x+1}$
  $u' = 1 \qquad v = 2e^{0,5x+1}$

  $\int f_{-2}(x)\,dx = F(x)$

  $\int (x-2)\,e^{0,5x+1}dx$

  $\quad = (x-2)\cdot 2e^{0,5x+1} - \int 2e^{0,5x+1}\,dx$

  $\quad = (x-2)\cdot 2e^{0,5x+1} - 4e^{0,5x+1}$

  $\quad = (2x-4-4)\cdot e^{0,5x+1}$

  $\quad = (2x-8)\cdot e^{0,5x+1}$

  $\quad = F(x) \qquad$ q. e. d.

- Flächenberechnung

Skizze

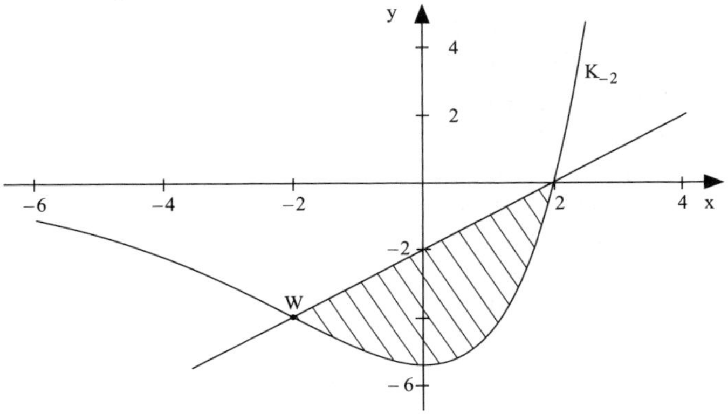

Berechnung der Wendenormale:

Steigung in W

$$f_{-2}'(-2) = \frac{1}{2} \cdot (-2) \cdot e^{-1+1}$$
$$= -1$$

$\Rightarrow$ Steigung m_n der Normalen mit $m_t \cdot m_n = -1$

$\Rightarrow$ $m_n = 1$

Gleichung der Normalen mit Punkt-Steigungs-Form

$$\frac{y - y_1}{x - x_1} = m$$

$$\frac{y - (-4)}{x - (-2)} = 1$$

$$y + 4 = x + 2$$

$$\underline{\underline{y = x - 2}}$$

Schnittstellen von K_{-2} mit Normalen:

$$f_{-2}(x) = x - 2$$
$$(x-2)e^{0,5x+1} = x - 2 \qquad |-(x-2)$$
$$(x-2)e^{0,5x+1} - (x-2) = 0$$
$$(e^{0,5x+1} - 1)\cdot(x-2) = 0$$

1.
$$e^{0,5x+1} - 1 = 0$$
$$e^{0,5x+1} = 1 \quad (= e^0)$$
$$0,5x + 1 = 0$$
$$x_1 = -2$$

2.
$$x - 2 = 0$$
$$x_2 = 2$$

Fläche:

$$A = \int_{-2}^{2} \left((x-2) - (x-2)e^{0,5x+1}\right) dx$$
$$= \left[\frac{x^2}{2} - 2x - \underbrace{(2x-8)\cdot e^{0,5x+1}}_{F(x)}\right]_{-2}^{2}$$

$$= \frac{4}{2} - 4 - (4-8)e^2 - \left(\frac{4}{2} + 4 - (-4-8)e^0\right)$$
$$= 2 - 4 + 4e^2 - 2 - 4 - 12$$
$$= (4e^2 - 20)\text{ FE}$$
$$\approx 9,56\text{ FE}$$

c) Extremwertaufgabe

- Skizze

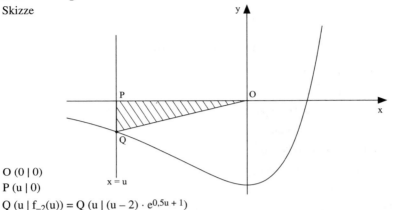

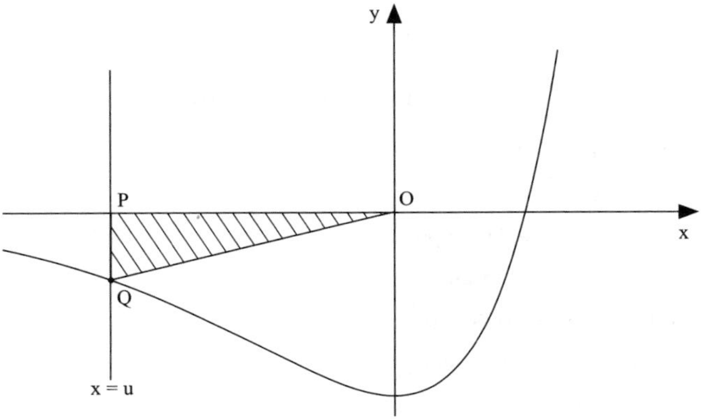

O (0 | 0)
P (u | 0)
Q (u | f_{-2}(u)) = Q (u | (u – 2) · $e^{0,5u+1}$)

- Fläche des Dreiecks OPQ

$$A(u) = \frac{1}{2} \cdot \overline{PQ} \cdot \overline{PO}$$
$$= \frac{1}{2} \cdot (0 - (u-2) \cdot e^{0,5u+1}) \cdot (0-u)$$
$$= \frac{1}{2} u \cdot (u-2) \cdot e^{0,5u+1}$$
$$= \left(\frac{1}{2}u^2 - u\right) \cdot e^{0,5u+1}$$

$$A'(u) = (u-1)\, e^{0,5u+1} + \left(\frac{1}{2}u^2 - u\right) \cdot e^{0,5u+1} \cdot \frac{1}{2}$$
$$= \left(u - 1 + \frac{1}{4}u^2 - \frac{1}{2}u\right) \cdot e^{0,5u+1}$$
$$= \left(\frac{1}{4}u^2 + \frac{1}{2}u - 1\right) \cdot e^{0,5u+1}$$

$$A''(u) = \left(\frac{1}{2}u + \frac{1}{2}\right) \cdot e^{0,5u+1} + \left(\frac{1}{4}u^2 + \frac{1}{2}u - 1\right) \cdot e^{0,5u+1} \cdot \frac{1}{2}$$
$$= \left(\frac{1}{2}u + \frac{1}{2} + \frac{1}{8}u^2 + \frac{1}{4}u - \frac{1}{2}\right) \cdot e^{0,5u+1}$$
$$= \left(\frac{1}{8}u^2 + \frac{3}{4}u\right) \cdot e^{0,5u+1}$$

Extremum, A'(u) = 0

$$0 = \left(\frac{1}{4}u^2 + \frac{1}{2}u - 1\right) \cdot e^{0,5u+1}$$

$$0 = \frac{1}{4}u^2 + \frac{1}{2}u - 1 \quad \Big| \cdot 4 \qquad (e^{0,5u+1} \neq 0)$$

$$0 = u^2 + 2u - 4$$

$$u_{1/2} = -1 \pm \sqrt{1+4}$$

$$u_1 = -1 + \sqrt{5} \quad \notin \mathbb{D}, \text{ da positiv}$$

$$u_2 = -1 - \sqrt{5} \quad \approx -3,24$$

$$A''(-1-\sqrt{5}) = -0,60 < 0$$

$\Rightarrow$ relatives Maximum bei $u_2 = -3,24$

Absolutes Maximum:

Definitionsmenge für u: $\quad D =]-\infty, 0] = \mathbb{R}_-$

$\Rightarrow$ $A(0) = 0$

$A(u_2) = 4,57$

$$\lim_{u \to \infty} A(u) = 0$$

$\Rightarrow$ absolutes Maximum bei $u = -1 - \sqrt{5}$

d) Bestimmung von t

- Berechnung des Wendepunkts von f_t

$$f_t(x) = (x+t) \cdot e^{0,5x+1}$$

$$f_t'(x) = 1 \cdot e^{0,5x+1} + (x+t) \cdot e^{0,5x+1} \cdot \frac{1}{2}$$

$$= \left(1 + \frac{1}{2}x + \frac{1}{2}t\right) \cdot e^{0,5x+1}$$

$$f_t''(x) = \frac{1}{2} \cdot e^{0,5x+1} + \left(\frac{1}{2}x + \frac{1}{2}t + 1\right) \cdot e^{0,5x+1} \cdot \frac{1}{2}$$

$$= \left(\frac{1}{2} + \frac{1}{4}x + \frac{1}{4}t + \frac{1}{2}\right) \cdot e^{0,5x+1}$$

$$= \left(\frac{1}{4}x + \frac{1}{4}t + 1\right) \cdot e^{0,5x+1}$$

- Wendepunkt, $f_t''(x) = 0$

$$\left(\frac{1}{4}x + \frac{1}{4}t + 1\right) \cdot e^{0,5x+1} = 0$$

$$\frac{1}{4}x + \frac{1}{4}t + 1 = 0 \qquad | \cdot 4 \qquad (e^{0,5x+1} \neq 0)$$

$$x + t + 4 = 0$$

$$x = -t - 4$$

$$f_t(-t-4) = (-t-4+t) \cdot e^{0,5(-t-4)+1}$$

$$= -4 \cdot e^{-0,5t-1}$$

$x = -t - 4$ ist einfache Nullstelle von $f_t''(x)$
$\Rightarrow$ Vorzeichenwechsel von $f_t''(x)$
$\Rightarrow$ Wendepunkt $\qquad W(-t-4 \mid -4\,e^{-0,5t-1})$

Es soll gelten:

$$-4e = -4e^{-0,5t-1} \qquad |:(-4)$$

$$e^1 = e^{-0,5t-1}$$

$$1 = -0,5t - 1$$

$$\underline{\underline{t = -4}}$$

Berufliche Gymnasien Baden-Württemberg
Grundkurs Mathematik – Abiturprüfung 2000
Gruppe I Analysis – Aufgabe 2

a) Eine Parabel 3. Ordnung hat in H(0 | 4) einen Hochpunkt und berührt im Punkt $A(-2 \mid y_A)$ das Schaubild der Funktion h mit

$$h(x) = -\frac{3}{4}x^2 - \frac{3}{2}x + 2; \quad x \in \mathbb{R}$$

Bestimmen Sie die Gleichung der Parabel. (6 Korrekturpunkte)

Gegeben ist die Funktion f durch

$$f(x) = -\frac{1}{8}(x^3 + 6x^2 - 32) \text{ mit } x \in \mathbb{R}$$

Das Schaubild von f ist K.

b) Untersuchen Sie K auf gemeinsame Punkte mit den Achsen sowie auf Hoch-, Tief- und Wendepunkte.
Zeichnen Sie K für $-6 \leq x \leq 3$ mit 1 LE = 1 cm. (10 Korrekturpunkte)

c) Der Punkt Q(u | v) mit $0 \leq u \leq 2$ liegt auf K. Die Koordinatenachsen und deren Parallelen durch Q bilden ein Rechteck.
Für welches u hat dieses Rechteck den größten Flächeninhalt?
(7 Korrekturpunkte)

d) Gegeben ist die Funkton g mit $g(x) = 1 + e^{-x-2}$; $x \in \mathbb{R}$.
Das Schaubild von g ist G.
Zeigen Sie, dass A(–2 | 2) gemeinsamer Punkt von K und G ist.
Zeichnen Sie G für $-3{,}5 \leq x \leq 3$ in das Achsenkreuz aus Teilaufgabe b) ein.
Berechnen Sie die Fläche, die von den Schaubildern K und G sowie der y-Achse im 2. Quadranten eingeschlossen wird.
(7 Korrekturpunkte)

Lösung

a) Aufstellen einer Funktionsgleichung

$f(x) = ax^3 + bx^2 + cx + d$

$f'(x) = 3\,ax^2 + 2\,bx\ + c$

$$h(x) = -\frac{3}{4}x^2 - \frac{3}{2}x + 2$$

$$h'(x) = -\frac{3}{2}x - \frac{3}{2}$$

- Bedingungen

1. $f(0) = 4$ (Punkt H)
2. $f'(0) = 0$ (Hochpunkt, Steigung 0)
3. $f(-2) = h(-2)$ (gemeinsamer Punkt von f und h)

$$= -\frac{3}{4}\cdot 4 - \frac{3}{2}\cdot(-2) + 2$$

$$= 2$$

4. $f'(-2) = h'(-2)$ (Berührung, gleiche Steigung)

$$= -\frac{3}{2}(-2) - \frac{3}{2}$$

$$= \frac{3}{2}$$

$\Rightarrow$ 1. $4 = d$

2. $0 = c$

3. $2 = -8a + 4b - 2c + d$

4. $\frac{3}{2} = 12a - 4b + c$

$\Rightarrow$ $2 = -8a + 4b + 4$

$\frac{3}{2} = 12a - 4b$

Addition $\frac{7}{2} = 4a + 4$

$$a = -\frac{1}{8}$$

$$\Rightarrow 4b = 12\cdot\left(-\frac{1}{8}\right) - \frac{3}{2}$$

$$b = -\frac{3}{4}$$

$\Rightarrow$ Gleichung der gesuchten Parabel:

$$f(x) = -\frac{1}{8}x^3 - \frac{3}{4}x^2 + 4$$

b) Kurvendiskussion

$$f(x) = -\frac{1}{8}(x^3 + 6x^2 - 32)$$

- Ableitungen

$$f'(x) = -\frac{1}{8}(3x^2 + 12x)$$

$$f''(x) = -\frac{1}{8}(6x + 12)$$

$$f'''(x) = -\frac{1}{8}(6) = -\frac{3}{4}$$

- Schnittpunkte mit der x-Achse, $f(x) = 0$

$$0 = -\frac{1}{8}(x^3 + 6x^2 - 32)$$

$$0 = x^3 + 6x^2 - 32$$

HORNER-Schema:

	1	6	0	− 32	
x = 2		2	16	32	
	1	8	16	[0]	= f(2)

$$\Rightarrow 1x^2 + 8x + 16 = 0$$

$$(x+4)^2 = 0$$

$$x_{2,3} = -4$$

$\Rightarrow$ $N_1(2 \mid 0)$

$N_{2,3}(-4 \mid 0)$ (doppelte Nullstelle, bedeutet Extrempunkt)

- Schnittpunkt mit der y-Achse, $x = 0$

$f(0) = 4$

$\Rightarrow$ $S_y(0 \mid 4)$

- Extrempunkte, $f'(x) = 0$, $f''(x) \gtrless 0$

$$0 = -\frac{1}{8}(3x^2 + 12x)$$

$$0 = 3x^2 + 12x$$

$$0 = 3x(x+4)$$

$x_1 = 0$, $f(0) = 4$ (siehe oben)

$x_2 = -4$, $f(-4) = 0$ (siehe oben)

$f''(0) = -\frac{12}{8} < 0 \qquad \Rightarrow \qquad H(0 \mid 4)$

$f''(-4) = \frac{12}{8} > 0 \quad \Rightarrow \quad T(-4 \mid 0)$

- Wendepunkte, $f''(x) = 0$, $f'''(x) \neq 0$ oder Vorzeichenwechsel von $f''(x)$

  $0 = -\frac{1}{8}(6x + 12)$

  $0 = 6x + 12$

  $x = -2, \qquad f(-2) = 2$

  $f'''(-2) = -\frac{3}{4} \neq 0 \qquad \Rightarrow$ Wendepunkt

  oder:

  $x = -2$ ist einfache Nullstelle von $f''(x)$

  $\Rightarrow$ Vorzeichenwechsel von $f''(x)$

  $\Rightarrow$ Wendepunkt $W(-2 \mid 2)$

- Schaubild

  ergänzende Wertetabelle:

x	−6	−5	−4	−3	−2	−1	0	1	2	3
y	4	0,86	0	0,63	2	3,38	4	3,13	0	−6,13

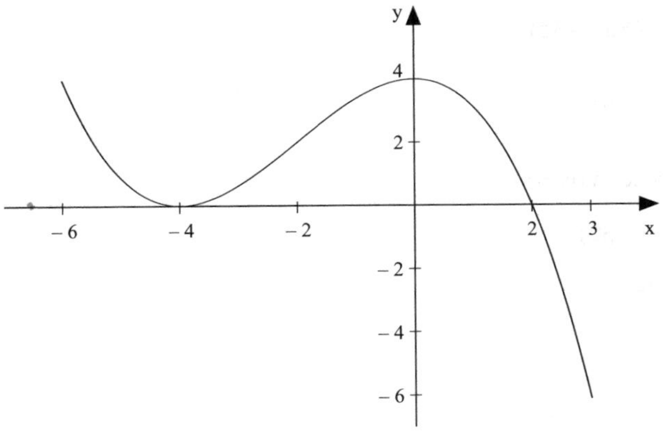

c) **Extremwertaufgabe**

- Skizze

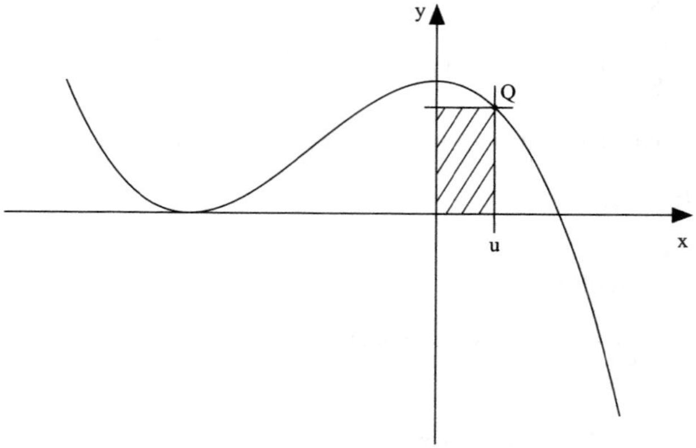

$$Q(u \mid v) = Q(u \mid f(u)) = Q\left(u \left| -\frac{1}{8}(u^3 + 6u^2 - 32)\right.\right)$$

- Fläche des Rechtecks

$$A(u) = u \cdot \left(-\frac{1}{8}(u^3 + 6u^2 - 32)\right)$$
$$= -\frac{1}{8} \cdot (u^4 + 6u^3 - 32u)$$

$$A'(u) = -\frac{1}{8}(4u^3 + 18u^2 - 32)$$

$$A''(u) = -\frac{1}{8}(12u^2 + 36u)$$

- Maximum der Fläche, $A'(u) = 0$

$$0 = -\frac{1}{8}(4u^3 + 18u^2 - 32)$$
$$0 = 4u^3 + 18u^2 - 32$$

HORNER-Schema:

$$\begin{array}{l|rrrr} & 4 & 18 & 0 & -32 \\ u=-4 & & -16 & -8 & 32 \\ \hline & 4 & 2 & -8 & \boxed{0} \end{array} \qquad (u=-4 \notin \mathbb{D})$$

$$\Rightarrow \quad 4u^2 + 2u - 8 = 0$$

$$u_{2,3} = \frac{-2 \pm \sqrt{4 - 4 \cdot 4 \cdot (-8)}}{8}$$

$$u_2 = \frac{-2 + \sqrt{132}}{8} \approx 1{,}19$$

$$u_3 = \frac{-2 - \sqrt{132}}{8} \approx -1{,}69 \qquad \in \mathbb{D}$$

$A''(u_2) = -7{,}45 < 0 \quad \Rightarrow$ relatives Maximum

Absolutes Maximum:

Definitionsmenge für u: $\quad D = [\,0, 2\,]$

$\Rightarrow A(0) = 0$

$A(u_2) = 3{,}25$

$A(2) = 0$

$\Rightarrow$ absolutes Maximum für $u = \frac{-2+\sqrt{132}}{8} = \frac{1}{4}\left(-1+\sqrt{33}\right)$

d) Fläche

$g(x) = 1 + e^{-x-2}$

- Wertetabelle für g

x	−3	−2	−1	0	1	2
y	3,72	2	1,37	1,14	1,05	1,02

- Skizze

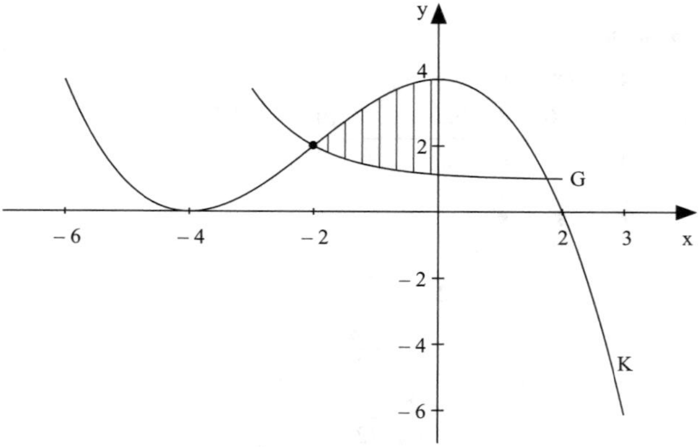

A(–2 | 2) ist gemeinsamer Punkt von K und G, weil laut Wertetabellen gilt:
f(–2) = g(–2) = 2

- Flächenberechnung

$$A = \int_{-2}^{0} \left(-\frac{1}{8}(x^3 + 6x^2 - 32) - (1 + e^{-x-2}) \right) dx$$

$$= \left[-\frac{1}{8}\left(\frac{x^4}{4} + 6\frac{x^3}{3} - 32x \right) - x + e^{-x-2} \right]_{-2}^{0}$$

$$= 0 + e^{-2} - \left(-\frac{1}{8}\left(\frac{16}{4} - 6 \cdot \frac{8}{3} + 32 \cdot 2 \right) + 2 + e^{0} \right)$$

$$= e^{-2} + \frac{7}{2} \approx \underline{\underline{3{,}64\ \text{FE}}}$$

Berufliche Gymnasien Baden-Württemberg
Grundkurs Mathematik – Abiturprüfung 2000
Gruppe II Matrizen – Aufgabe 1

Drei Zweigwerke sind nach dem Leontiefmodell miteinander verflochten.
Sie produzieren und beliefern sich gegenseitig nach folgender Tabelle (Angaben in ME):

Zweigwerk	Lieferung an das Zweigwerk A	B	C	Produktion
A	12	6	2	30
B	12	3	3	30
C	0	3	4	10

a) Bestimmen Sie den Konsumvektor und die Inputmatrix. (3 Korrekturpunkte)

b) Berechnen Sie die Leontief-Inverse $(\mathbf{E} - \mathbf{A})^{-1}$ und untersuchen Sie, ob jede beliebige Nachfrage befriedigt werden kann.
(6 Korrekturpunkte)

c) Berechnen Sie den Produktionsvektor und die neue Input-Output-Tabelle so, dass sich der Konsumvektor $\mathbf{y} = (30;\ \ 40;\ \ 15)^T$ ergibt.
(5 Korrekturpunkte)

d) In einer Planrechnung soll die Produktion im Zweigwerk B 66 ME betragen.
Wie viele ME kann dann Zweigwerk B an den Konsum liefern, wenn Zweigwerk A 10 ME und Zweigwerk C 3 ME an den Konsum liefern soll?
Wie viele ME müssen dann A und C produzieren?
(7 Korrekturpunkte)

e) In einer anderen Planrechnung wird von folgendem Produktionsvektor ausgegangen:

$$\mathbf{x}_t = (t^3;\ \ t^2 - t + 20;\ \ 4{,}5\,t + 10)^T,\ t \in \mathbb{R}_+^*.$$

Dabei beträgt der Preis pro ME für die an den Konsum abgegebenen Güter bei den Zweigwerken A und C jeweils 1 Geldeinheit und 2 Geldeinheiten bei Werk B.
Zeigen Sie, dass für den Erlös E(t) gilt:

$$E(t) = -0{,}2\,t^3 + 1{,}5\,t^2 - 2{,}4\,t + 28.$$

Für welchen Wert von t wird der Erlös maximal? (9 Korrekturpunkte)

Lösung

Gegeben: Tabelle zum Leontiefmodell

	A	B	C	**x**
A	12	6	2	30
B	12	3	3	30
C	0	3	4	10

a) Gesucht: Konsumvektor **y** und Inputmatrix **A**

Lösung:

	A	B	C	**y**	**x**
A	12	6	2	**10**	30
B	12	3	3	**12**	30
C	0	3	4	**3**	10
$\mathbf{x}^T$	30	30	10		
A	$\mathbf{\frac{4}{10}}$	$\mathbf{\frac{2}{10}}$	$\mathbf{\frac{2}{10}}$		
	$\mathbf{\frac{4}{10}}$	$\mathbf{\frac{1}{10}}$	$\mathbf{\frac{3}{10}}$		
	0	$\mathbf{\frac{1}{10}}$	$\mathbf{\frac{4}{10}}$		

$\mathbf{y_1} = x_1 - x_{11} - x_{12} - x_{13}$

$\mathbf{y_2} = x_2 - x_{21} - x_{22} - x_{23}$

$\mathbf{y_3} = x_3 - x_{31} - x_{32} - x_{33}$

$\mathbf{a_{ij}} = \frac{x_{ij}}{x_j}$

(Berechnete Zahlen sind **fett** gedruckt.)

b) Gesucht: Leontief-Inverse $(\mathbf{E}-\mathbf{A})^{-1}$

Lösung: $\mathbf{E}-\mathbf{A} = \begin{pmatrix} 1 & 0 & 0 \\ 0 & 1 & 0 \\ 0 & 0 & 1 \end{pmatrix} - \begin{pmatrix} 0{,}4 & 0{,}2 & 0{,}2 \\ 0{,}4 & 0{,}1 & 0{,}3 \\ 0 & 0{,}1 & 0{,}4 \end{pmatrix} = \begin{pmatrix} 0{,}6 & -0{,}2 & -0{,}2 \\ -0{,}4 & 0{,}9 & -0{,}3 \\ 0 & -0{,}1 & 0{,}6 \end{pmatrix}$

Inverse:
$$\left(\begin{array}{ccc|ccc} 0{,}6 & -0{,}2 & -0{,}2 & 1 & 0 & 0 \\ -0{,}4 & 0{,}9 & -0{,}3 & 0 & 1 & 0 \\ 0 & -0{,}1 & 0{,}6 & 0 & 0 & 1 \end{array}\right) \begin{array}{l} |\cdot 10 \\ |\cdot 10 \\ |\cdot 10 \end{array}$$

$$\left(\begin{array}{ccc|ccc} 6 & -2 & -2 & 10 & 0 & 0 \\ -4 & 9 & -3 & 0 & 10 & 0 \\ 0 & -1 & 6 & 0 & 0 & 10 \end{array}\right) \begin{array}{l} |\cdot 2 \\ |\cdot 3 \\ \end{array}$$

$$\left(\begin{array}{ccc|ccc} 6 & -2 & -2 & 10 & 0 & 0 \\ 0 & 23 & -13 & 20 & 30 & 0 \\ 0 & -1 & 6 & 0 & 0 & 10 \end{array}\right) \begin{array}{l} |:2 \\ \\ |\cdot 23 \end{array}$$

$$\left(\begin{array}{ccc|ccc} 3 & -1 & -1 & 5 & 0 & 0 \\ 0 & -1 & 6 & 0 & 0 & 10 \\ 0 & 0 & 125 & 20 & 30 & 230 \end{array}\right) \begin{array}{l} \\ \\ |:5 \end{array}$$

$$\left(\begin{array}{ccc|ccc} 3 & -1 & -1 & 5 & 0 & 0 \\ 0 & -1 & 6 & 0 & 0 & 10 \\ 0 & 0 & 25 & 4 & 6 & 46 \end{array}\right) \begin{array}{ll} & |\cdot 25 \\ |\cdot 25 & \\ |\cdot(-6) & | \end{array}$$

$$\left(\begin{array}{ccc|ccc} 75 & -25 & 0 & 129 & 6 & 46 \\ 0 & -25 & 0 & -24 & -36 & -26 \\ 0 & 0 & 25 & 4 & 6 & 46 \end{array}\right) \begin{array}{l} \\ |\cdot(-1) \\ \end{array}$$

$$\left(\begin{array}{ccc|ccc} 75 & 0 & 0 & 153 & 42 & 72 \\ 0 & 25 & 0 & 24 & 36 & 26 \\ 0 & 0 & 25 & 4 & 6 & 46 \end{array}\right) \begin{array}{l} |:3 \\ \\ \end{array}$$

$$\left(\begin{array}{ccc|ccc} 25 & 0 & 0 & 51 & 14 & 24 \\ 0 & 25 & 0 & 24 & 36 & 26 \\ 0 & 0 & 25 & 4 & 6 & 46 \end{array}\right)$$

$$\Rightarrow \quad (\mathbf{E}-\mathbf{A})^{-1} = \frac{1}{25} \cdot \begin{pmatrix} 51 & 14 & 24 \\ 24 & 36 & 26 \\ 4 & 6 & 46 \end{pmatrix}$$

$$= \begin{pmatrix} 2{,}04 & 0{,}56 & 0{,}96 \\ 0{,}96 & 1{,}44 & 1{,}04 \\ 0{,}16 & 0{,}24 & 1{,}84 \end{pmatrix} = (b_{ij})$$

Da $(\mathbf{E}-\mathbf{A})^{-1}$ nur Elemente $b_{ij} \geq 0$ enthält, kann jede beliebige Nachfrage erfüllt werden.

b) Gegeben: $\mathbf{y} = (30;\ 40;\ 15)^T$

Gesucht: $\mathbf{x}$, neue Input-Output-Tabelle

Lösung: $\mathbf{x} = (\mathbf{E}-\mathbf{A})^{-1} \cdot \mathbf{y}$

$$= \frac{1}{25} \cdot \begin{pmatrix} 51 & 14 & 24 \\ 24 & 36 & 26 \\ 4 & 6 & 46 \end{pmatrix} \cdot \begin{pmatrix} 30 \\ 40 \\ 15 \end{pmatrix} = \frac{1}{25} \cdot \begin{pmatrix} 2450 \\ 2550 \\ 1050 \end{pmatrix} = \begin{pmatrix} 98 \\ 102 \\ 42 \end{pmatrix}$$

Neue Input-Output-Tabelle

	A	B	C	**y**	**x**
A	**39,2**	**20,4**	**8,4**	30	98
B	**39,2**	**10,2**	**12,6**	40	102
C	**0**	**10,2**	**16,8**	15	42
$\mathbf{x}^T$	**98**	**102**	**42**		
A	$\frac{4}{10}$	$\frac{2}{10}$	$\frac{2}{10}$		
	$\frac{4}{10}$	$\frac{1}{10}$	$\frac{3}{10}$		
	0	$\frac{1}{10}$	$\frac{4}{10}$		

$\mathbf{x_{ij}} = a_{ij} \cdot x_j$

(Berechnete Zahlen sind **fett** gedruckt.)

d) Gegeben: $x_2 = 66, \; y_1 = 10, \; y_3 = 3$
Gesucht: x_1, x_3, y_2

Lösung: $(\mathbf{E} - \mathbf{A}) \cdot \mathbf{x} = \mathbf{y}$

$$\frac{1}{10} \cdot \begin{pmatrix} 6 & -2 & -2 \\ -4 & 9 & -3 \\ 0 & -1 & 6 \end{pmatrix} \cdot \begin{pmatrix} x_1 \\ 66 \\ x_3 \end{pmatrix} = \begin{pmatrix} 10 \\ y_2 \\ 3 \end{pmatrix} \qquad | \cdot 10$$

(1) $6x_1 - 2 \cdot 66 - 2x_3 = 100$

(2) $-4x_1 + 9 \cdot 66 - 3x_3 = 10y_2$

(3) $-1 \cdot 66 + 6x_3 = 30$

aus (3) $6x_3 = 96 \qquad \Rightarrow x_3 = 16$

aus (1) $6x_1 = 100 + 2 \cdot 66 + 2 \cdot 16$
$= 264 \qquad \Rightarrow x_1 = 44$

aus (2) $10y_2 = -4 \cdot 44 + 9 \cdot 66 - 3 \cdot 16$
$= 370 \qquad \Rightarrow y_2 = 37$

Ergebnis: $\mathbf{x} = (44; \; 66; \; 16)^T$ und $\mathbf{y} = (10; \; 37; \; 3)^T$

e) Gegeben: $\mathbf{x}_t = (t^3; \; t^2 - t + 20; \; 4{,}5\,t + 10)^T; \, t > 0$
$\mathbf{p} = (1; \; 2; \; 1)^T$ (Preisvektor)

Gesucht: Maximaler Erlös

Lösung:
- Zunächst Berechnung von $\mathbf{y}_t$

$\mathbf{y}_t = (\mathbf{E} - \mathbf{A}) \cdot \mathbf{x}_t$

$$= \frac{1}{10} \cdot \begin{pmatrix} 6 & -2 & -2 \\ -4 & 9 & -3 \\ 0 & -1 & 6 \end{pmatrix} \cdot \begin{pmatrix} t^3 \\ t^2 - t + 20 \\ 4{,}5t + 10 \end{pmatrix}$$

$$= \frac{1}{10} \cdot \begin{pmatrix} 6t^3 - 2t^2 + 2t - 40 - 9t - 20 \\ -4t^3 + 9t^2 - 9t + 180 - 13{,}5t - 30 \\ -t^2 + t - 20 + 27t + 60 \end{pmatrix}$$

$$= \frac{1}{10} \cdot \begin{pmatrix} 6t^3 - 2t^2 - 7t - 60 \\ -4t^3 + 9t^2 - 22{,}5t + 150 \\ -t^2 + 28t + 40 \end{pmatrix}$$

- Jetzt Berechnung der Erlösfunktion E(t)

$$E(t) = \mathbf{p}^T \cdot \mathbf{y}_t$$

$$= (1;\ \ 2;\ \ 1) \cdot \frac{1}{10} \cdot \begin{pmatrix} 6t^3 - 2t^2 - 7t - 60 \\ -4t^3 + 9t^2 - 22{,}5t + 150 \\ -t^2 + 28t + 40 \end{pmatrix}$$

$$= \frac{1}{10} \cdot (6t^3 - 2t^2 - 7t - 60 - 8t^3 + 18t^2 - 45t + 300 - t^2 + 28t + 40)$$

$$E(t) = \frac{1}{10} \cdot (-2\,t^3 + 15\,t^2 - 24\,t + 280);\quad t > 0$$

$$E'(t) = \frac{1}{10} \cdot (-6\,t^2 + 30\,t - 24)$$

$$= -\frac{6}{10} \cdot (t^2 - 5\,t + 4)$$

$$E''(t) = -\frac{3}{5} \cdot (2\,t - 5)$$

- Berechnung des absoluten Maximums von E(t)
  rel. Maximum ($E'(t_1) = 0$; $E''(t_1) < 0$)

$$0 = -\frac{6}{10} \cdot (t^2 - 5\,t + 4)$$

$$t_{11,\,12} = \frac{5}{2} \pm \sqrt{\frac{25}{4} - 4} = \frac{5}{2} \pm \frac{3}{2}$$

$t_{11} = 1$: $\quad E''(1) = +\frac{9}{5} > 0 \;\Rightarrow$ rel. Minimum

$t_{12} = 4$: $\quad \left.\begin{array}{l} E''(4) = -\frac{9}{5} < 0 \\ E(4) = 29{,}6 \end{array}\right\} \Rightarrow H = (4\,|\,29{,}6)$

Ränder:

linker Rand: $t \to 0$ ergibt $E(t) \to 28$
rechter Rand: $t \to \infty$ ergibt $E(t) \to -\infty$

Ergebnis: Bei t = 4 wird der Erlös absolut maximal mit E(4) = 29,6.

Berufliche Gymnasien Baden-Württemberg
Grundkurs Mathematik – Abiturprüfung 2000
Gruppe II Matrizen – Aufgabe 2

Gegeben sind die Matrix $\mathbf{A}_t$ und der Vektor $\mathbf{b}_t$ durch

$$\mathbf{A}_t = \begin{pmatrix} 1 & 0 & 1 \\ 2 & 2t & 5t \\ -2t & 2 & -t+2 \end{pmatrix} \text{ und } \mathbf{b}_t = \begin{pmatrix} t \\ 6t \\ -2t^2+t+2 \end{pmatrix}; \qquad t \in \mathbb{R}.$$

a) Bestimmen Sie die Lösungsvektoren der folgenden linearen Gleichungssysteme

$$\mathbf{A}_2 \cdot \mathbf{x} = \mathbf{b}_2 \qquad \text{und} \qquad \mathbf{A}_2 \cdot \mathbf{x} = \mathbf{o}.$$

(4 Korrekturpunkte)

b) Bestimmen Sie t und $a \in \mathbb{R}$ so, dass der Vektor $(-4a;\ 0;\ a)^T$ eine Lösung des linearen Gleichungssystems $\mathbf{A}_t \cdot \mathbf{x} = \mathbf{b}_t$ ist.

(8 Korrekturpunkte)

c) Für welche Werte von t hat das lineare Gleichungssystem

$$\mathbf{A}_t \cdot \mathbf{x} = \mathbf{b}_t$$

– unendlich viele Lösungen,
– keine Lösung,
– genau eine Lösung?

$\mathbf{x} = (x_1;\ x_2;\ x_3)^T$ ist der Lösungsvektor im Fall der eindeutigen Lösbarkeit.
Für welche Werte von t gilt: $x_1 = x_3$?

(11 Korrekturpunkte)

d) Die Funktion f ist gegeben durch

$$f(t) = \mathbf{b}_t^T \cdot \mathbf{b}_t; \qquad t \in \mathbb{R}.$$

Berechnen Sie die Extremstelle von f im Intervall [–0,1 ; 0] mithilfe eines Näherungsverfahrens auf drei Dezimalstellen gerundet.

(7 Korrekturpunkte)

Lösung

Gegeben: $\mathbf{A}_t = \begin{pmatrix} 1 & 0 & 1 \\ 2 & 2t & 5t \\ -2t & 2 & -t+2 \end{pmatrix} \qquad \mathbf{b}_t = \begin{pmatrix} t \\ 6t \\ -2t^2+t+2 \end{pmatrix}, \quad t \in \mathbb{R}.$

a) **Gesucht:** Lösung der LGSe $\mathbf{A}_2 \cdot \mathbf{x} = \mathbf{b}_2$ und $\mathbf{A}_2 \cdot \mathbf{x} = \mathbf{o}$

Lösung: $(\mathbf{A}_2 \mid \mathbf{b}_2):$

$$\left(\begin{array}{ccc|c} 1 & 0 & 1 & 2 \\ 2 & 4 & 10 & 12 \\ -4 & 2 & 0 & -4 \end{array}\right) \quad \begin{array}{l} |\cdot(-2) \quad |\cdot 4 \\ \\ \\ \end{array}$$

$$\left(\begin{array}{ccc|c} 1 & 0 & 1 & 2 \\ 0 & 4 & 8 & 8 \\ 0 & 2 & 4 & 4 \end{array}\right) \quad \begin{array}{l} \\ \\ |\cdot(-2) \end{array}$$

$$\left(\begin{array}{ccc|c} 1 & 0 & 1 & 2 \\ 0 & 2 & 4 & 4 \\ 0 & 0 & 0 & 0 \end{array}\right) \quad \begin{array}{l} \\ |:2 \\ \\ \end{array}$$

$$\left(\begin{array}{ccc|c} 1 & 0 & 1 & 2 \\ 0 & 1 & 2 & 2 \\ 0 & 0 & 1 & r \end{array}\right) \quad \leftarrow x_3 \text{ kann beliebig gewählt werden.}$$

$$\left(\begin{array}{ccc|c} 1 & 0 & 0 & 2-r \\ 0 & 1 & 0 & 2-2r \\ 0 & 0 & 1 & r \end{array}\right)$$

Ergebnis:

Lösung des

inhomogenen LGS $\mathbf{A}_2 \cdot \mathbf{x} = \mathbf{b}_2$ ist $\mathbf{x}_i = \begin{pmatrix} 2 \\ 2 \\ 0 \end{pmatrix} + r \cdot \begin{pmatrix} -1 \\ -2 \\ 1 \end{pmatrix}$

homogenen LGS $\mathbf{A}_2 \cdot \mathbf{x} = \mathbf{o}$ ist $\mathbf{x}_h = r \cdot \begin{pmatrix} -1 \\ -2 \\ 1 \end{pmatrix}$

b) Gegeben: $\mathbf{x} = (-4\,a;\ \ 0;\ \ a)^T$

Gesucht: $a, t \in \mathbb{R}$ so, dass $\mathbf{A}_t \cdot \mathbf{x} = \mathbf{b}_t$

Lösung:

$$\mathbf{A}_t \cdot \mathbf{x} = \begin{pmatrix} 1 & 0 & 1 \\ 2 & 2t & 5t \\ -2t & 2 & -t+2 \end{pmatrix} \cdot \begin{pmatrix} -4a \\ 0 \\ a \end{pmatrix} = \begin{pmatrix} -4a+a \\ -8a+5at \\ 8at-at+2a \end{pmatrix}$$

$$= \begin{pmatrix} -3a \\ -8a+5at \\ 7at+2a \end{pmatrix}$$

$$\overset{!}{=} \begin{pmatrix} t \\ 6t \\ -2t^2+t+2 \end{pmatrix} = \mathbf{b}_t$$

1. Zeile: (1) $-3\,a = t$

2. Zeile: (2) $-8\,a + 5\,at = 6\,t$

3. Zeile: (3) $7\,at + 2\,a = -2\,t^2 + t + 2$

aus (1): $t = -3\,a$

in (2): $-8\,a + 5\,a \cdot (-3\,a) = 6 \cdot (-3\,a)$

$$0 = 15\,a^2 - 10\,a$$

$$0 = 15\,a \cdot \left(a - \frac{2}{3}\right)$$

$$\Rightarrow a_1 = 0, \quad t_1 = -3 \cdot a_1 = 0$$

$$a_2 = \frac{2}{3}, \quad t_2 = -3 \cdot a_2 = -2$$

Probe mit (3): $a_1 = 0, t_1 = 0$: $\quad 7 \cdot 0 \cdot 0 + 2 \cdot 0 \overset{?}{=} -2 \cdot 0^2 - 0 + 2 \quad$ f. A.

$a_2 = \frac{2}{3}, t_2 = -2$: $\quad 7 \cdot \frac{2}{3} \cdot (-2) + 2 \cdot \frac{2}{3} \overset{?}{=} -2 \cdot (-2)^2 - 2 + 2 \quad$ w. A.

Ergebnis:

Für $t = -2$ und $a = \frac{2}{3}$ löst der Vektor

$\mathbf{x} = (-4a;\ \ 0;\ \ a)^T = \left(-\frac{8}{3};\ 0;\ \frac{2}{3}\right)^T$ das LGS $\mathbf{A}_{-2} \cdot \mathbf{x} = \mathbf{b}_{-2}$

c) Lösbarkeit des LGS $\mathbf{A}_t \cdot \mathbf{x} = \mathbf{b}_t$

$$(\mathbf{A}_t \mid \mathbf{b}_t): \left(\begin{array}{ccc|c} 1 & 0 & 1 & t \\ 2 & 2t & 5t & 6t \\ -2t & 2 & -t+2 & -2t^2+t+2 \end{array}\right) \begin{array}{l} \mid \cdot(-2) \mid \cdot 2t \\ \\ \\ \end{array}$$

$$\left(\begin{array}{ccc|c} 1 & 0 & 1 & t \\ 0 & 2t & 5t-2 & 4t \\ 0 & 2 & t+2 & t+2 \end{array}\right) \begin{array}{l} \\ \\ \mid \cdot(-t) \end{array}$$

$$\left(\begin{array}{ccc|c} 1 & 0 & 1 & t \\ 0 & 2 & t+2 & t+2 \\ 0 & 0 & -t^2+3t-2 & -t^2+2t \end{array}\right) \begin{array}{l} \\ \\ \mid \cdot(-1) \end{array}$$

Nbr : 1. $-t^2+3t-2=0 \qquad |\cdot(-1)$

$t^2-3t+2=0$

$$t_{1,2} = \frac{3}{2} \pm \sqrt{\frac{9}{4}-2} = \frac{3}{2} \pm \frac{1}{2} = 1;\, 2$$

2. $-t^2+2t=0 \qquad |\cdot(-1)$

$t(t-2)=0$

$t_{3,4} = 0;\, 2$

Fortsetzung der Hauptrechnung:

$$\left(\begin{array}{ccc|c} 1 & 0 & 1 & t \\ 0 & 2 & t+2 & t+2 \\ 0 & 0 & (t-1)(t-2) & t\cdot(t-2) \end{array}\right)$$

Tabelle:

t	$Rg(\mathbf{A}_t)$	$Rg(\mathbf{A}_t \mid \mathbf{b}_t)$	Lösbarkeit
1	2	3	keine Lösung
2	2	2	unendlich viele Lösungen; vgl. a)
sonst	3	3	genau eine Lösung

Berechnung der Lösung $\mathbf{x}_t$ für $t \in \mathbb{R} \setminus \{1; 2\}$:

$$\left(\begin{array}{ccc|c} 1 & 0 & 1 & t \\ 0 & 2 & t+2 & t+2 \\ 0 & 0 & (t-1)(t-2) & t\cdot(t-2) \end{array}\right) \quad \Big| : \underbrace{(t-2)}_{\neq 0}$$

$$\left(\begin{array}{ccc|c} 1 & 0 & 1 & t \\ 0 & 2 & t+2 & t+2 \\ 0 & 0 & t-1 & t \end{array}\right) \quad \begin{array}{ll} & |\cdot(t-1) \\ |\cdot(t-1) & \\ |\cdot(-t-2) & |\cdot(-1) \end{array}$$

$$\left(\begin{array}{ccc|c} t-1 & 0 & 0 & t^2-2t \\ 0 & 2\cdot(t-1) & 0 & -t-2 \\ 0 & 0 & t-1 & t \end{array}\right)$$

Lösungsvektor: $\mathbf{x}_t = \frac{1}{t-1} \cdot \begin{pmatrix} t^2-2t \\ -\frac{t+2}{2} \\ t \end{pmatrix}; \quad t \in \mathbb{R} \setminus \{1; 2\}$

Bedingung: $x_1 = x_3; \quad t \in \mathbb{R} \setminus \{1; 2\}$

$$\frac{t^2-2t}{t-1} = \frac{t}{t-1} \quad |\cdot(t-1)$$

$$t^2-2t = t \quad |\cdot(t-1)$$

$$t^2-3t = 0$$

$$t(t-3) = 0$$

$$t_1 = 0$$

$$t_2 = 3$$

Ergebnis:

Im Lösungsvektor $\mathbf{x}_t = \frac{1}{t-1} \cdot \begin{pmatrix} t^2 - 2t \\ -\frac{t+2}{2} \\ t \end{pmatrix}$ ist $x_1 = x_3$ für $t_1 = 0$ oder $t_2 = 3$.

Probe:

$\mathbf{x}_0 = \begin{pmatrix} 0 \\ 1 \\ 0 \end{pmatrix}$ bzw. $\mathbf{x}_3 = \begin{pmatrix} 1,5 \\ -1,25 \\ 1,5 \end{pmatrix}$

In beiden Fällen ist $x_1 = x_3$ erfüllt.

d) Extremwertaufgabe incl. Näherungsverfahren

$$f(t) = \mathbf{b}_t^T \cdot \mathbf{b}_t$$

$$= (t;\ \ 6t;\ \ -2t^2 + t + 2) \cdot \begin{pmatrix} t \\ 6t \\ -2t^2 + t + 2 \end{pmatrix}$$

$$= t^2 + (6t)^2 + (-2t^2 + t + 2)^2$$

$$= t^2 + 36t^2 + 4t^4 - 2t^3 - 4t^2 - 2t^3 + t^2 + 2t - 4t^2 + 2t + 4$$

$$f(t) = 4t^4 - 4t^3 + 30t^2 + 4t + 4; \qquad t \in [-0,1;\ 0]$$

$$f'(t) = 16t^3 - 12t^2 + 60t + 4$$

$$f''(t) = 48t^2 - 24t + 60$$

Bedingung für die relative Extremstelle von f:

$$f'(t_0) = 0$$

$$\text{mit } f'(t) = 16t^3 - 12t^2 + 60t + 4$$

Die Gleichung besitzt genau eine reelle Lösung (wie beweist man das?), die näherungsweise bestimmt werden kann.

- Skizze

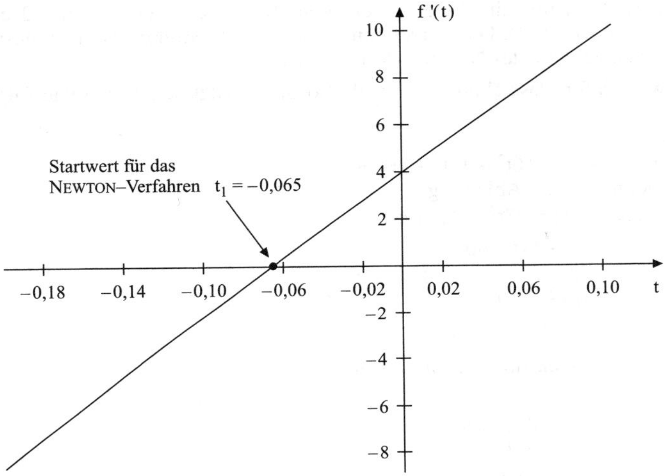

Hinweis: Infolge des Maßstabs auf der t-Achse erscheint das Schaubild von f' als Gerade.

- NEWTON-Verfahren

$t_1 = -0,065$ (aus der Skizze)

$$t_{n+1} = t_n - \frac{f'(t_n)}{f''(t_n)};\quad n \in \mathbb{N}^*$$

mit $f'(t) = 16t^3 - 12t^2 + 60t + 4$

$f''(t) = 48t^2 - 24t + 60$

Tabelle:

n	t_n	$f'(t_n)$	$f''(t_n)$
1	−0,065	0,044906	61,7628
2	−0,065727071	0,000007999	61,78481203
3	−0,065726942	0	

<u>Ergebnis:</u> $t_0 \approx -0,066$

Hinweise:

1. Die geforderte Genauigkeit (3 Dezimalen gerundet) wird bereits für n = 2 erreicht (nur ein NEWTON-Schritt!). Die Berechnung von t_3 dient lediglich zur Demonstration der raschen Konvergenz des NEWTON-Verfahrens.

2. Den Nachweis dafür, dass f' nur eine reelle Lösung besitzt, kann man wie folgt führen:
   Man betrachtet
   $$g(t) = f'(t) = 16t^3 - 12t^2 + 60t + 4$$
   und berechnet hierzu die Ableitung
   $$g'(t) = f''(t) = 48t^2 - 24t + 60.$$
   Wegen
   $$g'(t) = 48t^2 - 24t + 60$$
   $$= 48 \cdot \left(t^2 - \frac{1}{2}t + \left(\frac{1}{4}\right)^2 - \frac{1}{16} \right) + 60$$
   $$\uparrow$$
   quadratische Ergänzung
   $$= 48 \cdot \left(t - \frac{1}{4} \right)^2 + 57$$
   $$> 0 \quad \text{für alle } t$$
   ist g streng monoton wachsend. Ferner ist (z. B.) $g(-1) = -84$ und $g(0) = 4$, d. h.im Intervall $[-1;\ 0]$ findet ein Vorzeichenwechsel statt. Zusammen mit der strengen Monotonie von g ergibt sich: g (bzw. f') besitzt genau eine reelle Nullstelle, die zudem im Intervall $[-1;\ 0]$ liegt.

Leerseiten verbilligen in diesem Fall die Herstellung des Buches!

Ihre Meinung ist uns wichtig!

Ihre Anregungen sind uns immer willkommen.
Bitte informieren Sie uns mit diesem Schein über Ihre Verbesserungsvorschläge!

Titel-Nr.	Seite	Fehler, Vorschlag

Bitte hier abtrennen

10-VH8

Bitte ausfüllen und im frankierten Umschlag an uns einsenden. Für Fensterkuverts geeignet.

Zutreffendes bitte ankreuzen!

Die Absenderin/der Absender ist:

- ☐ Lehrer/in
- ☐ Fachbetreuer/in
  Fächer: ______
- ☐ Seminarlehrer/in
  Fächer: ______
- ☐ Regierungsfachberater/in
  Fächer: ______
- ☐ Oberstufenbetreuer/in
- ☐ Schulleiter/in
- ☐ Referendar/in, Termin 2. Staatsexamen: ______
- ☐ Leiter/in Lehrerbibliothek
- ☐ Leiter/in Schülerbibliothek
- ☐ Sekretariat
- ☐ Eltern
- ☐ Schüler/in, Klasse: ______
- ☐ Sonstiges: ______

Unterrichtsfächer: **(Bei Lehrkräften!)**

______

STARK Verlag
Postfach 1852
85318 Freising

Kennen Sie Ihre Kundennummer?
Bitte hier eintragen.

Absender **(Bitte in Druckbuchstaben!)**

Name/Vorname ______

Straße/Nr. ______

PLZ/Ort ______

Telefon privat für Rückfragen ______ **Geburtsjahr** ______

E-Mail-Adresse ______

Schule/Schulstempel **(Bitte immer angeben!)**

(Bitte blättern Sie um)